AF385755

Эжени Маркезинис

·

Андрей Синявский
Герой своего времени?

Academic Studies Press

БиблиоРоссика

Бостон / Санкт-Петербург

2020

УДК 82.02/09
ББК 83.3(2Рос=Рус)6
М26

EUGENIE MARKESINIS
Andrei Siniavskii: A Hero of His Time?

Перевод с английского О. М. Поборцевой и А. В. Разина

Серийное оформление и оформление обложки Ивана Граве

Маркезинис Э.

М26   Андрей Синявский: герой своего времени? / Эжени Марке-
зинис; [пер. с анг. О. Поборцевой и А. Разина]. СПб.: Academic Studies Press / БиблиоРоссика, 2020. — 255 с. — (Серия «Современная западная русистика» = «Contemporary Western Rusistika»).

    ISBN 978-1-6446930-9-4 (Academic Studies Press)
    ISBN 978-5-6043579-2-7 (БиблиоРоссика)

Новаторская биография Андрея Синявского (1925–1997), в которой он рассматривается одновременно как писатель и как «герой времени», показывает, как этот тонкий и сложный автор нашел себе место в обществе, разделенном на героев и злодеев, патриотов и предателей; как он, изначально полностью принимая систему ценностей и идеологию своего времени, пришел затем к их отрицанию, и как отрицание это нашло выход в литературе. В книге Эжени Маркезинис, основанной на детальном изучении литературного наследия Синявского, рассматривается вопрос о том, каким образом его произведения становятся не просто отражением жизненных обстоятельств и примет эпохи, но результатом активного творческого преображения того и другого.

УДК 82.02/09
ББК 83.3(2Рос=Рус)6

ISBN 978-1-6446930-9-4
ISBN 978-5-6043579-2-7

*Василию, Джульетте, Спиро и Андреасу,
с любовью и благодарностью*

Слова благодарности

Без любви, поддержки и терпения моей семьи мне бы не удалось написать эту книгу. Я в неоплатном долгу у вас всех за то, что верили в меня сильнее, чем я сама в себя верила; за ваше многолетнее долготерпение, пока я занималась своей работой; за вашу щедрость, которая позволила мне полностью отдаться писательскому труду.

Также моя сердечная благодарность Джейн Грейсон за то, что она первой открыла мне творчество Синявского, согласилась руководить моими исследованиями и все это время оставалась для меня бесценным источником просвещения, вдохновения и дружбы. Без нее мой труд никогда бы не был начат, тем более — завершен.

В согласии с тем, чем живет и дышит, как я теперь думаю, творчество Синявского, эта книга во многом сформировалась в результате личных контактов: Джейн Грейсон познакомила меня с Марьей Васильевной Розановой, вдовой Синявского, и Игорем Голомштоком, одним из его давних и самых близких друзей. Я необычайно признательна Марье Васильевне, с которой мы несколько раз встречались в Париже, за то, что помогла мне глубже понять жизнь и творчество Синявского, а Игорю Голомштоку и Флоре Гольдштейн — за неизменное гостеприимство и дружбу. Во время наших встреч я осознала, каким был Синявский-человек и Синявский-писатель. Я благодарю судьбу за то, что встретила этих людей.

Еще я хотела бы выразить глубокую благодарность Лазарю Флейшману за то, что он поделился собственными мыслями о Синявском, за предложение опубликовать мою работу, за постоянную поддержку и помощь и, наконец, за то, что он любезно согласился прочесть рукопись.

Оливер Риди неизменно помогал мне быть в курсе современных течений в русской литературе. Я ему очень обязана.

И, заключительная, но от этого не менее сердечная благодарность — Шароне Ведол, Деве Яшвей и Кире Немировской из «Academic Studies Press». Шарона с бесконечным терпением сопровождала проект на стадии запуска, Дева тщательно редактировала рукопись и подготавливала ее к изданию, а Кира любезно помогала мне на финальных этапах вычитки.

Я считаю, что мне очень повезло, что у меня есть возможность увидеть свою книгу на русском языке. Без поддержки людей, которым я хочу высказать свою сердечную благодарность, это было бы невозможно. Прежде всего, я хочу выразить признательность Ксении Тверьянович, редактору направления «Современная западная русистика» издательства Academic Studies Press за ее бесконечное терпение, готовность помочь и понимание — едва ли кто-то смог бы проявить столько снисхождения к моей нерасторопности при чтении корректуры. Я выражаю свою признательность и восхищение моим переводчикам, Ольге Поборцевой и Андрею Разину за их мастерское и бережное обращение с моим текстом, а также благодарю редакторов, Александру Аширметову, Елизавету Чебучеву, Юлию Булдакову и Ирину Знаешеву за их кропотливую работу. Я благодарна вам всем.

Предисловие

Может быть, некоторые читатели захотят узнать мое мнение о характере Печорина? — Мой ответ — заглавие этой книги. «Да это злая ирония» — скажут они. — Не знаю.

М. Ю. Лермонтов «Герой нашего времени»

Во время знаменитого процесса 1966 года Андрей Синявский, известный советский ученый и литературный критик, был приговорен к семи годам колонии строгого режима исключительно за содержание художественного произведения, написанного им под именем Абрама Терца. Дело Синявского, задуманное властями послесталинской эпохи как показательный процесс, знаменующий конец краткой хрущевской оттепели и расправу над культурной жизнью, развалилось: Синявский и его соответчик Ю. М. Даниэль отказались играть предписанные им роли и решительно отвергли свою вину. Этот процесс привлек внимание к зарождавшемуся диссидентскому движению и, по всеобщему признанию, дал ему настоящий старт.

Судьба Синявского, который буквально в единый миг обрел славу и добрую и худую, хорошо иллюстрирует те трудности, которые уже давно отравляют отношения между писателем и обществом в России — обществом, которое с одинаковой легкостью может увенчать своих писателей лаврами героев или окрестить предателями и подлецами. В то же время, как видно из протоколов процесса, случай Синявского — яркое доказательство того, насколько тяжело взаимодействовать писателю с читателем в обществе, где контроль над словесностью отдан в руки властей: весь судебный процесс походил на диалог глухих.

Эта книга — творческая биография Синявского как человека своего времени, пишущего в нем и о нем. Мы наблюдаем, как сложный и тонкий талант обретает голос и находит свой путь в биполярном мире героев и негодяев, патриотов и изменников, сперва отождествляя себя с системой ценностей и идеологией своей эпохи, а затем восставая против них. Это история диссидентства, выраженного в литературе. Одновременно цель книги — показать, как попытки Синявского дистанцироваться, сперва идеологически, затем физически, от советского режима уравновешивались творческим воссоединением с Россией через литературу.

Подобный подход к литературе приводит Синявского к новому пониманию роли и идентичности писателя в слиянии его творческой и критической ипостасей, когда не преобладает ни голос коллективного «мы», ни голос индивидуального «я», но когда читателю дан простор для взаимодействия с текстом. Этот путь естественно обусловлен фактами биографии автора, взаимопроникновением искусства и жизни и достигает кульминации в малоизвестной, опубликованной посмертно работе — «Кошкин дом» (1998), которой посвящена заключительная часть последней главы нашей книги.

Все это определило выбор заглавия с его очевидной аллюзией на лермонтовского «Героя нашего времени». Хотя наше повествование напрямую не связано с романом Лермонтова, он нужен для того, чтобы сделать двоякий вывод — вывод Синявского: литература — это не о героях и мерзавцах, диссидентах и любимцах власти, это не положительные или отрицательные характеристики персонажей. В отличие, к примеру, от Толстого или Солженицына, Синявский не делает своим героем Истину. В творчестве Синявского нет ни героя, ни объективной истины. Зато есть страстная вера в ту искру, которая возгорается каждый раз, когда читатель искренне увлечен произведением. Попробуйте найти героя здесь, в этой невидимой точке взаимодействия — «Ищи ветра в поле» [Терц 1975б: 178].

Именно взаимодействие читателя с произведением обеспечило постоянство русской литературной традиции во времена сталинских репрессий и в те долгие, мрачные годы, когда литература пребывала в застое, стиснутая инструкциями и запретами советской догмы и эстетических требований социалистического реализма. Литература передавалась из рук в руки и из уст в уста. И в этом Синявский на разных этапах своего пути, безусловно, оставался человеком эпохи.

* * *

В русскоязычной критике творчества Синявского всегда преобладала полемика, основанная на советской, постсоветской и эмигрантской литературной политике и вызванная, в частности, неортодоксальным отношением к Пушкину. Такого рода дискуссии мало что скажут читателю о творческих достоинствах произведений Синявского[1]. Они приводили не только к тенденциозной интерпретации его текстов, но иногда даже к отказу вообще их обсуждать[2]. Работы Синявского для многих остаются предметом сложным и спорным, и можно сказать, что в целом его наследие страдает от своего рода преднамеренного пренебрежения.

Я не отрицаю, что существуют благожелательные и профессиональные интерпретации. К примеру, С. Г. Бочаров одобрительно высказывался об идеях Синявского о чистом искусстве, а Г. Д. Гачев дал довольно эксцентричное толкование «Спокойной ночи» (1984), предположительно в духе Терца [Бочаров 1999; Гачев 1989]. Однако самые благодарные отзывы принадлежат критикам и писателям из круга русской эмиграции, таким как А. К. Жолковский, П. Л. Вайль, А. А. Генис и Н. Н. Рубинштейн. С самого начала, на пике фурора, созданного «Прогулками с Пушкиным» (1975), Рубинштейн предложила тонкое прочтение этой работы и взглядов Синявского на искусство [Рубинштейн 1976]. Глубокое толкование Вайля и Гениса, сумевших избежать избитой темы прений по поводу «Прогулок с Пушкиным» (хотя они говорили и об этом), признает за Синявским значительную роль в более широком культурном контексте [Вайль 1982; Генис 1994].

---

[1] Как говорил П. Л. Вайль, «уникальность Синявского в том, что резкие и дерзкие книги навлекли на него и кары советской власти, и ругань постсоветской России, а в промежутке — неприятие и злобу антисоветской эмиграции» [Вайль 1995: 12].

[2] А. К. Жолковский приводит личный пример из середины 1990-х годов. В электронной переписке со старинным московским другом, в то время редактором лингвистического журнала (название не упоминается), о цитатах, касающихся Пушкина, или, как с напускной скромностью говорит сам Жолковский, «мои, скажем так, прогулки по одной из российских литературных святынь», ему было недвусмысленно велено вычеркнуть все ссылки на работы Синявского о Пушкине и Гоголе. «Читать это на экране компьютера в Лос-Анджелесе в середине 90-х годов, — вспоминает Жолковский, — было диковато» [Жолковский 1995: 25].

Возможно, «с иного берега» видно дальше, и именно такой перспективы заслуживает Синявский.

На Западе Синявскому, в отличие от Пастернака или Солженицына, не сотворили культа, как не возникло и сопутствующего потока критической литературы. На сегодняшний день существуют четыре монографии о Синявском на английском языке, две из них были опубликованы в 1970-х годах: М. Дальтон «Андрей Синявский и Юлий Даниэль. Два советских "писателя-еретика"» (1973) и Р. Лурье «Письма в будущее. Подход к Синявскому-Терцу» (1975), и две — недавно: К. Таймер-Непомнящая «Абрам Терц и поэтика преступления» (1995) и У. Ф. Колоноски «Литературные инсинуации. Что кроется за непочтительными высказываниями Синявского» (2003).

Лурье, Непомнящая и Колоноски, хотя и под разными углами, рассматривают проблему взаимоотношений писателя и читателя. Лурье дает хорошее введение в творчество Синявского и понятие литературы как «письма в будущее», отправленного наугад в надежде, что оно найдет хотя бы одного сочувствующего читателя; Непомнящая тщательно исследует духовные и метафизические стороны взаимоотношений между автором, читателем и текстом; Колоноски анализирует провокационную игру Синявского с читателем. К этим обширным трудам можно добавить ряд научных эссе и статей, написанных, например, такими авторами, как Б. Холмгрен, М. К. Левитт, Д. Фэнгер и Г. Коэн, Э. Дж. Нуссбаум, которые с большей или меньшей степенью глубины рассматривают идею о том, что Синявский как автор вышел за пределы своего «я» [Holmgren 1991; Levitt 1991; Fanger, Cohen 1988; Nussbaum 1990].

Здесь мне хотелось бы свести воедино все эти разнообразные подходы, чтобы понять, как Синявский использует контакт, или искру, проскакивающую между читателем и книгой, для активного продвижения литературы. Эта тема, прогрессирующая и развивающаяся на протяжении всей его жизни, постоянно возникает в двух последних произведениях Синявского, опубликованных под именем Терца, — эссе «Путешествие на Черную речку» (1994) и упоминавшемся выше «Кошкином доме». Хотя существует одно эссе, посвященное «Путешествию на Черную речку» [Grayson 2000] (его автор — Джейн Грейсон, и я обязана ей собственным прочтением темы), насколько мне известно, нигде более не обсуждались ни «Кошкин дом», ни три тома писем из лагерей — «127 писем о любви», подготовленных и снабженных аннотациями вдовой Синявского. И роман, и письма чрезвычайно важны для понимания творчества Синявского и, в частности, эволюции и значимости взаимоотношений между писателем, читателем и текстом.

Непомнящая, перефразируя раннее высказывание Барта, заканчивает свою книгу мыслью о том, что «смерть» Синявского-Терца в тексте приводит к освобождению читателя. Соглашаясь с этим в принципе, я бы пошла еще дальше: освобождение читателя порождает возможность постоянства и обновления литературы. В конечном счете именно об этом, а не о судьбе писателя, пишет Синявский.

Последовательное отступление автора на второй план и лакуны, которые он оставляет, чтобы дать читателю возможность поучаствовать в создании текста, естественным образом наводят на мысль сопоставить идеи Синявского со взглядами современной западной литературной критики (можно привести в пример «Смерть автора» Р. Барта) — вопрос, который разбирает М. Н. Эпштейн в статье «Синявский как мыслитель» [Эпштейн 1995]. Однако, как указывают Эпштейн и Непомнящая, творчество Синявского уходит корнями в кардинально различные «интеллектуальные, религиозные и литературные традиции», а Жолковский рисует Синявского как «русского Барта и Деррида вместе», идейно возводя его к В. В. Розанову [Эпштейн 1995; Theimer Nepomnyashchy 1995; Жолковский 1995]. Непомнящая подчеркивает религиозные, православные влияния в трудах Синявского, в то время как Эпштейн делает упор на разницу между обособленными понятиями философии и литературы в западной культуре и многогранным, текучим понятием «мышление» в русской культурной традиции.

Отказ Синявского от роли хозяина текста отражает не лишение автора божественного ореола в секулярном обществе, но христианские идеи самопожертвования. Более того, в русском контексте, как указывала С. Ю. Бойм, выражение «смерть автора» несет в себе буквальные коннотации, не имеющие соответствий в западной традиции [Boym 1991].

Точно так же можно отыскать точки соприкосновения между идеями Синявского и теориями читательской рецепции у представителей «констанцской школы», например В. Изера и Х. Р. Яусса, согласно которым лакуны, оставленные автором-рассказчиком, открывают для читателя «лабораторию» текста и приглашают стать его активным соавтором. Хотя результатом становится раскрытие многочисленных возможностей текста, к чему также стремится Синявский, делается это в духе «программном и относительно безличном», подход к литературе предлагается более «систематический» [de Man 1982]. Аналогичным образом у французских деконструктивистов все попытки «воссоединить философию и литературу, понятие и метафору, мысль и игру» подчинены дисциплине, которая чужда традициям русской мысли [Эпштейн 1995].

Синявский же прочно укоренен в русской традиции, и понятие «системы» как таковое идет вразрез с его идеями о необходимости свободы в искусстве, а абстрактное теоретизирование, с его точки зрения, мешает вовлечь читателя в текст. Это четко доказывает его реакция на некоторые труды представителей Тартуской школы, присланные ему в лагеря. Синявский пишет, что его «отталкивает машиноподобная механистичность всей этой семиотики» [Синявский 2004, 2: 74]. Ориентируясь на Синявского и его веру в важность прямого вовлечения в текст, я основываю свое прочтение его трудов на мысли, что понимание Синявским взаимоотношений между автором, читателем и текстом вырастает непосредственно из русской культурной традиции, из самой литературы, и созвучно таким писателям, как Пушкин, Гоголь, Достоевский, Маяковский и Пастернак, и таким мыслителям, как Шестов, Розанов и Н. Ф. Федоров.

Введение

Биографическая справка

Синявский родился в Москве в 1925 году, умер в 1997 году в Париже. Таким образом, его жизнь охватывает всю полноту российских событий XX века, от эпохи Сталина до оттепели, застоя и, в конце концов, распада Советского Союза. Соответствующие этапы своей жизни Синявский прожил как советский человек, диссидент, эмигрант. Формально его биография вполне типична для многих представителей русской интеллигенции того поколения, однако по сути во многом она резко от них отличается. И значение Синявского как человека и писателя своего времени определяется именно этими отличиями.

Будучи воспитан, говоря его собственными словами, «в здоровой советской атмосфере, в здоровой советской семье» в 1930-е годы, Синявский называет себя пятнадцатилетнего, в канун войны, «истовым коммунистом-марксистом» [Синявский 1986в: 134]. Как и многие будущие диссиденты, он представитель поколения, которое хотя и появилось на свет уже после революции, но почитало ее чем-то священным, мерой, «которой оно мерило политическую целостность и свою, и других людей» [Kozlov 2006: 574]. Создавая произведения под псевдонимом Терц, Синявский высказывался более эмоционально, ставя знак равенства между революцией и романтизмом, «нашим прошлым, нашей молодостью, о которой мы тоскуем», когда «пламенный порыв к счастливому будущему и мировой размах еще не были полностью регламентированы строгим государственным порядком» [Терц 1966: 435]. Следует сделать скидку на тот факт, что здесь перед нами Синявский разочарованный, пишущий о прошлом, прелесть которого вспоминалась тем ярче, чем неуклоннее надвигалась действительность 1950-х, далеко не усыпанная розами. И все же тут выражены чувства, которые в более сдержанном стиле рисует Денис Козлов.

Важно подчеркнуть, что революция была для Синявского не просто неким абстрактным понятием — нет, перед ним было живое ее воплощение, личное, очень реальное: его отец. Выходец из мелкого дворянства, Донат Евгеньевич Синявский покинул семью в 1909 году, чтобы примкнуть к эсерам. Он хранил яростную, неколебимую верность идеям революции и ее большевистско-советским преемникам еще долго после того, как они извратили прежние идеалы, и пострадал в итоге за то, что встал «не на ту» сторону. Представления Доната Евгеньевича о чести и преданности делу, его истинно донкихотское подвижничество оставили на Синявском несмываемую отметину: «Опасная жизнь, которую вел его отец, окутала идеалы, за которые тот боролся, аурой романтизма и сделала Революцию и общественный порядок, который она утверждала, священными для Андрея» [Zamoyska 1967: 49]. Пример его отца, его любовь к русской литературе начала XX века оказали, наверное, основополагающее влияние на Синявского как писателя, который сочетал в себе непочтительность иконоборца и любовь к риску и авантюре с романтическим идеализмом и неколебимой преданностью литературе.

В 1930-е годы, времена молодости Синявского, преобладала иная модель героизма. Это был расцвет сталинизма, когда представления о герое приобрели иное звучание, а героизм сузился до официального понятия о добродетели. Вместо идеала, за который нужно бороться, героизм превратился в монолитное воплощение нового порядка, который надлежит укреплять любой ценой — цель оправдывает средства. Реалии построения новой Советской России требовали сформировать человека нового поколения, тип и идеал которого нашли свое выражение в советском герое. По мере того как первая пятилетка и так называемая культурная революция близились к завершению, «культура превратилась в долгий период самопрославления и восхваления собственных достижений, горячо провозглашавшихся выдающимися людьми страны <...> Возникла целая индустрия по производству героев» [Kelly 2006: 6]. Как писал Синявский, «советской цивилизации присущ культ героического» [Синявский 2002: 165].

Эти советские герои из дней молодости Синявского, будь то стахановцы и летчики или их литературные воплощения, Положительные Герои Социалистического Реализма, были людьми действия. Их образы, чеканные, разукрашенные, отвечали требованиям советской мифологии, становясь эталонами общества в целом[1]. Любой их поступок провозглашал тотальное отождествление со Страной Советов и нерушимостью ее дела, возводя подчинение и единогласие в статус главного веяния времени. В манихейском мире, послужившем моделью советского общества, любой не желавший идти в ногу со всеми рассматривался государством не просто как неудачник, но как истинный враг. Советский режим, последовательно культивировавший героизм, столь же целенаправленно выявлял и наказывал тех, кого воспринимал как врагов, делая из них чудовищ: «внезапно целая страна начала кишеть разными невидимыми (а стало быть, еще более опасными) тварями, змеями и скорпионами» [Терц 1974: 161]. Видимо, ту же тактику использовали и во время процесса самого Синявского, а машина пропаганды задействовала прессу, где его с Даниэлем называли «перевертышами» и «оборотнями».

Такова была официальная линия: герой — и злодей — как создания режима, реализующего свои политические и общественные планы, для которого первостепенную значимость имела потребность в мотивации народа. Я не хочу сказать, что в рамках данной парадигмы героика всегда была статична. Как показала К. Келли в своем исследовании о Павлике Морозове как о юном герое и феномене своего времени, образ героя был на удивление изменчив: он приспосабливался и его приспосабливали к подвижкам идеологического климата, к меняющимся

---

[1] См., например [Brooks 1994: 978; Kelly 2006: 43]. Синявский также высказывается о ведущей роли советской прессы в формировании нового «официального» языка героизма [Синявский 2002: 293].

социально-политическим приоритетам государства. Так же нельзя сказать, что атрибуты героизма всегда принимались безоговорочно. Как показывает пример Павлика Морозова, людей тревожили вопросы о моральности так называемых подвигов: когда нужно ставить долг перед страной выше всех других привязанностей, особенно семейных уз? Когда можно предавать и убивать во имя идеи? Поступок Павлика Морозова, который донес на собственного отца, не был принят единогласно и без вопросов ни в одном слое общества, ни одним поколением.

Сомнения и выбор того же порядка ждали Синявского в конце 1940-х — начале 1950-х годов. Но до того времени, до тех пор, пока эти вопросы не ворвались в его собственную жизнь, он оставался человеком, глубоко убежденным в моральной, общественной и исторической правоте коммунизма.

Война

В дни Синявского «как это ни парадоксально, но отцы, а не сыновья были революционерами» [Zamoyska 1967: 50]. Поколение Синявского не имело нужды сражаться за свои убеждения. Все, что от него ожидалось, — принять предложенный ему status quo. Многие, и Синявский в том числе, ощущали из-за этого невысказанное беспокойство. Великая Отечественная война дала младшему поколению, не принимавшему участия в революции, возможность показать, на что оно способно. После революции эта война, в полном соответствии с ее русским именованием, стала следующим важнейшим событием, «определяющим национальное самосознание» [Kozlov 2006: 587].

Однако Синявский, в отличие от Даниэля и других современников, получил военный опыт не на поле боя, и этот факт не преминули отметить в ходе процесса: «Вот Даниэль... он сражался на войне, был ранен, а для вас война прошла как-то легко...»[2].

---

[2] Это замечание сделано судьей, председательствовавшим на процессе, Л. Н. Смирновым — председателем Верховного Суда РСФСР [Белая книга 1966: 203-207, 219-262].

Будучи призван уже почти в конце войны, Синявский полтора года обучался в Московской летной школе, в последний военный год служил радиотехником на аэродроме под Москвой, далеко за линией фронта. Можно возразить, что принять более активное участие в войне Синявскому не позволил возраст: когда она началась, ему было всего 15 лет; но и юноши моложе его отличились на полях сражений. Скажем иначе: относительно безопасное положение дало ему возможность направить ум на проблемы, связанные с литературой. Ясно, что еще до конца войны он уже определился со своим будущим, поступив на заочное отделение филологического факультета Московского государственного университета, где появился в 1946 году, одетый в военную шинель [Белая книга 1966: 276].

Оттепель

К тому времени, когда Синявский вступил во взрослую жизнь, избрав для себя путь литературоведа и критика, хрущевская оттепель открыла возможность для героизма иного рода, который определила не терминология советской эпохи, но реакция на нее, обретшая форму диссидентского движения. Большинство наблюдателей и аналитиков, занимающихся историей России, относят начало этого движения к 1956 году, связывая с разоблачениями культа личности Сталина в «секретной» речи Хрущева на XX съезде КПСС [Lovell, Marsh 1998: 58–59].

Эта речь, ставшая для большинства потрясением основ, заставила людей, зачастую впервые, подвергнуть сомнению фундаментальные убеждения и догматы советской системы. В этом контексте процесс Синявского с типичными отголосками сталинского прошлого, еще живого в памяти, и тем мужеством, которое выказали они с Даниэлем, не пожелав отречься от своих убеждений и не признав за собой вины, должен был сделать его героем в глазах таких же, как он, русских интеллектуалов. Однако вопрос был далеко не ясен и не однозначен. Прежде всего, в обществе, где столько лет насаждались советские идеалы и методы, не имелось предпосылок для того, чтобы приветствовать какую бы то ни было оппозицию государству — любого рода и на любых основаниях. Если же говорить более цинично, то не вызывает сомнений, что многие писатели, полностью слившиеся с государственной машиной и пользовавшиеся дарованными ею благами, вряд ли желали поставить под угрозу собственное положение, не говоря уже о возможности заработать на жизнь [Garrard, Garrard 1990: 129, 136].

Самые злобные нападки против Синявского и Даниэля шли от их коллег-писателей, например З. С. Кедриной. Кедрина, когда-то коллега Синявского по ИМЛИ, настраивала против него и Даниэля общественное мнение, участвуя в организованной властями кампании в прессе, что и привело к судебному процессу, и официально стала одним из общественных обвинителей от Союза писателей [Garrard, Garrard 1990: 141–142; On Trial: 149, примеч. 3; Кедрина 1966: 2, 4; Еремин 1966[3]: 89–96]. Более того, именно члены Союза в лице своего первого секретаря К. А. Федина призывали к более суровому наказанию Синявского и Даниэля, чем готова была назначить партия.

Подобная реакция была показательна для консервативных элементов в сообществе литераторов. Своей яростной риторикой они вызывали в памяти показательные процессы 1930-х годов в духе «кто не с нами, тот против нас». Картина, однако, будет неполной, если не упомянуть, что нападки на Синявского и Даниэля отражали свойственную тому периоду неопределенность более общего масштаба, в основе которой лежали, с одной стороны, внутренние изменения, пришедшие с оттепелью, и, с другой стороны, напряженность холодной войны.

Даже более либерально настроенные интеллектуалы, которые, возможно, были более склонны поддержать Синявского, относились к его поведению неоднозначно. Для многих сам факт, что он переправил свои рукописи за границу, был достоен порицания: одно дело — осуждать сталинские репрессии, но совсем

---

[3] Автор этой довольно непристойной статьи Д. И. Еремин в то время занимал пост секретаря правления Московского филиала Союза писателей РСФСР.

другое — становиться антисоветчиком. Создавалось ощущение, что Синявский и Даниэль работали на врага, и ощущение это разделяли очень многие[4]. Однако это совсем не входило в намерения Синявского. Действительно, хорошо понимая, что его труды могут быть использованы Западом в целях антисоветской пропаганды, он старался изо всех сил сделать так, чтобы они не попали в руки издателя, который стремился бы именно к этому [Zamoyska 1967: 62].

Тем не менее с подачи государственной пропаганды широко распространилась точка зрения, что Синявский продался Западу. Ее разделяли и более независимо мыслящие лица, к примеру влиятельный редактор журнала «Новый мир» А. Т. Твардовский. Восхищаясь творчеством Синявского как литературный критик, Твардовский опубликовал ряд его статей. Однако, помимо того факта, что произведения Терца ему не нравились, Твардовский с презрением отнесся к решению Синявского и Даниэля переправить свои работы на Запад, назвав в своем дневнике обоих «эти мазурики» [Твардовский 2002, 4: 143][5]. Однако после неожиданно строгого приговора суда это гневное чувство понемногу рассеялось перед лицом угрозы возрождения перегибов в сталинском духе [Твардовский 2002, № 4: 145][6].

Страх возрождения прошлого стал еще одной причиной двойственного отношения либеральной интеллигенции к Синявскому и Даниэлю — страх последствий подобного явления для социально-политической ситуации, когда все еще, как казалось,

---

[4] Как указывал Козлов, если говорить об отношении к судебному процессу общества в целом, «мнения разделились и были неоднозначны. Не существовало единообразия и единогласия, о которых сообщали рапорты КГБ». Козлов объясняет это «фактором Солженицына»: после новой атаки на Сталина и партийных чисток на XXII Съезде партии (1961) в литературе и прессе вспыхнула масштабная и достаточно открытая полемика по поводу репрессий. Это означало, что, хотя многие вслух осуждали Синявского и Даниэля, которые отослали свои произведения на Запад для публикации, приравнивая это к измене во времена холодной войны («в этом мире недозволенная публикация на Западе ставила советского писателя, порой против его воли, в ряды стратегических противников властей»), было много таких, кто оправдывал их — если не из личной симпатии, то «из опасений дальнейшего политического насилия и желания этого избежать» [Kozlov 2006: 574–595].

[5] Запись от 18 января 1966 года. Твардовский назвал «Любимова» «полной муренцией» [Твардовский 2002, 2: 154] (запись от 13 ноября 1965 года).

[6] Запись от 15 февраля 1966 года.

было таким неустойчивым [Alexeyeva, Goldberg 1993: 166–167][7]. В то время, когда память о Сталине еще была свежа в умах многих, а изменения, дарованные оттепелью, столь непрочны, взгляды либеральных кругов «резко разделились». Некоторые, стараясь не раскачивать лодку, следовали в своей риторике официальной линии (пусть и по совершенно разным причинам), считая Синявского и Даниэля «предателями»: «Как бы то ни было, мы ведь уже почти всего достигли, завтра начнется настоящая оттепель, а они нас предали, и теперь все пойдет насмарку!» Другие придерживались противоположных взглядов, считая, что Синявский и Даниэль «все же не <...> достаточно антисоветские писатели» [Нудельман 1986: 150–151]. Синявский и Даниэль, последовательно державшиеся своих убеждений на суде, привлекли внимание ко всему интеллектуальному сообществу; многих такое моральное давление отчетливо заставляло нервничать, каким бы героическим они ни считали в глубине души поведение двух писателей [Нудельман 1986: 150–151]. На деле практически все, кто во время ареста не решился на открытые действия, позже подписали письмо к властям с протестом [Нудельман 1986: 150][8].

После суда. Лагеря и эмиграция

Почти шесть лет в лагере строгого режима (1966–1971) должны были бы подкрепить диссидентскую «квалификацию» Синявского и сделать его абсолютно человеком той эпохи: террор

---

[7] То же чувство неопределенности, непонимания, как повернутся обстоятельства, не ослабевало еще некоторое время после процесса Синявского — Даниэля. Вторжение советских войск в Чехословакию в августе 1968 года — это момент, когда чаша весов качнулась, отмечая конец оттепели. Л. М. Алексеева передает ощущение неприкрытости выбора, стоявшего в то время перед советскими интеллектуалами: «Один вариант — это следовать линии партии и получить позволение заниматься свои делом; второй — это отложить соображения карьеры в долгий ящик и дожидаться следующей оттепели; третий — держаться курса "оттепели" и принять все последствия: разрушенная карьера и жизнь отверженного» [Alexeyeva, Goldberg 1993: 5].

[8] Стоит отметить, что среди подписавшихся не значился Солженицын. «Действием» могла бы быть подача петиции властям. Так, на суд над А. И. Гинзбургом, А. А. Добровольским и В. И. Лашковой в 1968 году, по словам Алексеевой, «интеллигенция отреагировала шквалом петиций» [Alexeyeva, Goldberg 1993: 167].

и советская система репрессий, впервые разоблаченные в речи Хрущева, опередили революцию и войну в роли определяющих факторов национального самосознания. Публикация лагерной литературы, открывшись «Одним днем Ивана Ивановича» Солженицына в 1962 году и обсуждением соответствующих проблем в прессе, вывела эту тематику на уровень общественных дискуссий [Kozlov 2006: 585–586; Toker 2000: 49][9].

Но нет: лагерный опыт Синявского стал очередным источником полемики, в которой его имя снова упоминалось с ядовитой злобой. На этот раз «суд» над ним учинили не советские власти, а его же коллеги — эмигранты-интеллектуалы. Правда, предмет обсуждений был то же самый, а именно понятие о правилах поведения (правда, на этот раз диссидентских) и неумение жить в соответствии с ними.

Уехав из Советского Союза, Синявский яростно сопротивлялся попыткам вовлечь его в общественные или политические группы любого рода, в особенности в неоконсервативный, националистический лагерь во главе с Солженицыным. Дело было не просто в том, что он не соглашался с некоторыми идеями Солженицына, — нет, он отвергал идею конформизма как таковую. Его решение писать под псевдонимом Терц было в той же мере восстанием против конформистской этики советского общества, как и отрицанием культурной «смирительной рубашки» социалистического реализма. Он, восставший против удушающих сил советской ортодоксии, ужаснулся, обнаружив, что те же силы доминируют и в эмигрантском сообществе. Для Синявского диссидентство по своей сути было «либеральным и демократичным». Более того, диссидентство в его понимании представляло собой, в самом широком смысле слова, способность мыслить независимо наряду с этической обязанностью оставаться верным себе и своим убеждениям [Синявский 1986в: 137–142]. Склонить голову перед каким-то новым авторитетом

---

[9] Токер указывает (как и Козлов) на сенсационный эффект произведений Солженицына, но одновременно привлекает внимание к тому факту, что по-прежнему контролировалось количество лагерных произведений, которое допускалось к публикации, и то, под каким углом позволялось вести дискуссии в прессе.

означало бы отказаться от целостности своей личности, завоеванной столь дорогой ценой. О себе и Даниэле он говорил так: «Нам повезло остаться самими собою, вне советского "единства"» [Синявский 1986в: 137].

Синявский также не оправдал ожидания, что он выступит живым свидетельством репрессий и страданий, которым подвергают людей в России. Сам факт, что ему удалось в лагерях собрать материал не на одну, а на три книги, дал основание кое-кому из коллег-эмигрантов высказаться в том смысле, что он вообще не отбывал срок в лагере или, в самом крайнем случае, пользовался содействием КГБ[10]. Никто из лагерников, по разумению этих критиков, не имел бы возможности, необходимых средств, да просто сил писать вообще, тем более так много. Публикация трех томов писем из лагерей его женой Марьей Васильевной в 2004 году разбила эти доводы.

Но даже работы, написанные позднее на Западе, в особенности «фантастическая автобиография» «Спокойной ночи» (1984), опубликованная в тот момент, когда из печати вышла целая лавина лагерной литературы, содержат лишь косвенные упоминания о лагерях, делая вместо этого упор на проблемах искусства. Об этом пишет исследовательница из числа русских эмигрантов Л. Токер. Признавая, что Синявский «свидетельствует на свой особый манер», она указывает на запоздалый характер как его опыта, так и его признаний: «Убежденный одиночка, Синявский мог позволить себе отказаться писать о Гулаге так, как это было принято: главные свидетельства уже были сделаны другими». Высказав это, она заключает, что его «отказ следовать этим нормам стал возможен не благодаря отваге творческой личности, а просто благодаря удачно сложившимся обстоятельствам» [Toker 2000: 239, 240]. Можно было бы согласиться, если бы Синявский ограничился только этим.

Все, что он говорил, в частности, о Пушкине, вызывало такие же разногласия среди русской публики, как и то, о чем он умал-

---

[10] Об этом ниже, в главе 2. Подобные обвинения возникали и позже, в постсоветской России. См. [Обсуждение 1990: 137–143, особенно 142].

чивал. Это касается в равной мере и эмигрантского сообщества, когда в Лондоне в 1975 году были опубликованы «Прогулки с Пушкиным», и его русских сограждан, когда в Советском Союзе в 1989 году впервые был издан отрывок из этого произведения. Как и в случае с его судебным процессом, большое значение играл фактор времени, особенно в последнем случае. Неортодоксальный подход Синявского к великому русскому поэту и неофициальному святому покровителю России показался многим неуместным, если не прямо кощунственным, выпадом против русских культурных ценностей (можно провести параллель с «Сатанинскими стихами» С. Рушди), на символ русской идентичности, которым русские люди за границей могли гордиться [Шафаревич 1989: 5]. Точно так же для живущих в России конца XX века Пушкин был единственным определенным явлением в мире, брошенном на произвол судьбы после распада Советского Союза [Theimer Nepomnyashchy 1991b: 35].

В конце жизни Синявский снова оказался в фокусе полемических разногласий. Вопрос о «героях и злодеях», стоявший остро в те времена, когда он покинул Советский Союз, по-прежнему разделял русское интеллектуальное сообщество, и Синявскому часто приходилось испытывать эту полярность на себе.

Искусство и диссидентство

Примечательно, что нападки на Синявского в суде по поводу его неучастия в боевых действиях звучат в одном ключе с попреками его коллег-интеллектуалов, которые считали, что (если оставить в стороне факт судебного процесса) он не принимал активного участия в диссидентском движении и борьбе за права человека. Да, Синявского нельзя причислить к активистам ни в том, ни в другом смысле. Чтобы понять путь, избранный Синявским и во многом характерный для большого числа представителей русской интеллигенции его поколения, хотя во всем остальном отличный, — нужно вернуться в конец 1940-х, к истокам его инакомыслия.

Если назвать конкретный момент, послуживший водоразделом, то для большинства русских интеллигентов им стал 1956 год; для Синявского же момент истины принес год 1946-й. Он разочаровался в советской системе гораздо раньше, чем его современники, и разочарование это было особенным образом связано с писательским творчеством и литературой. К диссидентству его толкнуло отчаяние, порожденное суровыми преследованиями со стороны Жданова писателей, произведениями которых он восхищался, — Ахматовой, Зощенко и других — и русской культурной среды в целом в то самое время, когда выковывалась его собственная приверженность литературе, которой он уже не изменит. Синявский говорил: «Эти чистки я воспринял как гибель культуры и всякой оригинальной мысли в России. Во внутреннем споре между политикой и искусством я выбрал искусство и отказался от политики». Именно инструментами искусства, а не политики Синявский подверг сомнению ценности советского режима: «А вместе с тем [я] стал присматриваться вообще к природе советского государства — в свете произведенных им опустошений в жизни и в культуре» [Синявский 1986a: 136].

Рассматривать жизнь и творческий путь Синявского с данной точки зрения, которую сформулировал он сам, означает судить о них не в узком контексте «Советы против диссидентства» или «Советы против западных моделей и ценностей», но в контексте одновременно русском и вневременном. Предметом разногласий и скандалов, связанных с Синявским и его творчеством, равным образом были природа и назначение искусства и роль писателя в русском обществе, с одной стороны, и Синявский лично, с другой. Из этого и состояли непрерывные дебаты, сопровождавшие зарождение современной русской литературы и перешедшие на советскую эпоху.

Атмосфера жарких (а временами истерических) споров, спровоцированных Синявским и его сочинениями, подчеркивает значение литературы и писателя в российской культуре — значение, не свойственное западной [Mathewson 2000: 4]. Преклонение России перед письменным словом, восходящее еще к Святому Писанию, долгое время обеспечивало литературе особое место в русском обществе, где она играла роль своего рода второй власти, «некоей альтернативной реальности, зачастую гораздо более живой и непосредственной, чем действительность» [Naiman 1992: 3]. Подобные упования, возлагавшиеся на литературу и намного превосходившие ее основную функцию как искусства, высказывались самими писателями (к примеру, Гоголем и Толстым в последние годы и Солженицыным уже в наше время), критиками (Белинским и критиками радикального толка в 1860-е годы) или государством (официально провозглашенный властями социалистический реализм). Это усиливало накал споров вокруг Синявского. В частности, риторика «изменничества», звучавшая на его процессе 1966 года, могла быть направлена не только против предполагаемой измены Родине, но и против попыток подорвать «правильную», социальную, функцию искусства.

После установления советской власти исчезла всякая возможность для дискуссий, вообще для всего, что не подпадало под определение социально ответственного искусства. Разногласия Синявского с режимом Советов касались не только его специфических нападок на определенные сферы российской культуры, с которой он был тесно связан (например, на модернизм), но также более общей официальной линии, согласно которой искусство должно служить полезной цели [Синявский 1986а: 136]. Синявский восставал против подобного утилитарного подхода, каковой он полагал вредным для творчества, и выступал в пользу чистого искусства — не в смысле «искусство ради искусства» с его аллюзиями на претенциозный эстетизм конца XIX века, но в гораздо более широком значении искусства, свободного от любых социальных, политических или идеологических императивов; искусства, правда которого заключена не в узком равенстве реализму (социалистическому или любому другому), но в возможно более широкой интерпретации реальности. В последнем слове на суде Синявский заявил: «Вот вы, юристы, имеете дело с терминами, которые чем уже, тем точнее. В отличие от термина художественный образ тем точнее, чем шире» [Белая книга 1966: 306]. Для Синявского чистое искусство вовсе не означало искусство, оторванное от жизни: «Храни нас Господь от эстетизма. Художник не может и не должен быть снобом». Нет, он говорил об искусстве, свободно рисующем жизнь своими собственными средствами [Терц 1992: 565; Theimer Nepomnyashchy 1991a: 11]. Для него писательство было актом диссидентства в той же мере, что и актом выражения этой свободы [Синявский 1986a: 147].

Писатель

Судебный процесс — типичное для эпохи событие — в то же время вовлек Синявского в более обширную русскую культурную парадигму, в которой писатель становится либо «святым в миру», либо мучеником, гонимым властями. Этот образ создали и поддерживали сами писатели, начиная с Лермонтова и его стихотворения «Смерть поэта» (1837), посвященного Пушкину. Рисуя смерть Пушкина в проникновенной манере постбайроновского романтизма, Лермонтов возлагал вину за гибель поэта на двор, общество и власти; Пушкин стал для массового сознания мучеником, положив начало целой череде героев, где и самому Лермонтову было отведено место, как и многим другим писателям и поэтам, заслужившим этот статус. Образ писателя как жертвы государственного строя обрел новое значение в XX веке, когда жертвами советского режима стали многие творцы, включая и Синявского.

Однако при советской власти общественная роль писателя претерпела коренные изменения, когда контроль над его творчеством, как и над его образом, перешел в руки государства. Большое значение придавалось участию писателя в воспитании и просвещении читающей публики, а интересы последней теперь целиком совпадали с интересами советского режима, и писатель обязан был с этим сообразовываться. Уже не воплощение свободы интеллектуальных и духовных исканий, писатель отныне должен был следовать генеральной линии, говорить от имени властей и олицетворять единство коллектива [Struve 1971; Добренко 1997: 28]. В «Мастере и Маргарите» писатель не писатель, если не состоит членом «грибоедовского клуба». Автор, не числившийся в Союзе советских писателей, не имел выхода на издательства; тем самым он лишался средств к существованию и жизненно важного контакта с читателями [Garrard, Garrard 1990: 136].

Хотя Синявский был советским человеком по образованию, по характеру и по своим литературным вкусам он все же тяготел к Серебряному веку с его модернизмом и революционным романтизмом. Важность индивидуального голоса художника, его независимости от любого официоза — вот ключевой пункт его мышления и самовосприятия как писателя.

В своей критике советской системы, которую он всегда по-книжному именовал «эстетическими разногласиями», Синявский относил себя не столько к диссидентскому движению, возникшему как исторический феномен в середине 1950-х годов, сколько к традиции «инакомыслия», заложенной такими поэтами, как Ахматова, Цветаева, Мандельштам и Пастернак [Синявский 1986а: 132]. Синявский разграничивал их наследие и диссидентское движение, которое зародилось после процесса Синявского — Даниэля в середине 1960-х и было целиком продуктом советского общества. Пастернака и его современников, по мнению Синявского, нельзя причислять к диссидентам, поскольку «они всеми своими корнями были связаны с прошлым, с дореволюционными традициями русской культуры»; поэтому они рассматривали советское общество и советские представления о культуре в другой, более широкой перспективе, не связанной узкими рамками советских реалий.

Подчеркивая это различие, Синявский называет их «еретиками» русской литературы, которые в своем инакомыслии вымостили путь диссидентам, — иными словами, его естественными предшественниками. Хотя он никогда не именует еретиком себя, можно считать, что Синявский проводит себе иную линию наследственности, сознательно дистанцируясь от советской культуры и ее ценностей. В то же время понятие ереси, лежащее за пределами терминологии 1960-х годов с ее политическими наслоениями, помещает диссидентство Синявского строго в литературный контекст.

Понятие об авторе как о еретике отсылает к Замятину и новаторской литературе начала и середины 1920-х годов, одновременно усиливая связь с прошлым. «Ересь», как религиозное несогласие в первую очередь, подразумевает не только отход Синявского от советской ортодоксии, но и духовные убеждения, которые все серьезнее, хоть и неявным образом, начинают влиять на его жизнь и творчество с конца 1950-х годов.

Пастернак, Мандельштам, Ахматова и Цветаева были не только примером независимого мышления и художественной цельности, но и олицетворением — как символическим, так и вполне осязаемым — неразрывной связи с культурным прошлым России. Для Синявского они стали мостом через «пропасть шириною в тридцать, в сорок лет, когда в России практически не было словесности и, что самое главное, не было уверенности, что таковая когда-нибудь будет» [Терц 1974: 157]. Они были «ниточкой жизни, соединившей будущее русской литературы с ее героическим прошлым!» [Терц 1974: 156–157]. Синявского это «героическое прошлое» вело вспять, от творческого бродильного фермента революционных лет, их первоначального идеализма, еще не опороченного советскими потомками, к мыслителям кануна XX века — Н. А. Бердяеву, Л. И. Шестову и П. А. Флоренскому и другим с их отрицанием позитивистской философии и обращением к иррациональному и субъективному и дальше, в русский Золотой век, и еще дальше, к истокам русской культуры — фольклору и сказкам.

Вместе с тем авторы Серебряного века не были воплощением идеи писателя как пророка или наставника, естественно сопутствовавшей тому высокому значению, которое всегда придавалось литературе в русской традиции. Эта важная роль нашла соответствие и в советской культуре: писатель должен быть «инженером человеческих душ», чья задача — образовывать и дисциплинировать массы; иными словами, служить рупором официальной власти. То же относилось и к советским критикам. Напротив, такие авторы, как Пастернак и Ахматова, не имели намерения поучать или проповедовать; они хотели говорить со своим читателем — с ним и от его имени. Ахматовский «Реквием» (1963), вероятно, самый волнующий и известный пример подобного рода. Что касается Пастернака, то путеводным духом его трудов, будь то проза, поэзия или переводы, было стремление уйти в тень[11].

Именно этой линии следовал Синявский-писатель, придя к ней через свои критические труды. Двойную идентичность «Синявский-Терц» стоит рассматривать не как раздвоение между критиком и писателем, но как исследование возможностей литературы, в которую оба внесли свой вклад. По мере того как Синявский приобретал известность, единство между двумя сторонами его личности становилось все очевиднее, а различие между трудами Синявского и Терца — все менее заметным, пока, наконец, последние работы Терца не предстали перед читающей публикой истинным сплавом литературы и литературной критики.

От посредничества между автором, текстом и читателем Синявский переходит к менее заметной, но не менее действенной роли: не говорить о герое, но говорить вместе с ним и отождествлять себя с ним. В плане взаимоотношений Синявского с читателем это подразумевает, что первый отступает назад, не только оставляя второму пространство для собственной интерпретации, но и побуждая играть активную роль, чтобы обеспечить тексту будущее. Текст рассматривается не как завершенный объект, относительно которого автор (или критик) обладает правом заключительного слова, но как постоянный процесс, органически развертывающийся в единстве искусства и жизни. Литература была для Синявского во всех представимых смыслах живым и необходимым для жизни явлением.

---

[11] «Реквием» был создан в 1935–1940-х годах. Дата в тексте относится к первой публикации в Мюнхене. В Советском Союзе впервые опубликован в 1987 году в третьем номере журнала «Октябрь».

Глава I

Однажды, в 1947 году, я спросила его, что он считает своей главной целью в жизни. И он ответил: «Быть на оси своего времени и писать о нем».

H. Zamoyska "Sinyavsky, the Man and the Writer"

Случайность или намерение? Был ли Синявский самокритичным «героем поневоле», выброшенным на берег XX столетия в переломный момент российской истории? Или же это был человек, тонко чувствующий и себя, и свое время, и роль, которая ему назначена? Ответ — и то и другое. То обстоятельство, что вместе с оттепелью Синявскому открылась возможность сказать свое слово под именем Терц, не имело бы никакого значения, если бы он уже не начал целенаправленно пролагать свою писательскую стезю как осознанный ответ эпохе сталинизма — той эпохе, когда он рос. Синявский мог бы возразить, как он это сделал на суде, что никогда не рисовал себя героем, что он «герой поневоле», и однако он сам выбрал писательство со всем, что ему сопутствует в российском контексте.

Самобытный, парадоксальный автор, настаивавший, что пишет для немногих, он тем не менее отсылал свои произведения за границу для публикации; писатель, чьим кредо было чистое искусство, свободное от традиционных для России политических и общественных запросов, стал центром жаркой полемики политиков от литературы; писатель, которого многие русские и дома, и за рубежом считали русофобом, всю жизнь оставался верен своей путеводной звезде — России или, скорее, российской культуре. Фигура Синявского, особенно его писательский образ и биография, во всех смыслах ускользает от понимания. Писатель не один, их двое: первый — «официальный», второй, Терц, — неформал; первый — советский кабинетный ученый, второй —

аморальный и эксцентричный зек, да к тому же еврей. Как отличить одного от другого? Факт от выдумки? Жизнь Синявского от более противоречивой, чтобы не сказать скандальной, биографии, которую он сфабриковал для Терца и которая стала его собственной, когда по милости Терца он оказался в центре общественного внимания — обвиняемым на судебном процессе. Так кто же из них был реальным героем: Терц или Синявский, выдуманное альтер эго или его напарник из настоящей жизни?

Пытаться разделить их необходимо, но лишь в какой-то мере, иначе мы погрешим против намерений Синявского и самого духа его творчества. Терц позволил Синявскому сыграть героя — или, скорее, антигероя — чья деятельность сделала его мучеником в российской литературной традиции. Некоторые произведения Синявского позволяют предположить, что если он специально и не стремился в лагеря, то сумел со сверхъестественной прозорливостью (особенно в рассказе «Суд идет», 1960) предвидеть свою судьбу[1]. Однако, как писал Гладков о Пастернаке, «от сознания неизбежности до желания [пострадать] — расстояние большое» [Гладков 1977: 155][2].

Для Синявского исход процесса был неотвратим. Он встал на путь столкновения с советским режимом в конце 1940-х, когда послевоенная политика «культурных чисток», которую проводил Жданов и которая была нацелена, в частности, на двух авторов, которыми Синявский восхищался — Ахматову и Зощенко, — побудила его поставить под сомнение ценности режима в целом. Литература стала одновременно и причиной — ее сохранение перед лицом мещанских нападок — и средством бросить вызов советской системе. Молодой человек, разочарованный послевоенным закручиванием гаек, которому не довелось повоевать

---

[1] Подобное предчувствие находим в студенческом стихотворении Синявского, написанном в духе блатной песни для участников посвященного Маяковскому семинара под руководством профессора В. Д. Дувакина, который посещал Синявский. См.: [Возвышенный корабль 2009: 124].

[2] Это замечание Гладкова касается стихотворения «Гамлет», включенного в роман «Доктор Живаго». Сочиненное за 12 лет до «мрачной осени 1958 года» и травли, вызванной присуждением Пастернаку Нобелевской премии за этот роман, оно замечательно «предощущением судьбы, так фатально оправдавшимся».

и для которого революция, с ее романтической аурой и героическими подвигами, превратилась в несбывшуюся мечту, идеалист Синявский нуждался в выходе для своих устремлений [Zamoyska 1967: 50]. И этим выходом стала литература — не просто занятие и способ заработать на жизнь, но жизненное призвание [Белая книга 1966: 241].

Но была ли литература полноценной сферой приложения сил? Позднее, когда смерть Сталина и оттепель вывели других на улицы, уход Синявского в мир книг его коллегами из числа интеллигенции был принят с подозрением, оставившим чувство вины, но прежде всего — несправедливости, которое будет терзать его в грядущие годы: «Мы, — кричит, — пойдем по лагерям! А ты, ты, Андрей, будешь отсиживаться в башне из слоновой кости?» [Терц 1992, 2: 562][3].

С самого начала для Синявского стоял вопрос не быть ли писателем, а быть писателем какого сорта. Дни, когда голосом писателя — и критика — говорила независимая мысль и совесть общества, давно канули в прошлое. Представление Синявского о писателе как выразителе интеллектуальной и духовной свободы прямо противоречили советской модели писателя как «инженера человеческих душ». Равно чуждой для него была традиционная для России идея писателя как рупора власти, наставника или пророка с монопольным правом на истину. В те ранние годы он начинал выковывать свой собственный стиль и идентичность, выступая против соглашательства и доминирующих норм. Образ и биография Синявского с самого начала были столь же неотъемлемой частью полемики о нем, сколь и его произведения.

Сперва он обратился к поэзии. Это был очень краткий период — ни одной опубликованной работы, ни одного упоминания за пределами узкого круга друзей-студентов. Можно посчитать его недостойным упоминания, но Синявский сам привлекает внимание к этому этапу, пусть и с характерным для него отри-

---

3 Синявский цитирует слова В. В. Кожинова, его близкого современника и, как и он сам, литературного критика, историка литературы и выпускника МГУ.

цанием и самоуничижением, в автобиографическом романе «Спокойной ночи» (см. также [Zamoyska 1967: 54]). Зная, куда ведет эта ссылка, стоит следовать по ней с осторожностью, поскольку мы вступаем на территорию позднего Синявского. Здесь автор судит с перспективы прожитых четырех десятков лет, фантастического пера Терца; его слова несут на себе оттенок полемики, порожденной выходом в свет «Прогулок с Пушкиным». Частью апология, частью автомифологизация, «Спокойной ночи» — это сложное переплетение жизней Синявского и Терца, каждый из которых причастен к созданию образа другого. Тем не менее тот факт, что Синявский не просто ссылается на свои стихи, но и цитирует целые отрывки и делает это в заключительной главе, посвященной его превращению в Терца, говорит о том, какое значение он придавал своей поэзии в контексте собственного становления как писателя: следуя русской поэтической традиции в студенческие годы, он уже задумывался о своем образе и своей роли. Об амплуа поэта стоит помнить по еще одной причине: оно тесно связано с образом затейника и скомороха, который у позднего Синявского перерастет в писателя.

Его поэзия студенческой поры была намеренной попыткой дотянуться до прошлого, до Серебряного века, поэтому-то он и сочинял стихи в духе Блока, Маяковского и имажинистов[4]. И хотя перед нами поздний Синявский, желающий подкрепить свою писательскую квалификацию, идея непрерывности, представление о писателе как живом воплощении культурного наследия, — не просто полемический прием; это основополагающий принцип его роли как автора — передать в собственных трудах богатый культурный запас России.

Одновременно поэзию Синявского следует воспринимать как отторжение существующего порядка[5]. Попытки возродить связи с запретным прошлым были сами по себе вызовом; роль «декадентского» поэта была до предела провокационной, по-

---

[4] В «Спокойной ночи» приведено стихотворение, написанное в подражание Маяковскому, и другое, «в имажинистском уже ключе» [Терц 1992, 1: 535, 584–585].

[5] На связь между инакомыслием и поэзией обратил внимание Т. Р. Н. Эдвардс, говоря о романе Замятина «Мы» [Edwards 1982: 70–71].

скольку ее могли посчитать намерением низвергнуть прозаические нормы и мускулистую героику социалистического реализма. Ясно, что это было связано с Терцем — уже активной частью его существа: между двумя стихотворениями он замечает, опять-таки в духе пародии на себя самого: «Где-то за стенкой, за стенкой моей души (?!), очевидно, давно уже поселился двойник, который все это мое идейное разложение заносит в свой неуклонный протокол» [Терц 1992, 2: 535].

Терц не был создан для поэзии, хотя она и оставалась невысказанной вдохновляющей силой его прозы. Истинным актом его сопротивления все же станет литературная критика.

Когда рассуждают о Синявском как о писателе, то порой упускают или недооценивают его значение как ученого и литературного критика. Но именно эта сторона деятельности оставалась мощью и центром его произведений, фантастичных и научных одновременно, на протяжении всей жизни. Не раз подчеркивалось, и самим Синявским в том числе, что существует тесная взаимосвязь между его произведениями и произведениями Абрама Терца [Белая книга 1966: 241; Tikos, Peppard 1971: xvii; Cornwell 1993: 12–13; Kolonosky 2003: 55–66]. Терц, со всеми его выраженными отличиями от Синявского, как стилистическими, так и прочими, являлся самой дерзновенной, радикальной стороной литературного критика, его самой бурной и в то же время наиболее рассчитанной фантазией о том, что можно сделать во имя русской литературы.

На суде Синявский говорил о трудностях, с которыми сталкивался как критик, о разного рода проволочках со стороны издателей в отношении даже заказных статей. Под этим он, среди прочего, подразумевал свою затяжную борьбу с редакционной коллегией «Библиотеки поэта» по поводу предисловия к новому изданию стихотворений Пастернака, вышедшему в год его ареста [Белая книга 1966: 241]. Но даже это можно считать четким знаком, что он искал возможность и следовать собственному пути, и выражать отрицание существующего порядка, его эстетических и этических ценностей, притом не в неопубликованных стихах, а в печатных научных и критических трудах.

И решение Терца переправить рукописи за рубеж означало новый шаг в этом направлении: это был яростный акт неповиновения Синявского советскому режиму и его системе ценностей, хотя он и утверждал, что отсылает свои произведения для того, чтобы их сохранить, а не в качестве публичного антисоветского поступка, и что он специально просил Э. Пельтье (в замужестве Замойскую) найти на Западе издателя без антисоветских убеждений. Он мог заявить, как заявлял на суде, что в достаточной мере знаком с советской литературой, чтобы понимать: его художественные произведения никогда не будут опубликованы в России; однако, в отличие от Пастернака и Солженицына, он даже не предпринимал попыток этого добиться [Белая книга 1966: 240–241][6].

Решение переправить свои труды за границу контрабандой надо считать декларацией его веры в свободу искусства — искусства, отделенного от политики и узкосоциальных обязательств. Разыгрывая личную партию с советским режимом, Синявский воплощал в реальность метафору собственной «криминальной» жизни в качестве автора творческой, а потому неприемлемой литературы, превращая ее в фантастический рассказ о преступлении и приключениях с Терцем в главной роли.

В этом вызове, брошенном границам дозволенного, становятся очевидны неразрывные узы, связывающие Синявского и Терца. Принимая на себя риск исключительно ради остроты ощущений, художник действует как заправский шоумен — как Костя, протагонист одного из первых рассказов Терца «В цирке» (1955). Риск, сильнейший творческий стимул, — вот мера его таланта. А кроме того, это этическая мера обязательства, принятого им на себя; вопрос принципа, знак его независимости и свободы мышления[7]. Возвращаясь к одной из своих последних

---

[6] «Один день Ивана Денисовича» Солженицына вышел в «Новом мире» в 1962 году. По словам Синявского, это было время, когда он думал, что его произведения стало проще опубликовать. Как один из авторов «Нового мира», он, по всей вероятности, считал, что это подходящий момент представить для печати собственное яркое сочинение. Однако к 1962 году жребий уже был брошен, и книга Терца отослана за границу.

[7] Позднее, говоря о «блатных песнях», Синявский называл «риск и жажду риска» частью «души народа», утерянной, когда отдельный голос был поглощен коллективной сущностью [Терц 1979: 74–77]. Важность риска, заключенного в творческом мышле-

книг «Путешествие на Черную речку» (1994), он по-прежнему повторяет: «Не бойтесь рисковать!» — литературная критика должна быть нелицеприятной и смелой, чтобы русская литература продолжала жить [Терц 1994: 20].

Университетские годы. Эволюция метода

Терц — не порождение оттепели; этот персонаж уже созревал в уме Синявского, когда изменение политического климата открыло ему возможность выйти на сцену [Theimer Nepomnyashchy 1991a: 7–8]. Хотя именно в качестве Терца Синявский пошел на разрыв с советской системой, сам он не менее яростно ломился в ее двери от собственного имени и продолжал это делать долгое время после того, как в 1950-е — начале 1960-х миру явился Терц как его второе я.

В конце 1940-х годов, когда Терц еще не родился, признаки его грядущего явления уже были видны в университетских работах Синявского — сперва в дипломной работе о Маяковском, а потом в кандидатской диссертации по Горькому[8]. Как литературовед, он изучал, разумеется, творчество писателей и поэтов, но от

нии Синявского, с самого начала отмечал М. Окутюрье, его ученик, а с 1954 года и друг: «Он был убежден, что тренировка ума, мышления действительно независимого и оригинального, должна быть окрашена некоторым риском, чтобы не превращаться в бесполезный предмет роскоши» [Aucouturier 1967: 336]. В понимании многогранного, творческого значения риска Синявский примечательно близок Пастернаку середины 1930-х. В своей речи на Третьем пленуме правления Союза советских писателей в 1936 году Пастернак выступал против самоуспокоенности и заурядности, которые, по его мнению, вели к загниванию советской литературы [Пастернак 2003–2005: 5]. Его слова предвосхитили то, что высказал Синявский, от своего имени и от имени Терца, в конце 1950-х — начале 1960-х годов. То, что Синявский был знаком с этим выступлением, подтверждает цитирование его во вступительной статье к сборнику стихотворений и поэм Пастернака, изданному в 1965 году [Синявский 1965]. Г. Гиффорд говорит о Пастернаке то же самое. По поводу понимания Пастернаком мужества он пишет: «Чтобы до конца бороться за жизнь, нужно, чтобы жизнь обладала мужеством рискнуть всем» [Gifford 1991: 239]. Аналогичное понимание «риска» и «мужества» отмечает Л. Милн в произведениях Булгакова конца 1920-х — начала 1930-х годов [Milne 1990: 184–186].

[8] Плоды исследований Синявского были опубликованы в двух статьях: «Об эстетике Маяковского» [Синявский 1950a] и «Основные принципы эстетики В. В. Маяковского» [Синявский 1950б]. Его диссертация по Горькому озаглавлена «Роман М. Горького "Жизнь Клима Самгина" и история русской общественной мысли конца XIX — начала XX века» [Синявский 1952].

прочих исследователей его отличал выбор темы и то, что он старался говорить не столько об авторах, сколько с ними. Один или два из них были взяты им просто как средство достижения цели, способ проверить собственные идеи негативными откликами на них. С другими — Пушкиным, Гоголем, Розановым, Маяковским и Пастернаком — он выстраивал отношения длиною в жизнь, не только наводя через них мосты к культурному прошлому России, но затевая и продолжая непрекращающийся диалог, в котором он сам будет все более активно участвовать.

Использование термина «диалог» неизбежно приводит нас к вопросу о возможном влиянии Бахтина, современника Синявского. Синявский, насколько это можно утверждать с достоверностью, никогда не пользовался этим термином в том же смысле, что и Бахтин, и никогда не признавал его прямого влияния, хотя и был знаком с некоторыми работами Бахтина — до ареста он прочел его книги о Рабле и Достоевском. Скорее сходство их идей можно приписать «общему контексту» [Theimer Nepomnyashchy 1991a: 13–14][9].

Говоря о диалоге в связи с работами Синявского, я хотела бы подчеркнуть, что значение этого термина у него иное, чем у Бахтина. Отправной точкой для Бахтина был роман и взаимоотношения повествователя с его персонажами, в то время как подход Синявского — это подход литературного критика, пишущего о других авторах. Идея созидательной динамики в обмене голосами между автором и теми, о ком он пишет, разумеется, присутствует и у Синявского[10]. Однако у него она принимает форму

---

[9] Непомнящая специально спрашивает Синявского о Терце как о «примере карнавализации». Синявский это признает, но не проводит никакой прямой параллели с Бахтиным, упоминая вместо этого более широкий контекст искусства в целом. Она снова говорит о возможной связи между идеями Синявского и Бахтина в своей книге «Abram Tertz and the Poetics of Crime» и цитирует других авторов, которые об этом писали, однако заключает: «Я предпочла не рассматривать этот предмет в своей книге в основном по той причине, что, по моему убеждению, связь между двумя этими личностями является прежде всего следствием общего контекста, а не "влияния"» [Theimer Nepomnyashchy 1995: 331–332]. Д. Фангер и Г. Коэн также отмечали сходство между Синявским и Бахтиным, не предполагая какого-либо взаимовлияния [Fanger, Cohen 169–171].

[10] В своей кандидатской диссертации по Горькому Синявский также рассуждает о полифонии — понятии, которое сейчас ассоциируется преимущественно с Бахтиным. См., например: [Синявский 1952: 325]. На это и другие совпадения с терминологией

не столкновения противоречивых голосов, но процесса взаимного обогащения, обмена мнениями и выстраивания взаимоотношений, которые становились глубже на протяжении всей его жизни и всех его трудов.

Его подход ближе к тому, что сам он видел в работах Пастернака-переводчика, когда писатель — это одновременно и посредник, и активный соавтор того, что он переводит: «материал» Пастернака подобен шекспировскому в том смысле, что

> «Воздействие подлинника» здесь началось задолго до его непосредственной работы над шекспировскими трагедиями и в какой-то мере совпало с собственными интересами и намерениями художника. Вот почему Шекспир так прижился на его поэтической почве, и переводческая работа, испытав влияние индивидуальных вкусов, пристрастий и манеры Пастернака-поэта, в свою очередь оказала влияние на его оригинальное творчество. В этом тесном и вместе с тем чрезвычайно вольном общении с Шекспиром, чье величие и силу Пастернак стремился передать «собственной неповторимостью», он реализовал практически свое принципиальное утверждение, что «переводы — не способ ознакомления с отдельными произведениями, а средство векового общенья культур и народов» [Синявский 1965: 52][11].

Задача диалога у Синявского — не только заново связать разорванные нити русской культуры, но оживить их и, следовательно, самому превратиться из стороннего наблюдателя и комментатора в активного и равноправного участника (вспомним снова о его взглядах на литературу и литературную критику как на позитивное и законное поле деятельности, а не пассивный выбор): «Будьте на равных. Да! На равных с той самой литературой, о которой вы пишете» [Терц 1994: 20].

Бахтина и идеи, высказанные в диссертации Синявского, указывал Колоноски, не делая, однако дальнейших выводов [Kolonosky 2003: 48–49].

[11] Синявский цитирует пастернаковские «Заметки переводчика», опубликованные в № 1–2 журнала «Знамя» за 1944 год.

Горький и Маяковский

Университетские исследования Синявского о Горьком и Маяковском доказывают, насколько пристально уже тогда он изучал этих авторов. Если Маяковскому суждено было стать товарищем и вдохновителем Синявского на протяжении всей его жизни, то Горький не столько станет товарищем, сколько будет вдохновлять и направлять его разочарование в советской системе[12]. Горький — старейшина советской литературы — дал молодому ученому Синявскому покровительство своего официально признанного статуса; Горький-писатель стал козлом отпущения для едкого пера раскольника и автора фантастической прозы Терца[13].

Важность диссертации о Горьком заключается в не столь очевидной, но очень реальной близости к первой работе Синявского, написанной в духе Терца, «Что такое социалистический

---

[12] В интервью по случаю своего 70-летия Синявский говорит о планах написать что-нибудь о Маяковском, своего рода «смесь критики и мемуаров» [Бершин 2001: 131].

[13] Это становится очевидным при сравнении хвалебного отклика Синявского о Горьком в кандидатской диссертации, защита которой проходила в 1952 году, с гораздо менее лестными отсылками в его первой работе в стиле Терца «Что такое социалистический реализм», написанной четыре года спустя, в 1956-м, — противоречие, не ускользнувшее от обвинения на судебном процессе [Белая книга 1966: 206]. Во второй работе Синявский не просто критикует Горького, но и открыто изображает его в карикатурном виде как записного поборника социалистического реализма. Несколько последующих работ, посвященных Горькому, хорошо показывают эволюцию Синявского как литературного критика и одновременно служат барометром меняющегося политического (а значит, и культурного) климата в России [Синявский 1958а, б]. Основная (и лучшая) часть его диссертации по «Жизни Клима Самгина», где он представляет оригинальный и умелый анализ структуры и художественной композиции этого романа, воспроизведена в [Синявский 1958а]. Ее более очевидные политические и идеологические аллюзии либо смягчены, либо отредактированы, отражая меняющуюся культурную среду периода оттепели. В более поздней статье 1988 года о «Матери» Горького как раннем примере социалистического реализма можно увидеть, как позиция Синявского смягчается [Синявский 1988]. Уже давно освободившись от влияния системы и избавившись от вызванных ею демонов, он судит гораздо более взвешенно. Хотя он высказывает те же возражения по поводу соцреалистических аспектов романа «Мать», например его неизбирательного смешения стилей и его дидактизма, он делает это умеренно и всеми силами старается отдать Горькому должное, при этом время от времени даже спокойно вводит нотки юмора. Теперь он не отказывает себе в удовольствии вести оригинальную и серьезную дискуссию о смешении в романе христианского символизма с революционной идеологией, что было невозможным даже в годы оттепели, когда Синявский обнаружил, что его попытки обсудить в печати евангельские темы поэзии Пастернака в «Докторе Живаго» встречают глухой отпор.

реализм»[14]. Обычно ее объединяют с рассказом «Суд идет» по той вполне убедительной причине, что он считается воплощением сформулированного в этой статье творческого кредо Терца (а также, без сомнения, на том практическом основании, что диссертация долгое время не была доступна читающей публике)[15]. Но, даже если оставить в стороне тот факт, что Синявский позднее выражал определенные сомнения относительно художественных достоинств «Суд идет», сопоставление с этим рассказом представляется менее показательным, поскольку здесь подобное сравнивается с подобным, Терц с Терцем[16]. Диссертация, с другой стороны, дает возможность увидеть творческое взаимодействие Синявского и Терца при самом зарождении их общего пути и разглядеть в работе ученого то, что потом будет питать перо писателя и преображаться под этим пером[17].

Обе работы показывают, как обогащается его творчество в процессе активного взаимообмена с жизнью. Обе имеют фоном и отражают, каждая по-своему, тяжелые личные обстоятельства Синявского в то время: арест отца по сфабрикованному доносу в 1951 году и ссылка в следующем, укрепившие разочарование Синявского в советской системе[18]. Не имея возможности отреаги-

---

[14] Хотя работа вышла из-под пера второго «я» Синявского, впервые она была опубликована анонимно.

[15] Мне удалось получить фотокопию диссертации благодаря содействию покойного профессора Р. Мерски, заведующего юридической библиотекой Техасского университета в Остине.

[16] См. интервью Синявского С. Лэйрд «Моя жизнь как писателя»: «Мне не слишком нравится моя первая книга — я считаю ее слишком интеллектуальной. <...> Когда я писал "Суд идет", то чувствовал, что это, возможно, моя первая и последняя книга. Поэтому я пытался вложить в нее все — все, что я думал о советской власти, советской жизни. Поэтому результат оказался слишком нарочитым, слишком продуманным» [Laird 1986: 8].

[17] Эти две работы следует рассматривать как написанные в одно время. Хотя возможность опубликовать за границей «Что такое социалистический реализм» появилась только с оттепелью, рукопись статьи уже явно была готова задолго до того. Саму идею, даже если и гипотетически, Синявский обдумывал как минимум с 1952 года, поэтому, скорее всего, во время написания диссертации идеи, относящиеся к более «взрывным» трудам Терца, уже зарождались в его уме [Theimer Nepomnyashchy 1991a: 7; Kolonosky 2003: 2].

[18] Абсолютно незаслуженное осуждение отца стало последним решающим фактором в разрыве Синявского с советским режимом. Среди других факторов можно назвать уже упоминавшиеся репрессии Жданова и постоянное давление на Синявского в конце 1940-х со стороны МГБ с требованиями заманить в ловушку и предать его подругу-студентку, дочь французского военно-морского атташе Э. Пельтье (Замойскую). Это давление достигло пика в 1952 году, когда отца Синявского отправили в ссылку.

ровать непосредственно, Синявский переводит воздействие этих событий в эстетическую форму, через двухголосие своей диссертации и ироничное, изворотливое звучание вездесущего «мы» Терца. В свою очередь это отсутствие единой авторитетной позиции являет различные смысловые уровни и дает больше свободы внимательному читателю. На данном этапе неосознанная, эта особенность предвосхищает более позднее творчество Синявского.

Фундамент работ Терца закладывался книгами, которые Синявский читал, работая над кандидатской диссертацией о творчестве русских мыслителей, и одновременно известных писателей, начала XX века, в частности Бердяева, Шестова и Розанова. В их творчестве Синявский отыскал подтверждение своей вере в то, что свое недовольство можно выразить, помимо прямых действий, и другими средствами, а именно писательским трудом; к ним он апеллирует и в своих рассуждениях о Горьком.

Отвергая западную материалистическую философию и находя вдохновение в русском религиозном учении, эти авторы инспирировали альтернативное видение советской функциональной идеологии и альтернативные средства самовыражения. Если говорить о них как о писателях, то их идеи не только не отделены, но органично связаны с формами и способами рассуждения: вызов общепринятым нормам выражается в терминах одновременно художественных и философских; и, как и Синявский, они признавали влияние Достоевского.

Рассуждая, в частности, об использовании Шестовым и Розановым языковых средств — настолько развернуто и увлеченно, что это опровергает кажущееся стремление их развенчать, — Синявский показывает, как форма становится у них средством передачи этических убеждений. Афоризмы с открытым концом, излюбленный жанр Шестова и Розанова, он интерпретирует как выражение свободы мысли и той субъективной истины, которая возникает из случайных ассоциаций, а не насаждается авторитарными заявлениями[19]. Позднее Синявский использует форму

---

[19] Мысли Шестова отражены у Синявского: ср. [Шестов 1995; Синявский 1952: 347–350] (он прямо цитирует Шестова на с. 349).

афоризма, когда будет писать как Терц, в частности, в работах «Мысли врасплох» и «Голос из хора», причем и та и другая (особенно первая) очень близко подходят к тому, чтобы называться его *profession de foi,* его кредо, а идея (мнимо) случайных ассоциаций станет неотъемлемым элементом его стиля.

Диссертация о Горьком — это плод трудов личности, которая еще принадлежит своему миру, но уже расправляет крылья; которая уже сомневается в установленном порядке вещей, но пока выражает сомнения в лучшем случае уклончиво, косвенным образом. Сложная, многоголосая личность Терца еще в зародыше, однако тональность уже неоднородная, колеблющаяся между профессиональным, но несколько механическим утверждением официальной идеологической позиции, уместно снабженным обязательными цитатами из Ленина и Сталина, и более спокойными пассажами умелой и чуткой литературной критики, где начинает проявлять себя дарование Синявского-ученого. Это в особенности справедливо для части II, которая посвящена художественной структуре произведений Горького и влиянию мыслителей.

Работа «Что такое социалистический реализм», хоть и написанная примерно в то же время, в полную силу отражает состоявшийся разрыв и эмоциональную напряженность личной вовлеченности. Занимаясь писательством под защитой анонимности и в стиле Терца, Синявский дает выход своим чувствам, связанным с арестом отца. Его атака хорошо продуманная, одновременно контролируемая и страстная; холодный анализ наложен на сокрушительную иронию, критика системы только усиливается утверждением романтических идеалов революции, которые уже давно ассоциируются для него с отцом.

В то же самое время он с горечью признает коллективную ответственность интеллигенции за все, что случилось с тех пор: двусмысленное «мы» причисляет самого Синявского к этой интеллигенции, к поколению, которое предало революционные идеалы отцов. Однако чувство вины, соучастия, которое выражалось в бездействии во времена сталинского террора и ощущалось многими представителями интеллигенции после разоблачений в речи Хрущева на XX съезде КПСС в 1956 году, стало для Синявского эхом тех взглядов, которые уже выражали такие мыслители, как Бердяев и Шестов, в знаковом сборнике статей «Вехи» (1909), написанном в разгар революции 1905 года[20]. Когда в работе «Что такое социалистический реализм» Синявский возлагает на интеллигенцию вину за то, что она проторила дорогу кровавым последствиям революции 1917 года, он не только выражает мысли, созвучные основополагающему тезису авторов «Вех», но практически дает парафраз их слов[21].

Если страстную защиту Синявским революционных идеалов в самом начале статьи можно посчитать выступлением в защиту собственного отца, то в конце ее речь идет о Маяковском. Таким образом, здесь происходит значимое смещение смыслов. Приписывая эти идеалы Маяковскому, Синявский ясно дает понять, что он принимает от отца эстафету революционной битвы, только полем его сражения будет литература, а не политика[22].

Хотя литературные спутники Синявского всю жизнь оставались для него неизменными, их значимость менялась сообразно с его обстоятельствами. В то время как Синявский-лагерник чаще

---

[20] Позднее на вопрос Непомнящей, почему он не упоминает речь Хрущева в первом рассказе Терца «Суд идет», Синявский ответил: «Эта речь не открыла мне ничего нового. Как раз наоборот. Все вокруг ужаснулись, прослезились, заплакали, но я-то все это знал и раньше. Не думаю, что Хрущев на что-то мне открыл глаза» [Theimer Nepomnyashchy 1991a: 8].

[21] Я имею в виду отрывок из Бердяева, где он критикует противоречия, свойственные интеллигентской позиции: «Ведь интеллигенция наша дорожила свободой и исповедовала философию, в которой нет места для свободы, дорожила личностью и исповедовала философию, в которой нет места для личности, дорожила смыслом прогресса и исповедовала философию, в которой нет места для смысла прогресса, дорожила соборностью человечества и исповедовала философию, в которой нет места для соборности человечества, дорожила справедливостью и всякими высокими вещами и исповедовала философию, в которой нет места для справедливости и нет места для чего бы то ни было высокого» [Бердяев 1909: 23–24]. В работе «Что такое социалистический реализм» Синявский использует тот же метод, усиленный мощной иронией Терца и порожденный ужасами кровавой послереволюционной реальности, которую авторы «Вех» могли только предугадывать: «Чтобы навсегда исчезли тюрьмы, мы понастроили новые тюрьмы. Чтобы пали границы между государствами, мы окружили себя китайской стеной. Чтобы труд в будущем стал отдыхом и удовольствием, мы ввели каторжные работы. Чтобы не пролилось больше ни единой капли крови, мы убивали, убивали и убивали...» [Терц 1966: 411].

[22] Подобный «сдвиг» обретает новое измерение, поскольку можно сказать, что Синявский принял эстафету и от своего «отца в литературе» профессора В. Д. Дувакина. Дувакин разделял энтузиазм Синявского относительно Маяковского и считал его не только своим лучшим студентом, но и сыном, которого у него никогда не было [Возвышенный корабль 2009: 104–05, 117].

обращался к Пушкину за подтверждением свободы искусства, молодой Синявский, горящий идеалистическим энтузиазмом революционного романтизма, естественным образом обращался к Маяковскому, чей образ и поэтическая биография вдохновляли его в работе. Маяковский, в свою очередь, являл собой духовную связь с Лермонтовым — связь, которую Синявский позднее подчеркивал, называя Лермонтова естественным предшественником Маяковского в том смысле, что он «строил свою биографию поэта как зрелище исключительной личности и судьбы, зрелище одинокой и беззаконной кометы»[23]. Связь продолжается фигурой Пастернака, который первым применил к Маяковскому выражение «зрелищное понимание биографии» в своей собственной автобиографической работе «Охранная грамота» (1931). Пастернак приобретает все бо́льшую значимость в творчестве и жизни Синявского, и эти вербальные связи обретают реальность по мере того, как 1940-е годы сменяются 1950-ми и 1960-ми.

Маяковский, как борец против установленного порядка, в сталинские годы стал рупором нонконформизма. Человек искусства, обласканный советской властью (к нему намертво пристала сталинская фраза: «Маяковский был и остается лучшим, талантливейшим поэтом эпохи»), он был тем не менее фигурой, объединяющей всех, кто с нею конфликтовал [Терц 1992, 2: 581][24]. Для Синявского, который позже (во время процесса) называл свои расхождения с советским режимом «стилистическими», Маяковский был примером человека, бросившего вызов status quo художественным оружием; человеком, которого на тот момент все же продолжали принимать «политически, но не поэтически» [Терц 1966: 441].

---

[23] Hoover Institution Archives. Andrei Siniavskii Collection (здесь и далее — HIA). Коробка 19. Папка 12. Лекция 13. Л. 24.

[24] Похвала Сталина появилась в «Правде» 5 декабря 1935 года. Пастернак сделал по этому поводу следующее наблюдение: «Маяковского стали насаждать, как картошку при Екатерине, и он умер второй раз, но в этой смерти он не был повинен». Пастернак в тот период был в фаворе у власть имущих. Волнуясь, что подобное официальное одобрение могло оказаться «поцелуем смерти» для его художественного творчества, он написал личное письмо Сталину, благодаря его за высказывание о Маяковском: «Последнее время меня <...> страшно раздували, придавали преувеличенное значение <...> Теперь, после того, как Вы поставили Маяковского на первое место, с меня это подозрение снято...» [Пастернак 2003–2005, 9: 62].

Энтузиазм Синявского по поводу Маяковского во многом подогревался семинарами профессора Дувакина. По словам Синявского, он тогда был как ученый одинок в своем стремлении отгородиться от официальных взглядов на Маяковского как «советского» поэта, и такую же последовательность он проявил, выступая свидетелем защиты на процессе Синявского [On Trial 1967: 238–239][25].

Однако влияние семинаров Дувакина и их роли в становлении Синявского как писателя простиралось еще дальше. Если взять их за отправную точку, можно проследить различные нити судьбы Синявского того времени — нити, которые, сплетясь воедино, сформировали и ткань его творчества, и его идеи относительно образа и роли писателя.

Не последнее место среди них занимает важность произнесенного слова[26]. Превращая семинары в неформальные собрания, продолжавшиеся за полночь, Синявский и его товарищи-студенты создали своего рода «Общество мертвых поэтсв»:

> Стихи, кто во что горазд, воспроизводились по кругу, всю ночь, и это было ритуалом. Это было, как я сейчас определяю, радением, призванным гальванизировать поэзию, синевшую над окнами. Мы не читали стихи, мы жили ими — изо всех сил. На каждого поочередно накатывало то Блоком, то Гумилезым. Водка оканчивалась на первой рюмке, а мы шаманили и шаманили... [Терц 1992, 1: 581].

---

[25] В книге «Возвышенный корабль», написанной в память о В. Д. Дувакине бывшими учениками и коллегами, подчеркивается не только необычайный дар педагога, но и присущая ему смелость и цельность личности. Синявский отдал должное Дувакину и как учителю, и как другу в романе «Спокойной ночи», где рассказал, что выступление в его защиту стоило Дувакину работы [Терц 1992, 1: 579].

[26] В воспоминаниях бывших студентов Дувакина особо отмечается, что на семинарах он не давил ни на кого своим профессорским авторитетом, но поощрял свободные дебаты и дискуссии, чтобы студенты учились говорить и слушать друг друга: «Мы стали собеседниками» (из воспоминаний Н. С. Бялосинской [Возвышенный корабль 2009: 12]). Повинуясь поразительным превратностям судьбы, произнесенное слово в жизни Дувакина приобрело огромную значимость. После того как в разгар процесса Синявского — Даниэля его сместили с должности, он был назначен на кафедру «информации» в университете. Там он посвятил следующие 15 лет созданию звукового архива, записывая на пленку воспоминания представителей интеллигенции начала XX века об их эпохе. Эти записи представляют собой живую очеловеченную связь с культурой прошлого (воспоминания Вяч. Вс. Иванова [Возвышенный корабль 2009: 177]).

Лишенный официального налета и авторитета печатного слова язык становился могущественной магической силой, освобождающей и дарующей жизнь[27].

Оставался маленький шажок от «живой» поэзии до блатных песен и анекдотов, которыми обменивались на таких же стихийных сборищах у Синявского, где он принимал собственных студентов из школы-студии МХАТа в 1950-х годах.

Устная традиция как альтернатива официальной культуре была не только отдушиной, выходом для юмористических и провокационных высказываний о советской системе; другая ее функция заключалась в сохранении русской народной культуры, что хорошо подтверждается документально [Hosking 1980: 29–30; Юрчак 2014: 534–540][28]. Как бы ни были важны эти вещи для Синявского, значение анекдотов простиралось еще дальше, во многом соприкасаясь с его пониманием слова «неофициальный»: «Для Синявского <...> "неофициальное" никогда не было узко привязано к его политической оппозиционности; это слово обозначает скорее свободную, не предопределенную *альтернативу* предписаниям и запретам (чьим бы то ни было), вменяемым в обязанность российскому писателю» [Fanger, Cohen 1988: 165][29]. Анекдот имеет подоплеку эстетическую, этическую и даже духовную; в этом смысле он сродни афоризму [Терц 1978: 92–93][30].

---

27 Важность произнесенного слова, его трансформационная сила в волшебном и магическом смысле, постоянно упоминается в трудах Синявского. Самая развернутая дискуссия на эту тему содержится в его поздней работе «Иван-дурак» (1990) в контексте волшебной сказки [Синявский 2001, в частности, часть I, главы 7-9].

28 Юрчак больше интересуется анекдотами периода позднего социализма, иными словами, с 1960-х по 1980-е годы. Расширенный анализ анекдота, его культурной, социальной и политической значимости см. в [Graham 2009, в частности, глава 3 «The Anekdot and Stagnation», 63–82]. Синявский прослеживает происхождение анекдота до его истоков в былинах, сагах и волшебных сказках [Терц 1978: 77].

29 Фангер и Коэн подчеркивают, что интерпретация Синявским «неофициального» в этом самом широком смысле контрастирует с толкованиями Солженицына, где оно означает нечто узкополитическое, «запрещенное властями».

30 Синявский пишет о «философском подходе анекдота к миру». Он также определяет анекдот как источник мудрости и истины, которая не абсолютна и не одномерна, но имеет много смысловых слоев [Терц 1978: 94]. В его диссертации о Горьком можно найти высказывания, относящиеся к «простоте» афоризма как «точной формулировки определенной идеи, как «мудрому изречению», обладающему широким, обобщенным значением» [Синявский 1952: 345].

Самозарождающийся жанр (здесь нет «автора» и по большому счету нет претензий на авторитетность высказываний — это неуместные амбиции), анекдот передается из уст в уста. Процветая на запретной почве, свободный от морализаторства, анекдот был живым примером того, за что выступал сам Синявский: чистым искусством, искусством ради искусства. Пусть и непритязательный, но все же это был жанр, причем созвучный выбору Синявским «заниженной позиции» автора, и он заключал в себе волшебную целительную силу искусства. Своей «обратной» логикой, своей способностью вывернуть все шиворот-навыворот, анекдот утверждает обратимость всех вещей «и в результате <...> становится советчиком и помощником, объяснением и утешением на все случаи жизни, в самых для нас критических ситуациях» [Терц 1978: 93].

Замыкая круг, можно взглянуть на окончание одной из поздних работ Синявского «Иван-дурак», где он рассказывает, как члены религиозных групп в лагерях читают по памяти Священное писание. Каждый подхватывает текст там, где закончил другой, передавая эстафету следующему в неразрывной цепи: «И это была культура в ее преемственности, в ее изначальной сути, продолжающая существовать на самом низком, подземном, первобытном уровне. По цепочке. Из уст в уста. Из рук в руки. От поколения к поколению. Из лагеря в лагерь. Но это и есть культура, может быть, в одном из чистейших своих и высочайших проявлений. И если бы подобных людей и такой эстафеты не было на свете, жизнь человека на земле потеряла бы смысл [Синявский 2001: 461][31].

Человеческие связи, сложившиеся на домашних встречах у Синявских, имели такое же значение. Ученик Синявского из школы-студии МХАТ 1957–1958 годов, актер, поэт и певец Владимир Высоцкий был у Синявских постоянным гостем[32].

---

[31] Занятие, именуемое «травить анекдоты», с середины 1960-х до середины 1980-х годов имело такую же «ритуальную» форму [Юрчак 2014: 534–540; Graham 2009: 68–69].

[32] Это было задолго до того, как Высоцкий обрел широкую известность. Он начал регулярно выступать с концертами примерно с 1968 года [Smith 1984: 153].

Прославленный многими как «живая совесть своего времени», Высоцкий занимал в советской культуре двойственное место: хотя он и не являлся открытым диссидентом, его песни бросали вызов устоявшемуся порядку, поскольку «затрагивали отчуждающие, унижающие человеческое достоинство стороны советской реальности» [Gershkovich 1989: 129; Юрчак 2014: 246; Hosking 1980: 29]. Как и с творчеством Терца, зачастую дело было не столько в содержании этих песен, сколько в стиле, неприемлемом для властей [Smith 1984: 173].

Для Синявского Высоцкий был одним из тех современных «беранжеров, трубадуров и менестрелей», чьи песни, подобно анекдотам, обеспечили преемственность в такое время, «когда словесность не имеет силы расправить крылья в книге и прибавляется изустными формами» [Терц 1974: 166].

Эти песни, как и анекдот, не были шаблонны и статичны; они излучали креативную энергию, порожденную их затейливой, неоднозначной натурой: «Традиции старинного городского романса и блатной лирики здесь как-то сошлись и породили совершенно особый, еще неизвестный у нас художественный жанр, заместивший безличную фольклорную стихию голосом индивидуальным, авторским, голосом поэта, осмелившегося запеть от имени живой, а не выдуманной России» [Терц 1974: 167–168].

Пока Высоцкий потчевал Синявского последними анекдотами, блатными и своими собственными песнями (многие из которых впервые были исполнены именно в доме Синявского), тот познакомил его с творчеством Пастернака [Розанова 1994: 129–130][33]. Этот творческий обмен оставил неизгладимый след в том времени: с 1971 по 1980 год, до своей безвременной

---

[33] Когда КГБ проводил обыск в квартире Синявского после его ареста, Марья Васильевна в качестве «предмета торга» использовала «родные» магнитофонные пленки с записями Высоцкого. По иронии, в обмен на возврат пленок Марья Васильевна согласилась «закрыть глаза» на то, что из ее дома исчез трехтомник Пастернака. Вторая жена Высоцкого Л. В. Абрамова подтверждает, что Синявский оказал на него огромное влияние: он не только познакомил его с творчеством Пастернака, но также был первым, кто научил его видеть русскую культуру как целое (личная беседа в Москве, 2005 год). Фотография Синявского висит в музее Высоцкого в Москве в знак его уважения к Синявскому как учителю и привязанности к нему как к другу.

смерти, Высоцкий играл роль Гамлета в постановке, использовавшей перевод Пастернака, в Театре на Таганке под руководством Ю. П. Любимова[34]. Подыгрывая себе на гитаре, Высоцкий начинал спектакль не шекспировским текстом, а пастернаковским «Гамлетом» из запрещенного «Доктора Живаго» [Dawson 1995: 235].

Синявский замечательно воплощал целостность русской культуры, которая стала центром его творчества[35]. В то же время он претворял в жизнь сознательно сформулированный принцип: жертвовать привилегированной позицией автора ради продуктивного сотрудничества с другими людьми, когда культура становится знаком дружбы и передается одним человеком другому со всеми полномочиями. Воплощая в себе и переходный момент, и точку соприкосновения, связывающую формальное с неформальным, старое поколение со «сменой», Синявский стал проводником идеи не только непрерывности, но и возрождения русской культуры. Так и Высоцкий придал лиричному Гамлету Пастернака истинную, чистую энергию народной культуры. Вместе с тем, в понимании Синявского, Высоцкий, как эстрадник и толкователь общественно-политической жизни, стал естественным преемником Маяковского, выступления которого Синявский называл «поэтической буффонадой» [Меньшутин, Синявский 1964: 325][36].

---

[34] «Гамлет» в переводе Пастернака был впервые поставлен на сцене в 1954 году кинорежиссером Г. М. Козинцевым, который «сознательно постарался отразить явно антидиктаторские мотивы пьесы». В художественном отношении постановка также бросала вызов установившемуся порядку: декорации Н. И. Альтмана и музыка Д. Д. Шостаковича, не говоря уже о собственном вкладе Козинцева, возрождали авангардистские традиции советского театра [Fleishman 1990: 270–271].

[35] В этом также можно усмотреть влияние Дувакина, который знакомил студентов не только с некоторыми запретными плодами Серебряного века и авангарда, но и с такими личностями, как Л. Ю. Брик и Р. О. Якобсон, воплощавшими собой живые связи с прошлым [Возвышенный корабль 2009: 128, 176–177] (воспоминания Н. С. Бялосинской и Вяч. Вс. Иванова).

[36] Э. Дж. Браун, сравнивая представление о Маяковском и Есенине в глазах современников, замечает: «Несомненно, читатели и слушатели поэзии в Советском Союзе обычно относились к Есенину с естественной симпатией, а вот Маяковского зачастую понимали недостаточно или считали не более чем талантливым шутом» [Brown 1973: 313].

Критик и писатель

> Искусство без риска и душевного самопожертвования
> немыслимо, свободы и смелости воображения надо
> добиться на практике...
>
> *Б. Пастернак. Выступление на III пленуме*
> *правления Союза писателей СССР*

Период с середины 1950-х годов до ареста в 1965-м стал для
Синявского временем необычайной энергии и напряжения
творческих сил, тем более что часть работы совершалась в сек-
рете, при полном понимании, что в любой момент она может
быть раскрыта, и всем писательским трудам любого рода придет
конец. Хотя судьба литературы и судьба писателя являются
доминирующими лейтмотивами как у Синявского, так и у Терца,
все большее значение приобретает читатель.

Именно на этом этапе можно отследить сдвиг его литературных
предпочтений от Маяковского к Пастернаку — не столько, впрочем, *от* Маяковского, сколько *к* Пастернаку. Узнавая Пастернака
как критик, Синявский начал отождествлять себя с ним как
личность и как писатель. Восхищаясь пастернаковской поэзией,
Синявский серьезно исследовал ее как минимум с середины 1950-х
годов, когда, по его собственным словам, «не существовало серь-
езного литературоведческого исследования этого предмета» по
той причине, что Пастернак с конца 1930-х годов был не в фаворе у советской власти [Синявский 1980: 131][37]. Поэтому Синявский явно рисковал, проявляя к нему интерес.

Взявшись написать статью о поэзии Пастернака, в начале
1957 года Синявский встретился с поэтом, и эта встреча произ-
вела на него неизгладимое впечатление[38]. Так вышло, что события,
произошедшие сразу после этой встречи, а именно гонения на
Пастернака со стороны советского литературного и политическо-

---

[37] О непростых отношениях между Пастернаком и советской властью в этот период см.
[Fleishman 1990: 247–272].

[38] Синявский вызвался написать статью для трехтомника «История русской литературы», который готовился в ИМЛИ [Синявский 1980: 131; Theimer Nepomnyashchy
1991a: 15].

го истеблишмента после выхода за границей «Доктора Живаго» и волна ярости, вызванная присуждением ему Нобелевской премии по литературе, связали воедино их судьбы: Синявскому грозили увольнением из ИМЛИ за его (неопубликованную) статью, а Пастернака требовали изгнать из страны [Синявский 1986а: 132]. Возможно, именно поэтому в начале 1960-х, после смерти Пастернака, когда политический климат снова дал возможность писать о его поэзии, Синявский с такой яростью вел закулисную борьбу за то, чтобы тексты Пастернака публиковались без официозных искажений, что сохранение его принципов как критика фактически равнялось защите Пастернака и его творчества[39].

В конечном счете предметом борьбы Синявского с «Библиотекой поэта» была свобода самовыражения, свобода искусства от

---

[39] Рассматриваемый текст представлял собой статью, которая впервые была написана в 1957 году [Fleishman 1990: 349, n. 28] и должна была стать введением к новому сборнику творчества поэта, опубликованному в серии «Библиотека поэта» [Синявский 1965]. Принятый к печати в 1962 году, этот том вышел только в 1965-м. Задержка во многом была обусловлена отказом Синявского пойти на компромисс в отношении своих взглядов на творчество Пастернака и, в частности, нежеланием ставить их в зависимость от политической конъюнктуры. То, с какой силой он сопротивлялся попыткам контролировать свои слова о Пастернаке, видно из его переписки с редколлегией «Библиотеки поэта» (большая часть которой сохранилась в собрании Андрея Синявского в архивах Гуверовского института в Стэнфорде). Хотя основная часть переписки — это письма Синявскому от редколлегии «Библиотеки поэта», нижеследующий отрывок из письма Синявского полностью отражает его принципиальность и решимость: «Но главное, конечно, не в этом, а в неприемлемости для меня новых предложений редакции, идущих вразрез с моим пониманием творчества Пастернака. Я допускаю, что редакция что-то снимет в моей статье и предложит изменить какие-то формулировки. Но писать о политических и философских ошибках Пастернака я не считаю правильным и для себя возможным» (Недатированное и неподписанное письмо Г. М. Цуриковой, старшему редактору «Библиотеки поэта». HIA. Коробка 58. Папка 11). Вероятно, это письмо было написано в 1963 году, когда статья уже была подготовлена, но власти по-прежнему оказывали давление, обвиняя Синявского в том, что он продолжает придерживаться своих «идиосинкразических взглядов». В письме от 21 февраля 1964 года Синявский, не сдавая позиций, напоминает об ответственности, которая, как он считает, возложена на него (вообще-то Синявский пишет «на нас», но, конечно же, говорит о себе) относительно Пастернака и его искусства: «В настоящих условиях на Пастернака не существует установившейся точки зрения, и от нас самих во многом зависит, каким образом ее установить» (HIA. Письмо В. Н. Орлову, главному редактору «Библиотеки поэта»). Следует отметить, что Синявский уже напечатал в 1962 году обзор гослитиздатовского сборника произведений Пастернака, где критиковал данное издание за исправления и, прежде всего, за купюры, в особенности в поздних стихотворениях — без сомнения, Синявский имел в виду «евангельские» стихи из «Доктора Живаго», еще один камень преткновения, связанный с его последней статьей [Синявский 1962]. Переписка между Синявским и редколлегией «Библиотеки поэта», сохранившаяся в архивах Гуверовского института, была опубликована с введением, аннотациями и комментариями А. Комароми [Синявский 2005].

политики, то есть право на инакомыслие, но не в политическом отношении, а в отношении морального права и творческой необходимости. Здесь он повторял идеи, уже озвученные Замятиным в 1920-е годы, идеи, которые позднее связывал непосредственно с Пастернаком, именуя его «еретиком» русской литературы[40]. Очевидно, что именно эти идеи занимали Синявского в начале 1960-х, именно через них он отождествлял себя с Пастернаком: защита «инаковости» проходит красной нитью во всех его основополагающих статьях и в художественных произведениях Терца[41].

В 1961 году, через год после смерти Пастернака, Синявский публикует статью в «Новом мире» в защиту поэта А. А. Вознесенского, на которого за его нетрадиционный стиль нападали два писателя-партийца, В. С. Бушин и К. Л. Лисовский [Меньшутин, Синявский 1961а].

Сейчас, оглядываясь в прошлое, можно смело вместо «Вознесенский» читать «Синявский». Хотя сам Синявский критично относился к Вознесенскому, он тем не менее резко обрушивается на Лисовского за его тон, который «носит характер прокурорского обвинения», а не оценки профессионального критика. То, что «непохожесть» сама по себе может быть воспринята почти

---

[40] «...настоящая литература может быть только там, где ее делают не исполнительные и благонадежные чиновники, а безумцы, отшельники, еретики, мечтатели, бунтари, скептики» [Замятин 2003–2011, 3: 123]. Именование Синявским Пастернака, вместе с Мандельштамом, Цветаевой и Ахматовой, «еретиками русской литературы» см. [Синявский 1986в: 134]. И происходит это в контексте дискуссии о природе его собственного диссидентства, воплощенного в Терце, который, как утверждает Синявский, «диссидент главным образом по своему стилистическому признаку. Но диссидент наглый, неисправимый, возбуждающий негодование и отвращение в консервативном и конформистском обществе» [Синявский 1986в: 132–133]. В «Мыслях врасплох» Синявский высказывает ту же идею с позиции, противоположной атеистическому коммунизму — с позиции церкви: «Нынешнее христианство грешит благовоспитанностью <...> В итоге всё живое и яркое перешло в руки порока. Добродетели осталось вздыхать и собирать слёзки в карман. Она забыла пламенную ругань Библии. А христианство обязано быть смелым и называть вещи их именами» [Терц 1992, 1: 336]. Здесь просматривается почти точная параллель с тем, что он писал в «Что такое социалистический реализм», восхваляя энергию литературных героев революционного периода, которые осмеливались быть «грубыми и непринужденными», а ныне приобрели «изысканность в манерах» социалистического реализма [Терц 1966: 440].

[41] «Фантастические повести» Терца были написаны между 1955 и 1963 годами. Первая из них, «Суд идет», была окончена в 1955–1956 годах, за ней последовали «В цирке» [Theimer Nepomnyashchy 1991a: 7], «Ты и я» и «Квартиранты» (1959), «Графоманы», «Гололедица» и «Пхенц» (1961). Более значительная (и не включенная в «Повести») работа «Любимов» была написана в 1962–1963 годах.

как преступление, уже продемонстрировал заочный «суд» над Пастернаком в 1958 году, когда коллеги по писательскому цеху вынесли ему обвинение[42]. Собственный процесс Синявского в 1966 году стал тому доказательством. Параллель между опытом Пастернака и предвидением Синявским своей собственной судьбы, а также взаимосвязь между творчеством Терца и Синявского хорошо показаны в фантастической повести Терца «Пхенц». Эту повесть, напечатанную за границей в 1961 году, одновременно с выходом в «Новом мире» статьи с упоминанием Вознесенского, сам Синявский позднее называл наиболее автобиографичным произведением Терца[43].

Пастернака его коллеги, среди прочего, окрестили чужаком. Переводя это на современный язык (и одновременно давая советским авторам урок искусства написания фантастики), Синявский делает протагонистом инопланетянина Сушинского, который по несчастному стечению обстоятельств оказывается жителем некоего советского города[44]. В метафорической инверсии стилистические различия обретают плоть, и необыкновенное обличие Сушинского становится символом инаковости писателя. Его родной язык, суть его личности, к которой абсолютно безразличны его советские соседи, представляет собой последний коммуникативный барьер[45]. Чувство отчуждения

---

[42] Значение этого для Синявского доказывает тот факт, что он сохранил копию стенограммы протокола общего собрания писателей от 31 октября 1958 года, которая теперь хранится в его архиве в Стэнфорде. Многие (если не большинство) обвинения против Пастернака выдвигались и против Синявского, когда не прошло еще и десятка лет; в основном они касались его защиты «чистого искусства» (HIA. Коробка 58. Папка 3).

[43] На самом деле написанная позднее повесть «Крошка Цорес», которая изначально задумывалась как часть «Спокойной ночи», столь же автобиографична. В ней рассказчик от первого лица (ныне его называют Синявским), также чужой в советском окружении, однако его образ, не испытавший влияния стиля научной фантастики XX века, относит нас непосредственно к Э. Т. А. Гофману и его «Крошке Цахесу» [Терц 1992, 2: 611–654].

[44] Синявский серьезно интересовался научной фантастикой и примерно в то же время написал критическую статью по этому вопросу [Синявский 1960].

[45] Окутюрье замечал, что язык Сушинского (среди прочих примеров экспериментального писательского творчества Синявского) — пример терцевской зауми. Это еще прочнее отождествляет Сушинского с Синявским, на работы которого оказала влияние его любовь к русскому модернизму, что само по себе считалось достойным порицания: «На мою беду, в искусстве я любил модернизм и все, что тогда подвергалось истреблению» [Синявский 1986а: 136; Aucouturier 1980: 6].

взаимно: в изоляции Сушинского в равной мере повинны как его собственная эстетическая чувствительность, так и подозрительность и непонимание окружающих.

Сушинский — безобидное существо, почти что растение[46]. В разгар организованной в печати кампании, закончившейся судом над Синявским, его окрестят «перевертышем» и «оборотнем», как жуткое чудище из русского фольклора[47]. Прямо цитируя в своем последнем слове «Пхенца», Синявский говорит практически теми же словами, что использовал в защиту Вознесенского: «Подумаешь, если я просто другой, так уж сразу ругаться...». И продолжает: «Так вот: я другой. Но я не отношу себя к врагам, я советский человек, и мои произведения — не вражеские произведения. В здешней наэлектризованной, фантастической атмосфере врагом может считаться любой "другой" человек. Но это не объективный способ нахождения истины» [Белая книга 1966: 306][48].

Именно потому, что Синявский пытался говорить «правду» о своем времени словами, которые отвечали его «фантастической, наэлектризованной атмосфере», в манере, кардинально отличавшейся от узко политизированных смыслов социалистического реализма, он навлек на себе гонения властей.

Творчество Синявского в тот период можно трактовать как защиту «инаковости» в смысле творческого кредо, необходимого для выживания русской литературы. Сам он испытывал на прочность границы дозволенного в своих критических работах, как это показывает отрывок о Вознесенском. Журнал «Новый мир», площадка для его трудов того времени, поместил его в ли-

---

[46] Существует любопытное сходство между странным растениеподобным пришельцем Сушинским и фигурой Мандельштама, другого «еретика» от литературы, в описании художника В. А. Милашевского, статью которого Синявский прочел в лагерях. Если бы не тот факт, что статья опубликована в 1970 году, было бы сильное искушение заявить, что именно она вдохновила Синявского на создание такого персонажа [Терц 1992б; Синявский 2004, 3: 357–358].

[47] Это показывает, до какой степени «инакость» Синявского вызывала не только злобу и подозрения, но и страх. Разнообразные подтверждения этому см. в [Sandler 1992; Theimer Nepomnyashchy 1995: 5–6].

[48] Синявский выступал в защиту Вознесенского, говоря: «Об этих вкусах можно спорить. Не надо только в "непохожей", чуждой вам манере видеть что-то криминальное» [Меньшутин, Синявский 1961а: 251].

беральный лагерь мира советской литературы. Его работа для журнала с 1959 года вплоть до ареста в 1965-м совпала с пиком славы этого издания как ведущего литературного журнала тех дней. Главным редактором был Твардовский[49].

Подобно Пастернаку в 1930-х годах (и Замятину в 1920-х), Синявский в своих статьях резко высказывался об угасании литературы под надзором властей. В советской системе, где все было пропитано духом конформизма и строго подчинялось канонам социалистического реализма, отсутствовала та искра, которая проскакивает между писателем и критиком, читателем и писателем в процессе свободных, живых литературных споров. Официальные призывы к «смелости и творческой инициативе» во время оттепели не привели ни к чему, кроме неглубоких, неубедительных попыток внести что-то новое [Новый мир 1961][50]. Не желая рисковать, авторы (и критики) ограничивались банальным и посредственным. В результате же, как писал Терц в «Что такое социалистический реализм», искусство в Советском Союзе просто «топчется на одном месте» [Терц 1966: 445; Меньшутин, Синявский 1959: 219].

Терц критикует это явление в повести «Графоманы». В сценах, напоминающих о сатирическом изображении Булгаковым Со-

---

[49] Пребывание Твардовского в должности редактора «Нового мира» проходило в два этапа. Первый (1950–1954) закончился, когда Твардовский был смещен с должности за якобы чересчур либеральную направленность: в декабре 1953 года в журнале был опубликован очерк В. Померанцева «Об искренности в литературе», и сам Твардовский представил первый вариант своей сатирической поэмы «Теркин на том свете» на одобрение в ЦК партии. Сталин умер совсем недавно, Хрущев еще не произнес свою знаменитую речь; очевидно, что для подобных подвижек было еще рановато. Твардовский был восстановлен в должности в 1958 году и оставался редактором до 1970 года (см. об этом статью Л. Олдвинкл, которая, в частности, характеризует «Новый мир» при Твардовском как «рупор либеральной интеллигенции» [Aldwinckle 1980: 170]). Эту эпоху «Нового мира» определяли взаимоотношения Твардовского и Солженицына, начавшиеся сенсационной публикацией повести «Один день Ивана Ивановича» в 1962 году. Однобокий отзыв об этом событии в «мемуарах» Солженицына «Бодался теленок с дубом» (1975), его попытки выдвинуться за счет Твардовского в глазах власть имущих вызывали вопросы у многих, и не в последнюю очередь у заместителя Твардовского В. Я. Лакшина. Позже Лакшин сделал все возможное, чтобы восстановить равновесие, указывая, что «Новый мир» не является независимым изданием — это «орган Союза писателей <.. > и <...> печатался в типографии “Известий”; «В рамках возможного, “Новый мир” делал все, что в его силах, чтобы сохранить доверие своих читателей к литературе и ее способности говорить правду» [Lakshin 1980: 79–80].

[50] Постоянное повторение Твардовским этого призыва партии побудило Солженицына послать ему «Один день Ивана Денисовича».

юза советских писателей в «Мастере и Маргарите», разномастная группа раздувающихся от собственной важности лжеписателей создает произведения, с которыми за границей обошлись бы куда круче:

> Опубликует какой-нибудь лорд книжку верлибра, и сразу видно — дерьмо. Никто не читает, никто не покупает, и займется [автор] полезным трудом — энергетикой, стоматологией... А мы живем всю жизнь в приятном неведении, льстимся надеждами... <...> Само государство <...> дает тебе право — бесценное право! — считать себя непризнанным гением [Терц 1992, 1: 157][51].

Если читать вышенаписанное, держа в уме «Поэзию первых лет революции. 1917–1920» (1964) Синявского и Меньшутина, то подтекст цитаты станет очевиден[52]. Хотя статьи Синявского воинственны по тону, а «Графоманы» Терца пронизаны язвительным юмором, книга очевидным образом лишена полемичности. Это яркое научное достижение, взвешенный и дотошный анализ сложной, подвижной поэтической атмосферы революционных лет. И одновременно здесь, как и в статьях и в повести Терца, со всей очевидностью отражено намерение авторов.

«Поэзия первых лет революции» не только представляет собой первую осторожную попытку реабилитации Пастернака и других ключевых поэтов Серебряного века, таких как Цветаева и Мандельштам, сравнивая их с Маяковским и тем самым распространяя на них защитный ореол его фигуры; на фоне неблестящего состояния современной Синявскому литературы эта книга рисует картину брожения и обновления по мере того, как художественные течения уходящей эпохи сталкивались с напо-

---

[51] Роман «Мастер и Маргарита» еще не был опубликован, так что вопрос о влиянии не стоит.

[52] А. Н. Меньшутин, историк литературы и специалист по Чаадаеву, был ближайшим другом Синявского и коллегой по ИМЛИ. Он с самого начала знал, что рукописи Синявского предназначены для отправки за границу «контрабандой». Они вместе написали ряд работ, в том числе статьи для «Нового мира», о которых говорилось выше, и самую заметную книгу «Поэзия первых лет революции. 1917–1920». Когда его впоследствии спросили, как они с Меньшутиным распределяли работу над разными поэтами, Синявский сказал, что он не помнит, кто и о ком именно писал.

ром революционного прилива. Хотя, по мнению Синявского, предпринятые многими поэтами попытки ассимилироваться и выразить дух нового времени провалились, как потерпели неудачу аналогичные усилия во время оттепели, революционные годы даровали свободу эксперимента, а их наэлектризованная атмосфера привела к ряду поразительных отходов от традиции. Среди примеров был один, которому Синявский уделил особо пристальное внимание. Речь идет о преображении крупнейшего поэта-символиста А. А. Блока в рупор новой эры в поэме «Двенадцать» (1918) [Меньшутин, Синявский 1964: 257–276][53]. Вывод, который можно сделать на основе исследования Меньшутиным и Синявским творческого подъема эпохи революции, самоочевиден: по сравнению с ситуацией конца 1950-х — начала 1960-х, здесь показано, чего смогла достичь незашоренная оригинальность.

Произведения Терца того времени, его «Фантастические повести», можно читать в качестве дополнения и продолжения критических работ Синявского. Хотя критические статьи Синявского были предназначены писателям и критикам, повести адресуют те же запросы к читателю.

Надежды Синявского на будущее русской литературы уходили корнями в культуру прошлого, в особенности в альтернативные, не-реалистические культурные традиции России и Западной Европы. Любовь Синявского к иррациональному, нашедшая выражение в характерном искусстве Терца, представляла собой акт несогласия и отторжения материалистических, позитивистских версий реализма, официально принятых государственной властью. В этом он следовал по стопам не только таких мыслителей, как Шестов и Розанов, но и писателей XX столетия —

---

[53] Дж. Франк привлек внимание к персональной значимости поэмы *Двенадцать* для Синявского, чей отец был левым эсером. Франк говорит о соответствии между взглядами Блока на Революцию и «экстатическим культом революции» левых эсеров, «которые также верили в стихийный порыв масс и противостояли большевистской максиме диктатуры пролетариата» [Frank 1991: 38]. Синявский проясняет позицию своего отца как эсера в «Диссидентстве» [Синявский 1986в: 134] и «Спокойной ночи» [Терц 1992, 2: 461]. Важность влияния Блока на Пастернака отмечается в статье «Поэзия Пастернака» [Синявский 1965: 26–27].

например, Замятина и Пильняка[54]. Давая волю воображению, Синявский объединяет модернистские идеи и техники с темами, истоки которых лежат не только в фантастическом и иррациональном в творчестве Гоголя и Достоевского, но и в западноевропейском романтизме, к примеру, в использовании двойника в «Ты и я» — галлюцинаторного сдвига между реальностью и иллюзией.

Модернисты были в числе тех, кто подвергался особо яростным нападкам советского режима: с конца 1930-х они были под запретом, а с 1946 года стали отдельной мишенью для атак. Борьба за отмену этого запрета началась в годы «оттепели». Модернизм с его энергичным откликом на реалии своего времени, его художественной смелостью и независимым творческим духом был особо симпатичен Синявскому. Начав писать под именем Терц, он естественным образом взял на вооружение темы и методы, которые ассоциировались с его излюбленными авторами-модернистами, включая Замятина, Бабеля и Олешу.

Яркой чертой модернизма в его футуристической стадии было тесное соприкосновение с кубизмом в живописи, что размывало границы между литературой и изобразительным искусством [Харджиев 1970]. Это нашло свое отражение в повестях Терца — его техника «странностей» зачастую реализуется посредством живописного или кинематографического приема. Хороший пример данной техники — внезапные резкие сдвиги места и времени, которыми открывается «Гололедица»: знакомый городской ландшафт Москвы внезапно преображается в обледеневшую пустыню, населенную монстрами, которые неожиданно принимают свой истинный вид трамваев, когда герой пробужда-

---

[54] Т. Р. Н. Эдвардс исследовал «отличительное свойство российского диссидентства — приверженность к иррациональному в различных его формах» на материале произведений Замятина, Пильняка и Булгакова. Он пишет: «Этот конфликт между рациональностью Государства и утверждением другого взгляда на человека и мир — противостояние не просто политическое — между особой природой советского коммунизма и порожденной им оппозицией; это противостояние также философское и религиозное с более масштабными последствиями, органически связанное с конфликтом между художником и Государством, личностью и обществом, рациональным и иррациональным в царской России. Действительно, именно Россия 1860-х годов задала критерий иррационального 1920–1930-х годов» [Edwards 1982: 1].

ется от грез. В той же повести мы наблюдаем деконструкцию реальности в форме последовательности событий, взятых кадр за кадром, но ускоренных и смонтированных в обратном порядке [Терц 1992, 1: 196].

Зачастую Синявский не просто переориентирует восприятие реальности читателем, но и шокирует его чувства, обостряя до предела. В «Пхенце», пользуясь традиционной фигурой стороннего наблюдателя, чтобы отстраниться от того, что в обществе воспринимается как бытовая норма, он деконструирует внешний облик женщины по имени Вероника, технически представляя его в манере кубизма. Гротескное переосмысление женских форм одновременно смешит и смущает.

Здесь, без сомнения, присутствует элемент желания Синявского «эпатировать буржуазию» (в духе и манере Маяковского), ликующая радость от вопиющего нарушения правил хорошего тона и реалистического повествования (снова и снова Синявский подчеркивает связь того и другого в пуританском декоруме соцреализма), в то время как нарушение временной последовательности и работа с текстом в пространственных категориях бросает вызов линейному, целеустремленному социалистическому реализму [Kelly, Lovell 2000: 5].

Однако его выход за рамки приемлемого и традиционного — не самоцель, а творческий акт. Как писал Синявский (в соавторстве с И. Н. Голомштоком) об искусстве французских кубистов, «эти манипуляции <...> формами часто служили им лишь главным средством проникновения в новые аспекты реальности» [Голомшток, Синявский 1960: 23][55]. Сдвиг в его собственных произведениях к пространственно-ориентированному обращению с текстом, который естественным образом вел к открытию «пространства» читателю, чтобы тот вошел в него, в большой степени коренится в этих модернистских влияниях начала XX века.

---

[55] О происхождении этой книги и различных перипетиях, связанных с ее публикацией, см. [Голомшток 2011]. Судя по рассказу Голомштока, это смелое литературное предприятие предвосхитило «Прогулки с Пушкиным», что он подчеркивает шутливым названием восьмой главы: «Пляски вокруг Пикассо». Воспоминания Голомштока вышли частями в трех последовательных выпусках журнала «Знамя» (2011. № 2–4).

Фантастические повести Терца на одном уровне представляют собой опыт образного письма, экспериментальную прозу, которая укрепляет взаимосвязь с богатым, новаторским прошлым, не просто перерабатывая существующие идиомы, но добавляя новые смысловые уровни в те моменты, когда они встраиваются в контекст настоящего, причем, неявным образом, во взаимосвязи с жизнью Синявского. На другом уровне это произведения в жанре литературной критики, которая устанавливает новые стандарты и дает новые возможности для взаимодействия между писателем и читателем, читателем и текстом. Читателю остается установить связи между различными слоями литературных отзвуков и аллюзий на реальную жизнь, которые и придают тексту полноту и значимость.

Биография как зрелище. Биография как проживаемая жизнь

В этот период все возрастающая активность Синявского-писателя заставляет его задаться вопросом писательской биографии и ее выражения художественными средствами. Его труды как критика подчеркивают парадоксальную потребность в развитии уникального, индивидуального самовыражения, «личного голоса», заботясь в то же время, чтобы эго и личность художника не брали верх над искусством. По его мнению, это одновременно и художественный, и нравственный императив: «Претворение жизни в поэзию является очень сложным и ответственным делом» [Меньшутин, Синявский 1961a: 249].

Опорные точки Синявского — это кардинально разные случаи Маяковского и Пастернака, понятие о биографии как о зрелище в противовес биографии, которая есть не зрелище, а прожитая жизнь. Любя и ценя обе эти полярные противоположности, с годами он научился объединять их, достигнув синтетического подхода к биографии, которую создал для себя как писателя. Точно так же, как позднее он использует Пушкина и Гоголя в качестве контраста друг для друга, указывая их схожесть и одновременно подчеркивая различия как писателей, он противопоставляет Пастернака и Маяковского, чтобы сложить их воедино, не отвергая одного в пользу другого, но используя одну фигуру, чтобы взглянуть на другую с новой перспективы.

Понятие о биографии как о зрелище, согласно Пастернаку, было характерно для его эпохи, эпохи революции, и Синявский это учитывал. Он отличал не только Маяковского, но и других наиболее одаренных поэтов за их умение «не просто сидеть и писать стихи, но создавать свои собственные биографии в прозе» [Laird 1986: 8][56]. Именно подобной глубокой связи не хватает, как считал Синявский, в произведениях его современников, таких как Евтушенко и Вознесенский; отсутствует «идея избранничества, великого и страшного жребия, сообщавшие судьбе поэта нечто провиденциальное, непреложное и в то же время позволявшие развернуть собственную биографию наподобие легенды, мифа, мистерии, возвысить частную жизнь до уникального "бытия", наполовину реального, наполовину вымышленного, творимого изо дня в день на глазах изумленной публики» [Синявский 1967: 116].

Концепции биографии как зрелища внутренне присуща идея жребия поэта, неизбежности насильственного или безвременного конца как отличительной, аутентичной черты жизни и творчества автора, которая вписывает его в традицию, начатую Пушкиным. Пастернак говорил об этом применительно к Маяковскому в «Охранной грамоте», размывая границы между смертью Маяковского и смертью Пушкина почти сотней лет раньше. Синявский-Терц выражает ту же идею в «Мыслях врасплох»: «Человеческая судьба в идеале уловлена в жанре трагедии, которая ведь и разыгрывается по направлению к смерти. В трагедии смерть становится целью и стимулом действия, в ходе которого личность успевает выявить себя без остатка и, достигнув завершенности, выполнить предназначение» [Терц 1992, 1: 333].

---

[56] Синявский здесь указывает не на конкретные произведения кого-то из поэтов, но на их самовыражение в поэзии в целом.

Синявский считает, что его время, в отличие от эпохи революции, не способствует подобным биографиям; сама негероичная эпоха, с его точки зрения, приводит к тому, что он называет у Евтушенко «несходством... в самом понимании личности и ее судьбы, биографии» [Синявский 1967: 116]. Он выходец из поколения, «не видавшего в своей среде иных пророков, кроме вот этого «свойского парня» [Синявский 1967: 117][57]. В отличие от Маяковского, Есенина, Блока и Цветаевой, у него нет возможности прожить такую же жизнь «поэта-мученика». Требования, налагавшиеся на поколение оттепели, были иными. Ставя Евтушенко в один ряд с Есениным, Синявский подчеркивает, что вопросы, которые поднимает Евтушенко, «несравненно более робкие и легкие», а его ответы на них зачастую поверхностные и претенциозные[58].

Именно признавая, что ранняя «зрелищная» концепция биографии более не уместна и даже невозможна в условиях сталинской и послесталинской России, Синявский поворачивается в сторону Пастернака.

В то время, как Евтушенко и Вознесенский встают на «позицию активного самоопределения и самоутверждения» в своих произведениях, Пастернак уходит в тень: «Искусство в его по-

---

[57] Позднее, в эмиграции, высказываясь как Терц, Синявский гораздо яростнее обрушится на Евтушенко, даже не называя его по имени. Говоря об истинном писателе и художнике как о личности, которая по определению творит вне и в нарушение всяческих норм и каналов, он замечает: «Ведь не в президиуме же сидеть, не за рабочими же бегать, высунув язык, по строительству Братской ГЭС, завязывая с ними, с героями и читателями, какие-то удивительно бестактные, панибратские отношения» [Терц 1974: 144]. Позднее (отсылая к своей первой статье о Евтушенко) Синявский признает, что, «вероятно, было неразумным ожидать этого от Евтушенко <...> но в то время мне казалось, что он хотел отойти от этой традиции и не сумел» [Laird 1986: 8]. Можно предположить, что этим примирительным тоном говорит Синявский, чья собственная жизнь к тому моменту стала сродни легенде, и успехи Евтушенко, давшиеся тому гораздо легче, уже не так задевали Синявского.

[58] Синявский противопоставляет сравнительно робкое желание Евтушенко «раствориться» в русской природе героической самопроекции Есенина, которая в понимании Синявского соответствует архетипичным, гораздо более мощным образам самопожертвования — распятому Христу и Прометею. Талант Есенина как поэта измеряется его способностью переводить абстрактное в конкретное, придавать тому, что есть в его стихах духовного и эмоционального, материальную форму: «...у Есенина сами грехи влекутся страстной жаждой искупления и выглядят как тяжелые раны на теле павшего героя, не одолевшего своей буйной, титанической натуры» [Синявский 1967: 117]. В лекциях, которые он читал в эмиграции в Сорбонне, Синявский снова подчеркивает контраст между Евтушенко и Маяковским не в пользу первого: превращение жизни в спектакль, в миф всегда означает «печальный» конец (HIA. Коробка 19. Папка 12. Лекция 13. Л. 25).

нимании — непрестанная самоотдача» [Меньшутин, Синявский 1961б: 228; Синявский 1965: 14][59]. Христианская парадигма, никогда не выражающаяся явно, красной нитью проходит сквозь вступительный очерк Синявского о поэзии Пастернака[60].

В «Мыслях врасплох» Терца эта парадигма не просто выражена явно — она составляет самую суть произведения. Будучи последней работой Терца, отосланной за границу перед арестом, «Мысли врасплох» задумывались и создавались в тот же период, что и очерк о Пастернаке. Обе работы носят отпечаток личного опыта Синявского к тому моменту: открытие им с конца 1950-х годов мира, абсолютно не похожего на тот, который он знал, — отдаленной, сельской России, где сохранялись народные обычаи масс, а православная вера была по-прежнему жива в своей древней форме, не затронутая цивилизацией[61]. Безусловно, этот опыт оказал глубокое, освобождающее воздействие на Синявского и добавил новые измерения к его восхищению Пастернаком. Тем же чувством удивления природе и жизни, столь чувствительно выраженным в очерке о Пастернаке, пронизано творчество самого Синявского [Терц 1992, 1: 331–332]. Это чувство бытия не только в истории, но и в вечности, ощущение воздуха, пространства, свободы, пребывания

---

[59] Синявский снова привлекает внимание в этом очерке к различию между самоуничижением Пастернака и позицией Блока, Цветаевой, Маяковского и Есенина: «личность поэта стояла в центре, и его творчество, растянувшееся многолетним дневником, рассказом "о времени и о себе", составляло некое житие, драматическую биографию, которая разыгрывалась перед глазами читателей и была окружена ореолом легенды» [Синявский 1965: 19].

[60] Возвращаясь к Маяковскому в условиях большей свободы в эмиграции, Синявский делает упор именно на могущественный религиозный символизм его поэзии. Хотя это совершенно иной упор — поэт остается центром в его стихах, — автомифологизация Маяковского, особенно в поэме «Человек», трансформирует его в фигуру, подобную Христу, который жертвует собой из-за любви к человечеству. То, что поэт занимает центральное место в собственной поэзии, — не свидетельство высокомерного индивидуализма, но высшее доказательство принятой им ответственности не просто за свою судьбу, но и за судьбу других: его личность не доминирует, а включается в его искусство, становясь самым мощным его проявлением.

[61] Синявский регулярно, с 1957 года, каждое лето ездил на север России вместе с Марьей Васильевной. Художница и историк, она показывала ему такие города, как Переславль-Залесский, знакомила с их богатым культурным наследием. По ее словам, Синявский был крещен в православие в 1957 или 1958 году (беседа с Марьей Васильевной в Фонтене-о-Роз, 26 июля 2005 года, см. также [Zamoyska 1967: 65; Голомшток 2011: 156].

в согласии с самим собой знаменует радикальный отход от ранних рассказов Терца, например, «Ты и я», где автор помещен в искусственную, герметически запечатанную и угрожающую вселенную — гротескная карикатура на мир советской литературы и одновременно отражение его собственного лихорадочного ума, откуда можно сбежать только в воображении.

«Мысли врасплох» перекликаются с пастернаковской темой самоуничижения, однако подчеркивают влияние Шестова и Розанова, будучи поданы в виде серии афоризмов. Их по видимости случайная форма не только отвергает любые претензии на догматичные поучения, но и представляет собой тот вид самоуничижительного юмора, благодаря которому Синявский избегает опасности показаться напыщенным или преисполненным чувства собственной важности — опасность вполне реальную, если взглянуть на сам предмет. Писатель как трибун и пророк, также отвергаемый Пастернаком (как и Шестовым и Розановым), заменен Терцем под личиной писателя как отшельника или юродивого: эпатаж Терца, очень сильный в первых произведениях, теряет накал, опираясь более на неожиданные, в духе Розанова, противопоставления конкретного и духовного для создания подобного эффекта[62].

Также здесь встречаются элементы, характерные не только для юродивого, но и для дурака из русского фольклора, Ивана-дурака, который тоже утверждает нерациональный путь к истине. Лишенный склонности юродивого к «эпатажу», Иван-дурак наделен тем, что в религиозных терминах можно назвать восприимчивостью к божественному откровению. Его отличает «то состояние восприимчивой пассивности, то есть ожидания, когда истина придет и объявится сама собою, без усилий, без напряжения с его стороны, вопреки несовершенному человеческому рассудку» [Синявский 2001a: 42][63].

---

[62] Мнение Шестова о писателе как пророке см. в [Шестов 1995: 19]. Комбинация духовного и конкретного — черта, к которой также привлекает внимание Синявский в творчестве Пастернака [Синявский 1965: 57].

[63] Синявский рассматривает эту «философию» русского простака в контексте древней традиции, в западной культуре восходящей к Сократу («Я знаю, что я ничего не знаю»), а также к восточным мудрецам.

Синявский идет дальше, чем Пастернак, и не просто делает себя незаметным, а практически полностью уходит в безмолвие, разделяя свои мысли большими пробелами чистых страниц[64]. Писатель претерпевает процесс самоуничтожения, одновременно опустошая и очищая свое я[65]. В таком понимании, с христианской точки зрения, смерть не теряет своей значимости в судьбе писателя.

Отвергая идею смерти «случайной», как у «обычного человека с улицы» (здесь намек на евтушенковского «свойского парня»), поскольку «это все равно что отсутствие всевозрастающей связи с жизнью», смерть рассматривается в скромных, но от этого не менее значительных терминах кульминации жизни отдельной личности, что придает ей истинный смысл: «*Человек живет для того, чтобы умереть*» [Терц 1992, 1: 332]. «Будем просить у судьбы честную, достойную смерть и по мере сил двигаться ей навстречу, так чтобы подобающим образом выполнить наше последнее и главное дело, дело всей жизни — умереть» [Терц 1992, 1: 333–334]. Не зрелище, но «цель»; не публичное шоу, но приватное принятие собственной судьбы. Выбор слов Терца передает подспудные аллюзии на долг и ответственность писателя: его роль — не провозглашать, а вести своим примером. Смерть — одновременно кульминация и основополагающее условие жизни — жизни, прожитой заново.

Писатель — фокусник и вор

Самоуничижение, воплощенное Пастернаком в его творчестве и исследованное Синявским в этом контексте в «Мыслях врасплох», становится основой новых отношений с читателем и тек-

---

[64] Безмолвие — важный принцип в некоторых ответвлениях русской религиозной мысли, уходящий корнями в исихазм [Федотов 2015, 11: 229]. Упоминания о важности безмолвия появляются в трудах и Шестова, и Розанова. См., например, [Шестов 1995: 191].

[65] «Опустошение» своего я происходит из понимания православием кенозиса, образа страдающего Христа, его самоотречения [Федотов 2015, 10: 95–125]. Об этой черте в творчестве Синявского см. [Aucouturier 1980: 5; Holmgren 1991: 968–69]. Холмгрен пишет об этом, в частности, в контексте «Голоса из хора».

стом, порожденной авторской потребностью самоподавления. «Фантастические повести» Терца прослеживают это стремление к самоуничижению и обновлению, предлагая иные, хотя и взаимосвязанные решения. В то время как «Мысли врасплох» представляют духовное и мистическое путем к самоуничижению, выраженным художественными средствами, повести сдвигают точку зрения таким образом, что само искусство становится средством, дающим художнику возможность быть вне любых пределов.

В творчестве Синявского мистическое никогда не удаляется от магического, как показывает его поздняя работа «Иван-дурак» [Синявский 2001: 62–63]. Таким образом, фигура мага или фокусника предлагает более активный путь к трансформации и обновлению через искусство, давая средство примирить биографию писателя как зрелище с христианской парадигмой самоуничижения.

Самая ранняя из фантастических повестей, написанная сразу после «Суд идет», — «В цирке» представляет собой расширенную метафору писательского творчества как перформанса, трансформации жизни в искусство[66]. Повесть отражает интерес Синявского к художественным движениям начала XX века, включая футуризм. Цирк — тема, которой тогда многие уделяли внимание, в том числе Маяковский или Олеша, в творчестве которого это был постоянный мотив[67]. Говоря более общо, цирк представляет собой средство побега, разрыва с обыденностью, а также воплощает жажду риска и стремление свершить необыкновенный подвиг.

Восприняв и усвоив все эти разнообразные влияния, повесть Терца стала, по сути, смелой, неординарной попыткой высказаться на библейские темы страстей, распятия и преображения

---

[66] По словам Синявского, «Суд идет» был закончен в «1955–1956-м» [Theimer Nepomnyashchy 1991a: 7].

[67] В 1929 году Олеша написал небольшой скетч под названием «В цирке». Н. Корнуэлл предположил, что выбор Синявским того же самого названия не является простым совпадением. В анализе «ключевых схожестей» двух произведений он показывает, как «Синявский очевидным образом использует скетч Олеши в качестве литературного (если и не совершенно буквального) и, безусловно, метафорического трамплина» [Cornwell 1993: 5].

Христа с помощью образов и символики цирка. В этом есть немало общего с «Ты и я», которое «доходит до прямого богохульства <...> как раз для того, чтобы заставить нас взглянуть свежим взглядом» [Theimer Nepomnyashchy 1982: 225]. В отличие от «Ты и я», тональность «В цирке» менее агрессивная и более юмористичная; концовка хотя и острая, но менее мрачная.

Библейский подтекст подается почти что поневоле и вопреки, в намеренно непочтительном духе. Представленное в основном глазами протагониста Кости, полуграмотного электрика, изображение Синявским Воскресения есть вид отрешенности в намеренно комичных рамках, где цирк и Библия становятся взаимозаменяемыми: «Ему случалось заглядывать в церковь. Любил он всякие чудеса, нарисованные на потолке и на стенах в акробатических видах. Особенно ему нравилось, когда один фокусник нарядился покойником, а потом выскочил из гроба и всех удивил» [Терц 1992, 1: 119].

Язык — одновременно посредник и выразительное средство преображения: Синявский дает виртуозное представление творческих возможностей, присущих свободному, полному воображения использованию слова. Возвращая слову его библейский смысл «деяния», в данном контексте удобно ассимилированного в язык цирка, он приводит в действие трапеции метафор и аллитераций, которые перебрасывают мосты между фокусами и чудом, так что можно прийти к убеждению, что «церковь происходит из цирка» [Терц 1992, 1: 120][68].

Метаморфоза Кости, протагониста «В цирке», в артиста также реализуется лингвистически. Когда он сталкивается во вращающихся дверях с мужчиной, у которого крадет кошелек, «вот одним взмахом руки я делаю чудо: толстая пачка денег перелетает, как птица, по воздуху и располагается у меня под рубахой.

---

[68] В рассказе «Суд идет» писатель проводит различие между словом в его библейском, космогоническом смысле и словом, искаженным и выхолощенным в советской парадигме: «Вначале было слово. Когда оно произнеслось, мир начал жить наподобие прейскуранта. Всюду висели дощечки с названиями — "елка", "гора", "инфузория". И каждая вещь была вызвана своим словом, и слово было делом. — Судебным делом, — поправляет меня Хозяин. — Ты слышишь, сочинитель! Уж если слово — так обвинительное слово. Уж если дело — судебное дело. Слово и дело!» [Терц 1992, 1: 278].

“Деньги ваши — стали наши”...» [Терц 1992, 1: 116]. Кража превращается в акт божественной престидижитации, которая держится на аналогии и ассонансе, подчеркивая идею Синявского о взаимосвязанных образах писателя как вора и фокусника[69].

Однако именно сознательное превращение Костей его жизни в зрелище является центральной темой произведения, воплощенной в виде пародии на страсти Христовы. Последовательность сцен, каждая из которой разыгрывается на разных «театрах», от арены цирка до ресторана, зала суда и, наконец, огороженного пространства тюремного двора, превращает его из смиренного электрика в чудотворца, ведет к разоблачению и, в конечном итоге, к осуждению как обычного преступника.

Те же самые сцены, взятые под иным углом, прослеживают его путь от зрителя к невольному участнику и, наконец, к активному исполнителю. Его последний шаг, его прыжок к свободе, происходит «в пространстве, залитом электрическим светом с километрами растянутой проволоки под куполом всемирного цирка» [Терц 1992, 1: 125]. Это сальто-мортале, смертельно опасный прыжок. И хотя герой погибает, этот акт становится доказательством его артистизма, признанием своего жребия и освободительной силы искусства — человек должен умереть, чтобы возродиться артистом[70].

В подтверждение этого можно взять другой пример из того же рассказа Синявского, который представляет собой негативное отражение позитивного образа Кости. Манипулятор, эстрадный артист, чья необычайная «магическая ловкость» — предмет подражания и восхищения Кости, на поверку оказывается жалким комедиантом, начиная от завораживающе гладкого пробора,

---

[69] См. также «Отечество. Блатная песня»: «...своею изобретательностью, игрою ума, пластической гибкостью вор превосходит среднюю норму, отпущенную нам природой. А русский вор и подавно (как русский и как вор) склонен к фокусу и жонглерству — и в каждодневной практике, и, тем более, конечно, в поэтике. Образ вора-художника, вора-затейника (и волшебника), так хорошо и прочно закрепленный в народных сказках, новое продолжение находит в песне, где тот уже поет о себе от собственного лица, выступая перед нами наподобие артиста, маэстро, знающего толк в ловкости рук и слова» [Терц 1979: 77].

[70] Ср. [Laird 1986: 8]: «Человек должен умереть, чтобы стать писателем — так или иначе. Так было со мной».

оказавшегося накладкой, которую он вешает, как тряпку, на спинку стула, и заканчивая бессмысленной случайной смертью[71]. Пародируя понятие смерти как зрелища, чудесного пресбражения жизни в искусство, Синявский описывает эту сцену неверящими глазами Кости:

> Но, видно, этот артист давал гастроли навынос и, вдохноеленный выстрелом Кости, разыгрывал коронную роль, превращаясь чудесным образом в мертвого человека, сознающего свое превосходство над оставшимися в живых. <...> Он умер незаметно, даже не подмигнув на прощание и оставляя Костю в растерянности перед содеянным фокусом, который в разной мере принадлежал им обоим [Терц 1992, 1: 124][72].

В «В цирке» Костя проживает свою жизнь как спектакль, где смерть — неизбежный финал. Но смерть, сыгранная как добровольный акт самопожертвования, есть также и акт артистического вдохновения: «Им овладело чувство близкое вдохновению, когда каждая жилка играет и резвится и, резвясь, поджидает прилива той посторонней и великодушной сверхъестественной силы, которая кинет тебя на воздух в могущественном прыжке, самом высоком и самом легком в твоей легковесной жизни» [Терц 1992, 1: 126]. Смерть разворачивается на уровне языка и текста. Как таковая, она предлагает новую парадигму биографии писателя, чей подвиг проявляется в подавлении своего «я» во имя собственного искусства.

Как позднее писал Синявский о блатной песне, в которой молодой преступник поет о своей смерти:

> То, что все пропало, все погибло, компенсируется сознанием, что зато все летит кувырком, вроде какой-то карусели, фейерверка, балагана... И даже в минуты уныния, которые чередуются

---

[71] Подобно булгаковскому Воланду, Манипулятор — иностранец; этот «чертов фокусник» также имеет сатанинские связи. И снова Синявский прибегает к этому приему в «Кошкином доме», где один из альтер эго Колдуна/писателя носит имя Иноземцев (то есть иностранец).

[72] Это напоминает «Мысли врасплох», где смерть «обывателя», которая может быть «почти комична» в «случайности, привнесенности», сравнивается со смертью «героя», которая «оправдана, завоевана, заработана жизнью» [Терц 1992, 1: 333–334].

с приступами смеха, такой «отстраненный» подход к собственной персоне и своей печальной судьбе преобладает, заставляя и самую смерть воспринимать как некий художественный аттракцион или коронный фокус, достойный замедленной съемки, который необходимо входит в состав увлекательной фабулы, демонстрируя миру тот же полет «кувырком» <...> Погибая, он проявляет себя [Терц 1979: 86–87].

Писатель как медиум

> Живешь дурак дураком, но иногда в голову лезут превосходные мысли.
>
> *А. Терц «Мысли врасплох»*

Христианский импульс равно присутствует и в других «фантастических повестях», и нигде более, чем в «Ты и я»[73]. Эта самая безжалостная и мрачная из повестей рисует вселенную, в центре которой находится писатель, что подчеркивает «двойственность» повествователя / писателя и его альтер эго, и оба «я» соперничают друг с другом за доминирование на протяжении всего повествования. На одном уровне прочтения это аллегория падения, когда излишнее высокомерие писателя приводит к одержимости собой на грани паранойи и, в итоге, к смерти. Но к погибели ведет, однако, не знание, а эгоизм художника, который соперничает с Богом за всевластие творца. Свободно обращаясь с библейскими архетипами, Терц перекраивает Ветхий и Новый Завет, и спасение у него приходит в виде беззаветной женской любви[74]. Хотя протагонист Николай Васильевич (так звали Гоголя, хотя рыжие волосы героя напоминают о рыжеватой бороде самого Синявского) вступает в отношения с библиотекаршей Лидой по

---

[73] Анализ библейских мотивов «Ты и я» см. в [Theimer Nepomnyashchy 1982]. Непомнящая также привлекает внимание к «библейским отсылкам, которые положены в основу повествования» в «Пхенце» [Theimer Nepomnyashchy 1995: 74].

[74] Непомнящая раскрывает, как Синявский путем слияния «двух откровенно конгениальных традиций, библейской и фантастической», «переопределяет сущность запретного <...> Писатель в своей истории доходит до грани богохульства именно ради того, чтобы заставить нас взглянуть другими глазами» [Theimer Nepomnyashchy 1982: 225].

неявным мотивам, физическая реализация этих отношений дарует ему момент самозабвения[75].

В «Гололедице» любовь тоже является основой трансцендентального состояния героя — это любовь протагониста, автора Василия к Наташе, для которой он пишет. В этой повести кроется понимание Синявским моральности искусства — не в форме моралите, проповедей и нотаций, как будто писатель должен это делать по обязанности, но как некой внутренней потребности: «Как писатель, вы выполняете своего рода моральную функцию. Но это происходит не потому, что вы отталкиваетесь от некой моральной задачи, но потому, что невозможно писать без любви <...> В искусстве все должно происходить органично, без проповедей» [Laird 1986: 9].

Взятая с этой перспективы, литература суть форма интимного общения — не глас с небес, но желание дотянуться до читателя; стук в окошко; своего рода азбука Морзе. Фрагментарная, состоящая больше из вопросов, чем ответов, ее форма, будь то надпись на стене общественной прачечной («Суд идет») или письмо, запечатанное в бутыли, или афоризмы (как более литературная форма граффити) не имеет жестких рамок: «Да и написано все это не для читателя. А просто брошено в пространство, на ветер, в самые дальние дали. Только Бог или случайный чудак-любитель может подобрать эти молитвы и заклинания» [Терц 1992, 1: 278].

А писатель — это посредник для слов, которые рождаются больше в надежде, чем в определенности. Текст не является собственностью автора; он приходит к нему почти что вопреки воле, как откровение, когда он готов его принять, находясь в состоянии мистическом или просто под винными парами, как в повести «Квартиранты», хотя для Синявского и то и другое

---

[75] Цитируя слова Б. А. Филиппова о Синявском, Непомнящая пишет: «Сексуальный акт, возможно, единственный способ (помимо мистики), который дает нам возможность явственно ощутить, потрогать мир не-Я и слиться с этим миром и, пусть хотя бы на мгновение, превзойти нашу закрытость, наш эгоизм». И далее: «Эта "открытость" по отношению к другим, этот опыт "мира не-Я", есть путь к Богу, и этот путь закрыт Николаю Васильевичу из-за его невероятного эгоизма» [Theimer Nepomnyashchy 1982: 221]. Тексты Розанова, если обратиться к другому источнику вдохновения Синявского, основаны не на этической системе и высказываются не в терминах морали, а, скорее, в терминах ценностей, в числе которых любовь занимает привилегированное положение.

взаимосвязано, как у Венедикта Ерофеева в произведении «Москва — Петушки» (1977), которым Синявский восхищался[76].

В «Гололедице», однако, любовь приобретает дополнительное, активное измерение при посредничестве памяти. Любовь в смысле памяти представлена как способ преодолеть смерть, напрямую связанный с писательским творчеством и литературой (см. также [Терц 1992, 1: 326]). Невзначай прибегая к литературным отсылкам, которые сами по себе доказывают его точку зрения — «Не помню, чей афоризм: "Мертвые — воскреснут!" Что ж, я не спорю. Воскреснуть-то они воскреснут» [Терц 1992, 1: 232], — он пишет: «Ведь что же происходит? Живет человек, живет и вдруг — бац! — и нет его больше <...> Что делать? Как с этим бороться? Вот тут и приходит на помощь — всемирная литература. Я уверен: большая часть книг — это письма, брошенные в будущее с напоминанием о случившемся. <...> Попытки задним числом восстановить отношения с самим собой и со своими бывшими родственниками и друзьями, которые живут и не помнят, что они — пропавшие без вести» [Терц 1992, 1: 230].

В подобных идеях ясно прослеживается влияние еще одного мыслителя кануна XX века — Н. Ф. Федорова[77]. В крайне своеобразном смешении христианской веры и научной логики Федоров утверждал идею о том, что задачей человечества является победа над смертью через буквальное возрождение отцов в сыновьях. Кладбища должны становиться местами не погребения, а воскресения. Синявский предпринимает попытки заново наполнить энергией русскую литературу в точности в этой

---

[76] «Не с нужды и не с горя пьет русский народ, а по извечной потребности в чудесном и чрезвычайном, пьет, если угодно, мистически, стремясь вывести душу из земного равновесия и вернуть ее в блаженное бестелесное состояние» [Терц 1992, 1: 321–22]. В «Квартирантах» писатель не выходит из состояния алкогольного ступора, а пишет за него его «соавтор». Фантастическое существо, нашедшее убежище в теле писателя, чтобы иметь возможность творить, этот соавтор представляет собой его иррациональное и творческое второе «я». Костя, протагонист «В цирке», также «действует» в алкогольном дурмане. Позднейшая аналогия Синявского делает упор на духовную природу взаимосвязи между писателем и текстом: переворачивая сценарий «Ты и я», писатель соревнуется с Богом не как творец, но как иконописец — инструмент Божественной воли, «кисть в руке Господа» [Бершин 2001: 128].

[77] Главная работа Федорова «Философия общего дела», где развиваются эти идеи, была опубликована после его смерти, в 1906 году.

форме и в этом духе — повернуться обратно к прошлому, но не просто чтобы поднять из могил предшественников, а чтобы дать им новую жизнь через свои труды.

Литература как форма личностного взаимодействия с читателем, писатель как посредник и писательское творчество как форма возрождения через любовь и память приобретают новое значение в произведениях Синявского лагерного периода — жизнь, совпадающая с искусством.

«Любимов»

«Любимов», самая длинная повесть Синявского и последняя из написанных перед его арестом, представляет собой синтез и кульминацию его творчества на тот переломный момент, когда взаимопроникновение жизни и творчества становилось все более органичным. Подобно «Мыслям врасплох», она отражает прочную взаимосвязь с неумирающим прошлым России, ее культурой и религией, как и растущее понимание места самого автора во всем этом. Именно отсюда вырастает центральная метафора, на которой строится повесть, а именно — представление культуры как археологического пласта, формирующегося слой за слоем, и каждый питает следующий, придавая ему новые глубины смысла. Это продемонстрировали Фантастические повести, каждая из которых, в большей или меньшей степени, содержит разнообразные слои аллюзий, и читателю предстоит докопаться до них.

Однако именно в «Любимове» значение читателя как активного участника творческого процесса сделано более очевидным. Голос автора постоянно маневрирует, разделяясь между разными личностями и одновременно двигаясь внутри пространства текста, и читатель получает и место, и возможность для самостоятельного участия. Можно сказать, его положительно заманивают. Сама повесть — это игривое и замысловатое переплетение литературных жанров и аллюзий, ребус из литературных идей, для расшифровки которого требуется активное участие читателя.

Являясь в том числе и волшебной сказкой, «Любимов» — идеальное средство для Синявского-писателя, прокладывающего себе путь в современном мире. А сказка — это не только связующее звено с чудесами и чудесной жизненной трансформацией, которую мы наблюдали в повести «В цирке» («...проживает этот исключительный поп за Мокрой Горой <...> и уж коли отслужит молебен, устанавливает в той глухомани — хошь вёдро, хошь ненастье, прямо по заказу» [Терц 1992е: 90]); это жанр, представляющий для Синявского совершенную форму чистого искусства и, как таковой, наилучшее из всех противоядий от социалистического реализма[78]. Не имеющая видимой цели, зачастую абсурдная, волшебная сказка, как во многом и анекдот, не принимает себя всерьез. Она выстраивается вокруг игры и шутовства, словесных турниров, которые важны не менее, чем сам сюжет.

Это заметно по явному удовольствию, излучаемому этим текстом, в отличие от некоторых ранних рассказов Терца, которые можно рассматривать как литературные пастиши, чья задача — сознательное применение теории на практике. Нисколько не потеряв в «еретичности», Синявский критикует установленный порядок вещей без горькой иронии и порой усиленных, гротескных эффектов своей ранней прозы, заменяя их более тонким юмором и ощущением искренней радости от процесса творчества. Он не отказывает себе в удовольствии продемонстрировать свободу творчества с умением и ловкостью, напоминающими его поход в цирк. Текст становится пространством, где он действует как акробат: вот он пишет снизу, вот поверх строчек и даже (там, где говорится о колдуне) с «потолка», перемещаясь между ними прыжками воображения.

Это открывает возможность иного взгляда на историю, который отвергает линейное развитие советского мышления ради пространственного подхода через посредство аналогии между трудом

---

[78] Происхождение чудесного и магического теряется в глубине веков, они принадлежат «тому давно прошедшему времени, с которого начинает сказка и которое она определяет формулой "Жил-был". Сказка не знает, когда это было, и говорит, например, что это было тогда, когда Христос по земле ходил. То есть, когда на земле повсюду творились чудеса»; «Сказка — это какой-то остаток прежних чудес» [Синявский 2001: 82, 83].

писателя и археолога, где текст — это многослойный пласт, живой палимпсест, в котором органически переплетаются прошлое, настоящее и будущее[79]. «Фокусы русской истории требуют гибкости, многослойного письма <...> Так и тут. Нельзя же все копать на одном уровне» [Терц 1992e: 37–38]. Эта идея, впервые получившая развитие в «Любимове», стала главным звеном, организующим краеугольным камнем в дальнейшей эволюции Синявского как писателя-критика и нашла окончательное выражение в «Путешествии на Черную речку» и «Кошкином доме».

Любимов — это дань прошлому, отвергнутому и разрушенному советской системой, его живучести и самообновлению. Археологические мотивы также напоминают «Голый год» Пильняка (1922), а деревенские старухи, которые должны бы уже по всему помереть, а все растут, как сморщенные лесные грибы, близки к старикам Замятина из «Мы» (1924). Прошлое продолжает жить в их верованиях, суевериях и обычаях, воплощающих в себе неумирающую русскую идентичность и культуру. Оно живет в церкви «на краю света», в камнях старинного монастыря, который протагонист Леня Тихомиров пытается снести, но безуспешно[80]. Камни, памятники, здания, как писал Мандельштам в стихотворениях «Айя-София» (1912) и «Notre Dame» (1912), это живые репозитории человеческой истории и культуры, противостоящие бурям политическим и социальным так же стойко, как и стихийным.

А ко всему прочему, прошлое — это врата в фантастическое: птеродактиль, давно исчезнувший с физического плана, являет себя в тексте непобедимым напоминанием о временах столь давних, что они стали почти что мифом, в фантастических сценах, похожих на колоритные писания раннего Гоголя. В от-

---

[79] Эту аналогию Синявский применил в работе «В тени Гоголя» и снова обратился к ней в романе «Спокойной ночи», где книги в библиотеке воплощают неуклонное прирастание и эволюцию истории с течением времени.

[80] В этой церкви «на краю света» можно усмотреть аллюзию на Шестова. Противопоставление веры и логики, сомнений и определенности он представляет в виде метафоры: тем, кто предпочитает бродить по «окраинам», не свойственна уверенность тех, кто обитает в «центре». Они искатели, чье понимание вещей исходит из сомнений, поисков вслепую, методом проб и ошибок при свете искр, которые сыплются у них из глаз [Шестов 1995: 189].

личие от советского времени, зажатого в рамки строгих параметров, время фантастическое текуче и гибко, разные его слои взаимодействуют друг с другом в постоянно меняющемся калейдоскопе культурных схем. Сам текст обретает жизнь в этой щедрой атмосфере, не терпящей закрытых концовок. Питающийся собственной энергией, кардинально противоположной энтропии советских писаний, которые в то время исследовал Синявский, текст живет и дышит взаимообменом с прошлым[81].

Преодолевая границы пространства и времени, текст открывает доступ к иным измерениям, реальностям и истинам, которые не насаждаются насильно, но предлагаются к рассмотрению под другими углами зрения. Когда Синявский был в лагере, он укрепился в этой идее, читая «Обратную перспективу» — произведение отца Павла Флоренского, еще одного мыслителя начала XX века, которое тогда только вышло из печати[82]. Здесь, в «Любимове», писатель под личиной колдуна открывает эти новые пути. Впервые появившись в «Квартирантах», фигура колдуна должна была получить дальнейшее развитие и занять важное место в произведениях Синявского. Но если в «Квартирантах» это просто некий домашний дух, «сосуществующий» с писателем как его интуитивное, воображаемое альтер эго, которое подпитывается внушительными дозами спиртного, в «Любимове» Самсон Самсонович Проферансов есть фигура намного более сложная и многозначная.

На одном уровне Самсон Самсонович — это эманация отца Синявского, прихотливое напоминание о его дворянских корнях, точно так же как мать Лени с ее домашним сыром и крестьянским здравым смыслом — дань уважения матери Синявского. Донат

---

[81] У Замятина в «Мы» Древний Дом служит во многом той же цели. Музей тайн и секретов, он хранит цвет и хаос, зеркала и темные углы, аромат греха и искушения. Именно он играет главную роль в превращении Д 503 из инженера-конформиста в писателя, творческую личность.

[82] Флоренский был мыслителем, православным священником и человеком универсальных познаний. Его труды оказали влияние на других писателей, прежде всего на Булгакова и его «Мастера и Маргариту» [Milne 1990: 251–257]. Хотя пространственный подход к творчеству и выход за пределы были отличительной чертой модернизма, Флоренский добавил сюда идею параллельных измерений, пространственного, временного и метафизического [Синявский 2004, 2: 27, 74, 136, 170, 495].

Евгеньевич Синявский, представитель мелкого дворянства с прочными либеральными убеждениями, потратил жизнь на различные научные и литературные эксперименты, ни один из которых не увенчался успехом[83].

Как колдун, Проферансов обладает властью делать добро, и определенные грани его личности положительны. Воплощение прошлого, он чувствует и уважает свою почву, свои корни. Его магия, пусть временами и вредоносная, не умирает, в отличие от магии Тихомирова, потому что он пишет не только заклинания, но и «старомодные метафоры» — единственное оставшееся оружие против технологии и грубой силы [Терц 1992е: 87]. Именно он говорит о важности «многослойного письма» и проводит аналогию между писательским трудом и археологией, замыкая круг параллелью между писательством и алхимией — органичной, творческой мощью, заключенной в земле.

Но, несмотря на все это, на первый план выходят более тревожные аспекты, предвосхищая сомнения насчет роли писателя в будущих произведениях Синявского, в частности, в «В тени Гоголя» и «Кошкином доме». Сами способности, которые могли бы играть положительную роль, открыты для насилия. В «Любимове» влияние Проферансова воспринимается как большей частью злонамеренное: он представитель либеральной русской аристократии, и его прежние заигрывания с модными идеологиями и иностранными идеями привели его к сокрушительно неудачным экспериментам, за которые в человеческом смысле пришлось заплатить дорогой ценой. Низведенный в маргинальные слои, он так и не усвоил урока и продолжает вмешиваться в чужие дела. Именно его книга падает на голову его потомку Лене Тихомирову, который воспринимает его идеи — с сокрушительными последствиями для города. Именно его метафоры, ныне воплощенные в некомпетентном оппортунисте Лене, вы-

---

[83] См. [Терц 1992, 2: 460]: «Папа вообще ставил перед собою задачи самые невероятные. В нем билась жилка неудавшегося изобретателя. <...> Прочитав несколько книг по современной энергетике, он выработал для себя диаграмму, где ничего не пропадает, но входит в мировое пространство облаком натренированной воли. Атеист, он ввинчивался в небо, как электрическая лампочка, и, естественно, на этом терял. Всегда — терял...».

ходят из-под контроля. Не нужно далеко ходить, чтобы увидеть связь между Леней и Сталиным — ленинским «учеником чародея»: Сталин реализовал ленинские метафоры «до полного, образного воплощения в жизнь» [Терц 1974: 161][84].

Точно так же способность Проферансова осуществлять метаморфозы не есть целиком положительное качество. Будучи далеки от метаморфоз в Овидиевом смысле, перекликаясь с идеей жизни, смерти и возрождения как постоянно повторяющегося цикла, его трансформации более напоминают вампирские, потому что он «поглощает» души тех, в кого вселяется, выбрасывая их собственные как ненужную вещь. Именно это происходит с Леней, и именно эта тема возникает вновь в «Кошкином доме». Писатель как медиум, как орудие божественного откровения или образного вдохновения, рассматривается под совершенно иным углом контролирующего, «одержимого» присутствия. Писательским попыткам Савелия Кузьмича постоянно противостоит, вмешиваясь и направляя его в иную сторону, автократ Самсон Самсонович.

Творческая мощь Проферансова наделяет его роковым высокомерием. Его персонаж в изображении Синявского знаменует зарождение интереса к теме греха писательства как греха гордыни. Проферансов не только приписывает себе магическую власть, но ставит себя на место Бога, соперничая с божественной мощью как создатель человеческих жизней и властитель их судеб. Хотя здесь тема «Ты и я» подана в более юмористическом ключе, делается это не менее настойчиво[85].

«Любимов» обычно считается политической сатирой, однако с тем же правом его можно интерпретировать как библейскую

---

[84] Синявский написал эти строки позже, в эмиграции; к этому времени он уже прочел «Мастера и Маргариту». Хотя ему импонировала идея Сталина-Воланда, он с тех пор долгое время обдумывал идею писателя-колдуна, облеченного властью преображать искусство в жизнь. Дальнейшее развитие связи между Проферансовым как злым колдуном и Сталиным воплощено в поездке Проферансова в Индию и его общении с индийскими «атаманами»: Терц напоминает читателю, что «среди теософов, подвергавшихся преследованию и не слишком уж обожавших режим, ходила тем не менее притча, что Сталин знает нечто такое, о чем никто не догадывается, и является инкарнацией Великого Учителя Индии — Ману» [Терц 1974: 160].

[85] Свое окончательное выражение эта тема обретает в книге Синявского о Розанове, где оформляется связь между Богом-Отцом, Богом-Творцом и писателем-колдуном.

аллегорию, щедро сдобренную русским фольклором. В этой аллегории Проферансов изображает Бога-Отца, отсылающего единственного сына своего возлюбленного ради спасения мира: «Я дам тебе полководца, наделенного нечувствительной властью, о которой ты грезишь вот уже триста лет!» [Терц 1992e: 40]. Пришествие Мессии было предсказано: доброго и могучего царя из старозаветной русской мечты. Более того, второго пришествия истово ожидают: «верните нам Леню Тихомирова, царя» [Терц 1992e: 111]. Бедный плотник, читай — бедный механик по велосипедам, принявший на себя мифический статус, обретает магические способности (предположительно превращает воду в водку, а его жена Козлова убеждена, что он умеет воскрешать мертвых) и создает царство Божие на земле, где текут молочные реки в кисельных берегах [Терц 1992e: 53]. Бог-Сын не менее высокомерен, чем его отец, и, вместо того чтобы воскреснуть на троне небесном, получает наказание за свою гордыню, сведясь к масштабам собственного кармана, в то время как Проферансов рассеивается в воздухе.

С этой темой перекликается аллегория Падения, которая связывает Проферансова-колдуна с Проферансовым-писателем. Падение Лени Тихомирова вызывает «высшее знание» в виде книге Проферансова. Здесь Проферансов выступает в роли Сатаны, искушающего Тихомирова знанием и властью над миром. Ясно, что эта аналогия важна для Синявского, поскольку он и далее ее пародирует. Козлова, устав от Тихомирова, искушает его заместителя Кочетова таким же точно образом [Терц 1992e: 97–98]. Она — более очевидная Ева-соблазнительница, которая предлагает Кочетову «похитить» знание в виде Лениных планов и с их помощью покорить мир. Мудрый Кочетов отказывается. Эти планы и книга — символы зла, которое может вырваться наружу: «Но чего хорошенького для нашей родины она сможет предложить? Анархию. Одну анархию. И сплошную междоусобицу». Знание — слова — в дурных руках оборачивается силой отрицания, черной магией. Писателя, как и его альтер эго — колдуна, можно искусить сыграть роль Бога, а потому он должен нести ответственность за вред, который способен нанести. То, что писательский труд и слова могу вырваться из-под контроля, очевидно из слов, следующих сразу за вышеприведенной цитатой: слова бессмысленно поспешают друг за другом, набирая темп и грозя, что весь текст «сойдет с рельсов».

Здесь исследуется идентичность писателя, оставляя тревожную неопределенность ответа. В «Любимове» уже не идет речь о простом «расщеплении»; это уже множество версий личности писателя. Но все это лики одного и того же человека. И Самсон Самсонович, и Леня — «маги», хотя Леня больше напоминает ученика чародея. Оба занимаются писательством, как и Савелий Кузьмич Проферансов, и все трое связаны друг с другом. А поверх всего этого С. С. Проферансов «вселяется» в двух других, и то, что они пишут, вполне может быть приписано ему. Авторское «я» постоянно ставится под сомнение, и зачастую неясно, чей голос мы слышим. Исследуется каждый жанр и стиль писательского творчества — дневник, мемуары, заметки на полях, сказка, научная фантастика и Библия. Это еще сильнее запутывает вопрос авторской идентичности, поскольку невозможно приписать конкретный стиль какому-либо одному голосу.

Сам текст, в который вносят вклад все протагонисты, становится ареной соперничающих голосов. В том, что может быть истолковано как идея Бахтина о полифоническом романе, Синявский видит опасность для взаимодействия, когда голоса вовлечены в деструктивное соперничество. Каждый пытается ниспровергнуть другого, чтобы доминировать; каждый автор желает абсолютного контроля. А вместо творческого диалога получается бессвязный Бабель.

Можно сказать, что это не повесть как таковая, а просто ряд аллегорий и пародий. И в ранних рассказах Терца мы видим нечто вроде литературных упражнений, но здесь намерение более игровое. Читателю предлагают скорее игру, чем текст, и приглашают потягаться с писателем, раскрывая его ловкие трюки, чтобы в итоге обнаружить: писатель и текст ускользают у него сквозь пальцы. В этом смысле перед нами превосходный пример искусства ради искусства, в отличие от целенаправленных текстов социалистического реализма. Концепция текста как головоломки или развлечения, а писателя как волшебника находит свое окончательное выражение в «Кошкином доме».

Написанная перед самым арестом, повесть «Любимов» знаменует важный этап эволюции Синявского-писателя, хотя оставляет без ответов немало вопросов. С одной стороны, теперь Синявский звучит увереннее; ощущение своих корней в самом широком культурном смысле дает ему свободу обращаться с ними вольно и даже бесцеремонно — все ради творческого эффекта. С другой стороны, по-прежнему имеются сомнения относительно идентичности и роли писателя в современном мире.

Хотя метафора самоотрицания присутствует в виде фигуры писателя-медиума, ее реализация небезупречна. Юмор и изобретательность рассказчика не могут скрыть того факта, что Проферансов — это непрошеный гость, писатель, который выживает других писателей, вместо того чтобы напитать их новой жизнью, — страхи, которые, увы, слишком очевидно являются страхами самого Синявского. Более того, текст по-прежнему является его собственностью и осознанным проявлением писательской виртуозности, а не попыткой выхода за пределы самого себя. Проферансов — не более чем литературная смесь; голоса других писателей не слышны, а всего лишь представлены в хитроумных текстовых аллюзиях: его чужеземное имя с намеком на Гоголя, его дом, населенный ассоциативными персонажами вроде Арины Родионовны, няни Пушкина. Проферансов не отдает власть по доброй воле, поэтому читатель хотэ и втянут в игру, но еще не в качестве равноправного партнера — таковым он станет в произведениях, написанных Синявским в лагере.

И все же основа для следующего, решительного шага Синявского в «Любимове» заложена: здесь присутствует вся русская литература (или большая ее часть), и автор действует в ее пространстве легко и свободно, как в родной стихии. Его жизнь начинает формироваться внутри его творчества.

Глава II

> Может показаться невероятным, что вместо того, чтобы
> описывать окружавшие меня реалии лагерной жизни,
> я занимался искусством <...> И все же в моем арестант-
> ском опыте искусство и литература стали вопросами
> жизни и смерти.
>
> *А. Синявский об истории книги «Голос из хора»*

Так уж случилось, что лагерное творчество Синявского оказалось еще более остро полемичным, чем его ранние труды,
написанные под именем Терца. Хотя его неортодоксальный
подход к священным классикам русской литературы в «Прогулках с Пушкиным» и «В тени Гоголя» и вызвал настоящий гнев,
его критиковали еще и за то, что он не пожелал от первого лица
свидетельствовать о зверствах советской исправительно-трудо-
вой системы. Почему Синявский, этот пытливый наблюдатель
своего времени, осознававший, что эпоху, в которую он жил,
в определенной степени сформировал тюремный опыт, им самим
испытанный, — почему он не посвятил всему этому видное
место в своих трудах[1]? Оставив в стороне тот часто игнорируе-
мый факт, что произведения Синявского тех лет создавались не
когда-то после, а именно в период, когда он отбывал срок по
приговору, — обстоятельство, исключавшее любые попытки
создавать так называемую лагерную литературу, — следует
сказать, что на вольном воздухе эмиграции он имел все возможности исправить упущение, однако не стал.

Высказывалось отчасти обоснованное предположение, что
Синявский мог «*позволить* себе не делать конкретных заявлений»,

---

[1] М. В. Розанова говорит об этом на литературных чтениях «Спокойной ночи» на
«Радио Свобода» в октябре 1985 и марте 1986 года. См.: М. Розанова. «Спокойной
ночи» — роман с комментарием / роман с последствием. HIA. Коробка 47. Папка 17.
Передача 16. Л. 2. Далее ссылки на материалы этого цикла (Запись «Радио Свобода»)
даются с указанием номера папки и передачи.

поскольку условия заключения не были в его случае столь суровыми, как при Сталине, а кроме того, все заявления уже были сделаны другими. Далее в этом же ключе предполагается, что его «умение вытребовать для себя исключение» и не делать никаких свидетельств, иными словами, его нетрадиционный подход к лагерной литературе, может рассматриваться как «вопрос благоприятно сложившегося времени, а не творческой смелости» [Toker 2000: 240]. Да, аргумент нельзя отбрасывать полностью: Синявский, никогда не испытывавший любви к проторенным дорожкам («Сколько можно писать об одном и том же?»), воспользовался возможностью отойти от принятых норм лагерной литературы — и не только в книгах о Пушкине и Гоголе, но и в безмятежных размышлениях об искусстве и литературе в «Голосе из хора», а позднее в фантастическом романе «Спокойной ночи», действие второй главы которого происходит в лагере [Терц 1974: 148].

Подобные оценки тюремного творчества Синявского, пусть обоснованные и убедительно аргументированные, страдают от избыточной потребности мерить Синявского жесткими мерками его дней, стараясь любыми способами подогнать его к прокрустову ложу лагерной литературы. Но при этом не принимается в расчет его личная история и то, что он в действительности пытался делать как писатель.

С точки зрения реакции Синявского на лагерные реалии, можно сказать, что разоблачения сталинского режима и ущерб, нанесенный ему лично деспотичным и несправедливым отношением к отцу, вместе с опустошением, причиненным русской культуре, уже поразили его гораздо глубже, чем любая жестокость арестантского быта. Возражение по поводу того, что условия исправительных лагерей были уже менее суровыми, чем при Сталине, справедливо только до определенной степени: да, менее суровыми, однако они очень дорого обходились заключенным, и Синявскому в том числе. Красноречивым тому подтверждением служат фотографии «до» и «после» на обложках соответственно первого и третьего томов его писем; старый друг Синявского Голомшток говорил о том, как разрушительно подействовала на того тюрьма (частная беседа, Лондон, 2005 год).

Более того, еще до суда Синявский уже достиг мира с самим собой, о чем свидетельствуют «Мысли врасплох», и это позволило ему пережить лагеря если не хладнокровно, то хотя бы с меньшим гневом и горечью, чем, скажем, Солженицыну. Под защитой своей новообретенной веры Синявский смог взглянуть за пределы повседневного ужаса и задаться глубинными вопросами жизни и смерти — вопросами, которые были для него неразрывно связаны с искусством.

Если говорить о том, как он описывает лагерные будни, то Синявскому ставится в укор недостаток «конкретных свидетельств», то есть жизненного или реалистичного изображения существовавших там условий [Toker 2000: 248]. («Возвращение с Архипелага» Л. Токер — замечательное научное достижение. Ее анализ свидетельств о ГУЛАГе одновременно масштабный и взвешенный. Поэтому к ее выводам о Синявском стоит прислушаться всерьез.) Как бы то ни было, Синявский не избегал истины как таковой, просто не желал брать на себя роль глашатая абсолютной истины как писатель. И тем более он не желал, чтобы ставили знак равенства между ним и «реализмом» любого рода.

Правдивость, а не «истина» заботила Синявского; правдивость, которую можно отыскать «с помощью нелепой фантазии» [Терц 1966: 446]. Таков был принцип искусства фантасмагории, которое характеризовала его как писателя, как Терца. В лагерях это иное восприятие реальности было еще более к месту, за исключением того, что ситуация наблюдалась обратная: «к моему изумлению, сама реальность превратилась в фантазию» [Siniavskii 1995: vii].

Фантасмагорическое искусство Синявского восходит к Достоевскому, чей фантастический реализм, среди прочего, вдохновлял творчество Терца. Эта взаимосвязь приобретает новую значимость, достаточно вспомнить об их общем опыте арестантов и о полуфикциональных, полуавтобиографических «Записках из Мертвого дома» (1861–1862). Хотя Достоевский прямо не упоминается в прозе Синявского того периода, можно безошибочно усмотреть его влияние через призму более поздней статьи

Синявского «Достоевский и каторга» [Синявский 1981][2]. Когда Синявский пишет о тюремном опыте Достоевского и том, какое влияние это оказало на него как на писателя, можно смело считать, что автор говорит о себе: в первый раз в жизни поставленный перед необходимостью небывало тесного и концентрированного общения с убийцами и преступниками, Достоевский смотрит на них с восхищением, стараясь проникнуть в их внутреннюю суть, в их психологические и духовные глубины[3]. Это общение открыло окно в иной мир, стало откровением, побудило выйти за пределы повседневности и окинуть взором истинное и вечное. Подобно Синявскому (и в отличие от многих современников последнего), Достоевский попал на каторгу как состоявшийся автор, однако его опыт преобразил его творчество, заложив основы великих романов периода творческой зрелости.

Лагеря оказали на Синявского не менее глубокое воздействие как на писателя. Но в его случае это была не столько трансформация, сколько значительная эволюция в уже проложенном направлении. «Передышка» в виде судебного приговора позволила ему под новым углом взглянуть на литературу и искусство в целом. Процесс высветил толкование искусства в российском контексте, искусства, которое «действует в жестких рамках сиюминутного политического настоящего и чей ограниченный, агитационный взгляд на истину так озабочен современным и конкретным, что у художника нет никакой возможности озаботиться вечным» [Mathewson 2000: 94][4].

Тема смерти и возрождения, на которой построены «Голос из хора» и «В тени Гоголя», имплицитно представляет собой дань «Мертвому дому» и тому, какую роль он сыграл в новой жизни Достоевского как писателя. Эта взаимосвязь приобретает дополнительные очертания, когда указанная тема, а также конкретная

---

[2] Он подтвердил это впоследствии в интервью Непомнящей [Theimer Nepomnyashchy 1991a: 17].

[3] Достоевский восхищался обычными арестантами, но, в отличие от Синявского, не сумел наладить с ними отношения, что роднит его с Солженицыным [Theimer Nepomnyashchy 1991a: 17–18].

[4] Хотя Мэтьюсон пишет здесь о «радикальном искусстве» XIX века, то же применимо и к советскому искусству XX столетия.

отсылка к «Преступлению и наказанию» (1866), начинают звучать в автобиографическом романе Синявского «Спокойной ночи», где рождается писатель Терц. Об этом — наша следующая глава.

«Мертвые воскресают. Вперед — к истокам!»

> ...один старик откуда-то слышал и помнил и поинтересовался у меня в разговоре, правда ли, что Гоголя зарыли живым.
>
> *А. Терц. В тени Гоголя*

«Когда кого-то сажают в тюрьму, особенно в ее Тотальной, особенно уничтожающей форме, это все равно, что медленно умирать целую вечность. Тюрьма для заключенного — это конец всей предыдущей жизни и будущему <...>. Это гибель человеческого достоинства, стремлений, склонностей — всех высших жизненных целей. Для меня такой целью было писательское творчество, и оно же было преступлением, за которое меня осудили» [Siniavskii 1995: vi]. Как раз то время, когда Синявский обретал себя как писатель, пусть неофициально, безо всякой надежды публиковаться на родине, его творческий путь, казалось, был прочно и окончательно закрыт перед ним.

Переплетая воедино тему смерти писателя и его страх потерять себя в этом качестве, Синявский берет судьбу Гоголя в качестве метафоры собственного тюремного опыта, попыток сопротивляться смерти и вырваться из склепа. Рефрен «Душно мне! душно...», тема удушения на первых страницах «В тени Гоголя», перекликается с письмами Синявского, где он просит о книгах, письмах, о литературном стимуле, который необходим ему, писателю, как воздух[5]. Тема смерти идет рядом с темой изгнания, обстоятельства Синявского напоминают о Пушкине и его «страхе одиночества, подавлявшего волю к творчеству» [Sandler 1989: 74].

---

[5] Синявский уподобляет невозможность для себя писать, свои подавляемые попытки общения, кошмару, где человек кричит, но его никто не слышит [Синявский 2004, 1: 115].

В этой главе мы увидим, как заключение, породившее в нем страх потерять себя, неразрывно связанный с писательской судьбой, парадоксальным образом способствовало его дальнейшему становлению как писателя. Синявский говорил о лагерях: «Там я обрел себя, свой стиль, свою манеру в окружающей действительности» [Siniavskii 1995: vii]. Тема возможной утраты нивелируется чувством принадлежности, которое обретает форму в слиянии жизни и литературы, Синявского и Терца. Но при этом, последовательно идя по пути, открытом им в «Мыслях врасплох», Синявский уравновешивает боязнь исчезнуть в лагерях как писатель активным и намеренным подавлением своей личности как автора, ибо читатель для изгнанника обретает новую значимость.

Стараясь быть в курсе последних достижений мира литературы, Синявский уходит в прошлое, погружаясь в волшебные сказки и книги классиков, в частности Пушкина и Гоголя, чтобы исследовать фундаментальные проблемы искусства и литературы[6]. В то же самое время в его творчестве продолжают перекликаться конкретные обстоятельства судебного процесса и тогдашнего положения писателя. Уступив первенство Пушкину и Гоголю, не эксплицированную, но заметную позицию сохраняет Пастернак — как связующая нить между прошлым и будущим, всеобщим и личным.

Писатель

Хотя лагерные произведения Синявского не несли в себе идеи общественного или политического протеста, который явно прослеживается в лагерной литературе, они тем не менее не были лишены полемичности. В ходе процесса Терц стал воплощенной метафорой чистого искусства и творческой идентичности Синявского. Именно его выживание стало всепоглощающей целью Синявского. Не сумев положить конец Терцу как необхо-

---

[6] О его желании идти в ногу со временем см. [Синявский 2004, 1: 133]. О классиках: «...когда у меня есть свободное время, я с радостью погружаюсь в литературные исследования (я имею в виду классиков, которые притягивают меня как магнитом)» [Синявский 2004, 1: 52].

димой, но временной хитрости, носителю фантастического в прозе Синявского, судебный процесс наделил его новой жизнью. Хотя Синявский говорил, что «Прогулки с Пушкиным» стали продолжением его последнего слова на суде, то же можно сказать обо всех его работах того периода, которые все без исключения, пусть и в разных формах, воплощают в себе его непрестанную борьбу за свободу искусства от политических и общественных ограничений. Естественный симбиоз Синявского и Терца, очевидный еще до процесса, приобретает черты творческого союза, поскольку, если в «Любимове» голоса соревнуются друг с другом, то теперь они сливаются воедино: хотя письма пишет Синявский, на их страницах, как бы по мановению руки фокусника, возникает Терц [Theimer Nepomnyashchy 1991a: 11].

Лагерь становится горнилом, где изо дня в день, каждую минуту выковываются мысли писателя. Произведения Синявского тех лет обретают форму писем к жене, Марье Васильевне. Хотя книги как плоды лагерной жизни («Прогулки с Пушкиным», «Голос из хора» и «В тени Гоголя»), можно считать самодостаточными работами, они лишь часть его всеобъемлющих размышлений об искусстве, о его функции, о роли писателя, которые следует оценивать лишь в контексте писем[7]. Эпистолярное продолжение литературных трудов Синявского составляет самую суть его существования, его уверенности в самосохранении как писателя [Glad 1993: 150, 156; Theimer Nepomnyashchy 1991a: 11–13]. Его страх выгореть был слишком реален, поэтому писать стало для него наваждением, которое вылилось в книгу «В тени Гоголя» и, без сомнения, подогревалось новостями от его друга и соответчика в судебном процессе Даниэля, который боялся, что после освобождения утратил «творческий потенциал»[8]. Хотя книга

---

[7] «Прогулки с Пушкиным» была единственной работой, полностью законченной в лагере. Книга «В тени Гоголя» была там задумана, однако до освобождения Синявский завершил только первую главу. В свою очередь «Голос из хора» состоит полностью из отрывков, взятых из писем, с небольшими изменениями и поправками, а порой и без них.

[8] Начатая в последний год заключения Синявского, книга «В тени Гоголя» отражает всю неопределенность, с которой он как писатель ожидал столкнуться во внешнем мире, — сомнения, только добавившие лишней тревоги к тяготам лагерной жизни. Письмо Даниэля (он получил меньший срок, чем Синявский, и вышел на свободу

о Пушкине пронизана воздухом и светом, а письма в большинстве своем провозглашают радость творчества, «В тени Гоголя» — это, скорее, «фундаментальная» работа, где перед читателем обнажаются все перипетии борьбы писателя с самим собой.

Ложась на бумагу день за днем, каждый свободный миг на протяжении почти шести лет, письма формируют одновременно и сущность, и основу этих противоположных друг другу побуждений[9]. Только читая их, можно понять чувства, которыми жил Синявский, когда время, проведенное в заключении, обретало плоть с каждой написанной страницей, а каждая страница была живым свидетельством судьбы, которую, говоря мыслями Пастернака, сокрытыми в прозе Синявского, «следует прожить, неспешно и решительно, шаг за шагом, день изо дня, один за другим...»[10].

Итак, письма служат отправной точкой произведений Синявского, как в обычном смысле, так и в качестве метафоры искусства, напоминая в этот раз о Розанове: «...нет непроходимой границы между розановской прозой и письмами» [Синявский 1982б: 138][11]. Лагерное творчество Синявского особенно упор-

---

раньше), датированное 26 декабря 1970 года, совпадает с тем периодом, когда Синявский работал над первой, самой мрачной главой о Гоголе, к которой приступил в марте 1970-го. О письме Даниэля см. [Синявский 2004, 3: 319, 324]. О начале «В тени Гоголя» см. [Синявский 2004, 3: 49].

9   Заключенным в лагере позволялось писать два письма в месяц, но длина писем не регламентировалась [Голомшток 2011: 179].

10   Письма представляют собой «сухой остаток» часами делавшихся заметок, черновиков и исправлений. Просьбы Синявского к Марье Васильевне, кроме кофе или самых нужных вещей вроде одежды, только о материалах для письма.

11   Хотя Розанов (как и Достоевский) редко упоминается даже намеками в произведениях Синявского того времени (в отличие от Пастернака), его влияние тем не менее ощущается [Синявский 1982б: 138]. Согласно Синявскому, Розанов считал письма «высшим видом литературы» [Синявский 1982б: 141]. В этом отрывке Синявский пишет о взаимном восхищении между Розановым и отцом Павлом Флоренским и цитирует письмо Флоренского к Розанову: «Единственный вид литературы, который я признавать стал — это ПИСЬМА. Даже в "дневнике" автор принимает позу. Письмо же пишется столь спешно и в такой усталости, что не до поз в нем. Это единственный искренний вид писаний». Несмотря на мнение Флоренского, Розанов подходил к «писанию писем» в высшей степени осмотрительно, как и Синявский. Письма составлены не только аккуратно, чтобы избежать подозрений цензуры; они представляют собой целостные и замечательно сформулированные рассуждения об искусстве. Во «Введении» к изданию писем Марья Васильевна указывала, что не думала публиковать их, потому что все интересное уже было извлечено и опубликовано. Тем не менее, возвратившись к ним, чтобы просмотреть некоторые факты для собственной работы, она была поражена, осознав, что письма не были лишь хранилищем сведений — это была проза: «Читаю Плутарха. Луна большая. Листья падают. Пойду покурю» [Розанова 2004: 16]. Цитируемый отрывок см. в [Синявский 2004, 1: 384].

но возвращает нас к рассказу Терца «Гололедица» и понятию о литературе как о письме в будущее, брошенном в океан в надежде обрести хотя бы одного понимающего читателя. Шанс и свобода, а не цель и полезность, вместе с понятием об искусстве как об интимных взаимоотношениях сливаются в образе письма, заключенного в бутылку, и проходят лейтмотивом в его трудах того периода. На необитаемом острове Дубровлага жизнь и искусство соединяются: Синявский примеряет на себя судьбу современного Робинзона, и темы кораблекрушения, отверженности, клочка бумаги как «крошечного плота», на котором он, писатель, сможет продержаться на плаву, наполняют его творчество [Терц 1992, 1: 584].

Именно Пушкин становится для него и вдохновляющим стимулом, и одновременно материалом для постройки такого плота. Осужденный за свое искусство, Синявский нашел в Пушкине не только идеал чистого искусства, далекого от поучений и морализаторства, но и выражение свободы, без которой искусство невозможно. Будучи, как и Синявский, жертвой пагубных взаимоотношений между российской литературой и российской политикой, Пушкин дал ему завуалированное средство донести свои мысли об искусстве и творце так, чтобы дистанцироваться от напряженных конфликтов настоящего, но при этом ни в коей мере не лишить их центрального места в своих размышлениях.

Читатель

«Читай ей лучше Пушкина и люби ее, как я любил». Автор-изгнанник «Гололедицы» вселяет мужество в сердце будущего получателя своего письма, передавая через Пушкина идею литературы как акта взаимодействия, основанного на любви[12].

---

[12] И снова имеет место поразительное совпадение с идеями Пастернака, которые Синявский подчеркивал в своей поздней статье о «Докторе Живаго». Здесь он цитирует переписку Пастернака с его кузиной О. М. Фрейденберг, где тот сообщает, что работает над романом: «Я пишу <...> слишком разбросанно, не по-писательски, точно и не пишу» [Пастернак 2003–2005, 9: 449]; «И даже больше, я совсем его не пишу, как произведение искусства, хотя это в большем смысле беллетристика, чем

Этот короткий (и бесхитростно пророческий) намек в раннем рассказе на свои будущие обстоятельства стал духом-руководителем лагерных произведений Синявского, самой сутью его главных достижений тех лет, его «фантастической литературной критики» [Терц 1992, 1: 181].

Читатель, уже занимавший значительное место в мыслях Синявского-писателя, теперь обретает всепоглощающую роль. Точно так же, как читатель играл важную роль в становлении творческого голоса Пушкина в период ссылки, отношения Синявского с читателем естественным образом окрашены его жизненными обстоятельствами того времени [Sandler 1989: esp. 212–215]. Синявский часто говорил, что его работы никогда не предназначались для массового читателя. Подобное отношение шло вразрез с идеалами советской литературы, но в лагерях он продолжает оттачивать эту идею, назначив своей жене Марье Васильевне роль своего единственного корреспондента [Glad 1993: 166–167][13]. Именно она предложила ему перечитать Пушкина, когда он в заключении ожидал суда. Так он открыл для себя переписку Пушкина с женой [Синявский 2004, 1: 137][14]. Ссылка и заключение, переписка между мужем и женой, Пушкин и Наталья Николаевна, Синявский и Марья Васильевна, их жизни, их судьбы случайно встретились и переплелись[15]. А Си-

то, что я делал раньше <...> Есть люди, которые очень любят меня <...> Для них я пишу этот роман, пишу как длинное большое свое письмо им, в двух книгах» [Пастернак 2003–2005, 9: 541].

[13] И снова поражает сходство с Розановым: «Книга, отмеченная признаком рукописности, становится чем-то вроде частного письма, адресованного одному человеку. “Опавшие листья” это совсем не массовое чтение и даже в каком-то смысле не чтение вообще. Это интимная переписка с каким-то другом, с единственным лицом» [Синявский 1982б: 119]. Хотя Синявский по-прежнему получал приглашающие письма от старых друзей, таких как Голомшток и Меньшутины, он все равно почти исключительно направлял свои произведения через Марью Васильевну. В подобном эгоцентричном поведении он видел способ выжить, как Робинзон Крузо, чтобы сэкономить силы и, не отвлекаясь ни на что, сосредоточиться на своем творчестве.

[14] Синявский замечал: «Только Пушкин не был счастлив в браке. В этом смысле вам, конечно же, повезло больше, чем ему».

[15] Об искусстве как месте встречи см. ниже, с. 99, примеч. 23. Синявский подчеркивал важность «встреч с миром творчества» в формировании «духовного облика» Пастернака [Синявский 1965: 11]. Хотя Синявский имел здесь в виду реальные встречи, слияние литературного, исторического и современного в отношениях между Пушкиным и им самим было не менее значимо для его собственного становления как писателя в лагерях.

нявский осознал это и преобразил в причудливую творческую связь, в которую он вовлекает другие архетипические пары из мифов и легенд — Одиссея и Пенелопу, Петра и Февронию (которые оказались в браке счастливее, чем Пушкин с супругой), но не забывает и о реальной паре, более близкой ему по времени и облеченной литературным авторитетом — это Анна Ахматова и Николай Гумилев. В эмиграции он углубит эту связь через еще более сложную творческую интеграцию с Пушкиным в «Путешествии на Черную речку» — едва уловимый намек на это дан в упоминании о союзе Ахматовой и Гумилева [Терц 1992, 1: 658]. Главным движущим импульсом этого процесса является новый, творческий союз с Марьей Васильевной[16]. Благодаря их переписке то, что ранее было абстрактной идеей, теперь естественно и органично находит воплощение по мере того, как искусство становится их общим опытом, идеальным актом сотрудничества между писателем и читателем в духе взаимного сочувствия и понимания. Именно в ответ на просьбу Марьи Васильевны написать что-нибудь светлое и радостное о Пушкине Синявский задумывает и пишет в Дубровлаге «Прогулки с Пушкиным». И именно благодаря ей он даже сумел опубликовать некоторые из своих статей (под ее именем) в Советском Союзе, будучи еще в заключении. Почти мистическое повторение событий, которые привели к рождению Терца («...запертый в Москве, я публикуюсь в Париже; запертый в лагерях, я публикуюсь в Москве. Ура!»), и Синявский оценил замечательную иронию происходящего [Синявский 2004, 1: 297, 303][17].

---

[16] До того момента, как пишет в примечании Марья Васильевна, «несмотря на наши общие интересы, до ареста Синявского мы всегда тщательно делили нашу работу на "мой текст" и "твой текст". Только когда А. С. был сослан, мы начали работать вместе» [Синявский 2004, 1: 137]. Вопрос соавторства приобретает в то время новое звучание; работы, которые Синявский закончил совместно с другими людьми, к примеру, о Бабеле, «более чем за месяц до своего ареста», были приписаны только его соавтору И. А. Смирину [Синявский 2004, 1: 218; Смирин 1965]. Более сложным и ближе относящимся к вопросу о «соавторстве» как акте любви был тот факт, что статья, которую Синявский согласился написать о Кафке с женщиной-соавтором, вызвала попытку его дискредитации, поскольку распространились слухи о его интимных отношениях с этой женщиной [Синявский 2004, 1: 130, 137].

[17] Там же, в примечании на с. 303, Марья Васильевна пишет о радостном отклике Синявского («От статьи пребываю в изумлении и сильной радости»): «Я послала А. С. мою статью "Фантастический реализм" в журнале "Декоративное искусство", № 3,

Подобный подход к писательству неявным образом опровергает дидактический императив, свойственный русской литературной традиции, — тенденция, которая, по мнению Синявского, поставила губительные препятствия между писателем и читателем, артистом и публикой. И здесь Синявский снова возвращается к своему спору с искусством реализма. Вновь используя прошлое как удобную маску для атаки на Реализм любого рода, он сравнивает портреты XIX столетия с фаюмскими портретами Древнего Египта. Фаюмские лица, жизнеподобные изображения отлетевших душ, приглашающе смотрят на зрителя, словно проводя его к себе через открытое окно, в отличие от портретов «реалистической школы, где живое лицо нацелено на вас, как ружье, заряженное ненужным и навязанным насильно знакомством» [Терц 1992, 1: 464].

Эти взаимоотношения между художником и обществом, рассматриваемые с точки зрения враждебного противостояния вместо попытки найти общий язык, говорят о глубочайшей пропасти, отделяющей их друг от друга. Процесс Синявского стал яркой иллюстрацией этого «диалога глухих», как сам Синявский позднее назовет пропасть между «я» и «они», — пропасть, которая, по его мнению, особенно остро воспринималась в то время, «в нашу эпоху, когда автор стоит резко обособленно и настороженно по отношению к обществу, в ситуации, так сказать, крайнего одиночества и крайней же потребности в понимании и общении» [Синявский 1977: 175][18].

1967. Заглавие этой статьи, опубликованной в цензурированном советском журнале, поразило Синявского, потому что оно было парафразой его любимого рассуждения из очерка "Что такое социалистический реализм", где он противопоставлял социалистический реализм своему фантастическому. Более того, в этой статье были в первый раз опубликованы отрывки из лагерных писем Синявского, и он видел, что, даже будучи запертым в лагере, можно писать и публиковаться». Вклад Синявского в работу над этими статьями, с его свойственным литературному критику острым взглядом и вниманием к деталям, а также богатым воображением, можно оценить, к примеру, по содержанию письма, датированного 1–2 июля 1966 года [Синявский 2004, 1: 84–87].

[18] Можно подумать, что идея статьи, озаглавленной «"Я" и "они"», и содержавшиеся в ней мысли отчасти задумывались как противопоставление прозаической форме, использованной Розановым, а именно как своего рода интимный эпистолярный стиль, который Синявский называл «ты и я», утверждая, что он предназначался «для личного пользования, из рук в руки», примером чего были его собственные произведения [Синявский 1982б: 145]. Понимание «ты и я» в духе товарищества и сотвор-

Тюремные условия, олицетворяющие собой изоляцию в высшем смысле этого слова, в этой поздней, написанной в эмиграции статье стали одновременно иллюстрацией и метафорой не-общения. Синявский изображает гротескные — вплоть до безумия — акты насилия и самоизувечения некоторых заключенных как последние отчаянные попытки заставить себя услышать. Прибегая в лагерях к той же аналогии и лишь по необходимости выражаясь неявно, он использует фигуру Гоголя, чтобы показать, как в своем отчаянном стремлении достучаться до читателей тот в последние годы жизни навязывал им себя самого как своего рода ультиматум, «как в древности какой-то запальчивый полководец, истекая кровью, приказал, когда он скончается, зарядить его трупом катапульту и выстрелить по неприятелю» [Терц 1975а: 21][19]. Усилия Гоголя были обречены на провал, так как были лишены человеческого чувства по отношению к читателю, а утрата творческого дара шла рука об руку с утратой любви к человеку [Терц 1975а: 310].

Синявский противопоставляет позднее творчество Гоголя пушкинскому: «Все его творчество лежит перед нами в виде частного письма, ненароком попавшего в деловые бумаги отечественной литературы. (Какой контраст Гоголю — кто частную переписку с друзьями ухитрился вести и тиснуть как государственный законопроект!)» [Терц 1975в: 114].

Следуя примеру Пушкина, Синявский пишет письма в разговорном ключе, а прозу в форме «болтовни» с Марьей Васильевной [Терц 1992, 1: 643; Синявский 2004, 2: 490]. Его произведения с открытой концовкой представлены в виде рассуждений, которыми он делится с читателем, напоминая в этом

чества представляет собой огромный шаг вперед после раннего рассказа Терца с этим заглавием, в котором показана вражда не просто между двумя индивидуумами, но между соперничающими сторонами личности автора. Чувство безысходности, которое испытывает Синявский, не будучи в силах преодолеть барьер непонимания, разделяющий писателя и общество, перекликается с Пастернаком и напоминает о проблеме непонимания между самими писателями. Формулируя его словами, «у нас разный язык» [Пастернак 2003–2005, 5: 233].

[19] Использование Синявским физической образности для передачи собственного ощущения отчаяния от неспособности писать особенно поражает там, где он говорит, что чувствует себя «выпотрошенным» [Синявский 2004, 2: 267].

прозу Пушкина, оживленную беспечной, шутливой болтовней, которая вполне была бы уместна в переписке с другом. Но поступая так, Синявский отвечает не только поэту, но и своему читателю — Марье Васильевне. Именно ее творческий стиль напоминает ему о Пушкине и очевидным образом вдохновляет на написание его собственных «Прогулок с Пушкиным»: «Твой дар — рассказывать интересно даже о чепухе <...> и наполнять письмо воздухом, в котором хочется жить и гулять. Ты обладаешь той редкой способностью естественной болтовни, которую я нашел у Пушкина (!)» [Синявский 2004, 1: 137][20]. Тонкое смещение, равняющее голоса Марьи Васильевны и Пушкина, делает Синявского ближе им обоим, стирая границы, разделяющие писателя и читателя, писателя и его предмет, в творческом взаимообмене[21].

Этот процесс закладывает творческий краеугольный камень фантастической литературной критики Терца — жизнь сливается с искусством. Самоуничижение, столь важное для Синявского в творчестве Пастернака, аспект, который он попытался выразить в «Мыслях врасплох», теперь обрел реальную жизнь и новые измерения[22]. По мере того как читатель обретает все большую значимость, писатель, не желая становиться непререкаемым гласом, не просто сливается со своим читателем, но и одновременно уступает ему роль творца. Как в письме Татьяны к Онегину, «читателю дается право думать, что он пожелает, заполняя лакуны из предположений и домыслов и прокладывая путь среди несоответствий». Но даже и садясь в задние ряды, писатель еще активнее реагирует на происходящее этим самоустранением, переходя в состояние интенсивного восприятия.

---

[20] Этот отрывок был написан всего за несколько дней до того, как он признался, что начал писать о Пушкине [Синявский 2004, 1: 141].

[21] Все больше стирая границы между их ролями, Марья Васильевна, когда Синявский попал в заключение, взяла на себя роль «ушлого» Терца, играя настолько «на грани фола», насколько она осмеливалась в своих отношениях с КГБ, когда пыталась добиться досрочного освобождения Синявского [Glad 1993:160–161].

[22] Добровольный отказ автора от доминирующего голоса был также характерной чертой Достоевского в его «Записках из Мертвого дома», как отмечает Р. Хингли. В отличие от Синявского, который уже вступил на свой путь, этот отказ для Достоевского означал важную перемену [Hingley 1983: xi–xii].

«Странно, но моя болтовня в письмах в значительной мере не
речь, но слушание, прислушивание к тебе. <...> Мне важно,
когда пишу, слышать тебя. Язык как средство улавливания,
выслушивания. Язык как средство созерцающего молчания.
Абсолютно пустой. Силки, сети. Сетка речи, брошенная в море
молчания с надеждой вытащить какую-нибудь золотую рыбку.
В какую-то паузу, в какую-то минуту безмолвия рыбка вытас-
кивается, но слова здесь ни при чем» [Терц 1992, 1: 643; Синявский 2004, 2: 490].

Самоуничижение, как активная и безусловная восприимчивость к мыслям другого, акт единения, основанный на любви
и смирении, придающий этическую значимость его творчеству,
находит естественное подтверждение в реальных обстоятель-
ствах жизни Синявского.

Это кредо распространяется и на текст. Синявский уже озву-
чил эту идею в «Графомании» Терца, где автор отрицает любые
претензии на главенство или собственность на им написанное,
выступая как медиум самодостаточной прозы. И теперь, выражая
очень сходные идеи, он ставит акцент больше на активное решение отказаться от любого контроля.

Писательский труд — это акт не только сдачи на милость
победителя, но и любви и доверия. И вновь нам напоминают
о Пастернаке и его определении смелости, которая требуется
тому, кто смотрит на чистый лист бумаги: «Творчество — это
отчаянная постановка вопроса: жить или не жить?» [Гладков
1977: 59; Терц 1992, 1: 620]. Синявский иллюстрирует это длинной
метафорой о реке с быстрым течением, которая охватывает
писателя и несет: не надо бороться или сопротивляться, нужно
просто плыть, нужно уйти на самое дно, прежде чем «из фразы
выходишь немного пристыженным и ошарашенным тем, что
сказалось» [Терц 1992, 1: 558].

Доверие и смирение соединены вместе как фундамент для
писательского труда опять-таки в понятии случайности, важность которого Синявский подчеркивает, начиная писать о Гоголе: «Вот я и решил его перечитать, благо попался под руку,
а в таких вещах тоже очень важна — случайность, слепая слу-

чайность, а не прожекты, на прожектах-то сам Гоголь провалился» [Синявский 2004, 3: 49][23].

Пушкин, с другой стороны, не пытаясь управлять своей жизнью или жизнью своих читателей, подобно Ивану-дураку из русских сказок, доверяется судьбе [Синявский 2001: 43]. Начиная с пушкинского стиля «легкой болтовни», Синявский, опираясь на его идею лени, играет с взаимосвязанными понятиями случая и судьбы, риска и удачи — ассоциация, которая снова возвращает его к Пастернаку в конце «Прогулок с Пушкиным» и далее к Маяковскому, показывая, как вера в благодатное влияние удачи и (ленивая) сдача на милость провидения освободили Пушкина и научили его смирению. Рифмуя «воля» и «доля», Синявский показывает, что «смирение и свобода одно, когда судьба нам становится домом» [Терц 1975б: 49].

Последние годы Гоголя были отравлены его гордыней, самопровозглашенной миссией писателя диктовать свою волю читателям и обществу. Об этой тенденции, вообще присущей русской литературной традиции, в юмористическом ключе писал Синявский в «Любимове», выведя там фигуру деспота Самсона Самсоновича Проферансова. Процветая в Советской России, она также явно прослеживалась и в работах авторов-диссидентов, таких как Солженицын[24]. Даже воззвание Гоголя об общественном благе, напоминая принуждающий образ реалистического искусства, нацеленного как ружье на беззащитного читателя,

---

[23] Синявский выражается по-другому, но столь же просто и безыскусно, когда говорит об искусстве как о «месте встречи», где творческими координатами являются любовь, единение и удача: «Искусство — место встречи. Автора с предметом любви, духа с материей, правды с фантазией, линии с контуром и так далее. Встречи редки, неожиданны. От радости и удивления: "ты? — ты?", обе стороны приходят в неистовство и всплескивают руками. Эти всплескивания воспринимаются нами как проявления художественности» [Синявский 2004, 2: 227].

[24] Согласно Синявскому, талант Солженицына, как и Гоголя, пострадал от желания читать проповеди. См. интервью Непомнящей: «...традиция <...> искусства, которое обязано служить обществу, главенствовала в истории русского искусства. Художник обязан служить обществу. Он должен либо бичевать зло, либо восхвалять добродетель. Эта традиция уходит корнями очень глубоко и очень сильна в русской литературе. Она принесла немало добрых плодов, но и немало зла. Путь Толстого, Гоголя, Достоевского, Маяковского и других показывает это. И Солженицын не исключение»; «Когда Солженицын <...> берет на себя роль проповедника, его творчество страдает. У него идеология вредит искусству. Но в русской традиции писатель должен поучать, учить читателя. И в это большая беда России» [Theimer Nepomnyashchy 1991a: 11, 16].

звучало как «приказ о всеобщей мобилизации <...> какофония тотальной войны» [Терц 1975а: 92]. Говоря о Гоголе, Синявский, должно быть, думал о том, как сам точно так же направлял свои слова в адрес читателей, авторов и критиков (как Терц и Синявский) в попытке не реформировать общество, а пробудить загнивающую русскую литературу.

Переписываясь с Марьей Васильевной, Синявский осознал, что искусство, чтобы преодолеть барьер общения между читателем и писателем, не должно обращаться к крайним стилистическим эффектам, подобно тем, что сам он использовал в своих первых работах как Терц (хотя он, безусловно, остается им верен и с удовольствием прибегает к умению шокировать и удивить читателя), но стиль его может быть «внешне спокоен, прост, притушен и даже благообразен» [Синявский 1977: 175][25].

Мольба Пушкина, в отличие от Гоголя, была «за благо мира, как он есть», и Синявский, находясь в заключении, уже может отстраниться и достичь спокойствия, невозможного во внешнем мире [Терц 1992, 1: 466; Терц 1975в: 54–55]. Вброшенный в массы разношерстных людей в лагере, он никого не судит и не высказывается о его мрачной стороне, но постоянно восхищается «неслыханными духовными и творческими ресурсами обычных людей» [Siniavskii 1995: ix]. Теперь вся Россия, кажется, открылась перед ним во всем ее богатстве и разнообразии, как и для Достоевского:

> Сама география России развернулась передо мной в лагерях в такой широте, какую я и не представить не мог на свободе <...> Меня окружал Советский Союз в миниатюре, в концентрированном виде. Разве это не редкая удача для писателя? Я наконец-то встретил мой народ — в таком объеме и в таких тесных рамках, как никогда прежде, и этого никак не могло произойти в обычных условиях. Это были те самые люди, кого я хотел изобразить в хоре голосов в «Голосе из хора»: пусть они говорят за себя сами, объективно, и я не стану вмешиваться [Siniavskii 1995: viii].

---

[25] Позднее, уже в эмиграции, будучи в более воинственном духе, он вернется к идее о том, что писатель, дабы сломать барьер разобщенности, должен прибегать к крайним мерам [Терц 1974: 152–153].

Искусство

> Поскольку так случилось, что я был осужден за литературу, я все время размышлял о литературе и о том, что такое искусство.
>
> *А. Синявский «Синявский о себе»*

Отношение Синявского к литературе и искусству пронизано этим любопытством, и именно его он стремится передать читателю посредством примера, а не предписания, или, говоря словами Э. Гарднер, используя «факел вместо скипетра» [Gardner 1959: 14]. Если читатель должен стать активным сотрудником в литературной работе, тогда то, как он воспринимает литературу и искусство в целом, становится жизненно важным.

И способ этот — озарение, а не указание: «знание начинается с любознательности, а любознательность обретает и развивает собственную дисциплину» [Gardner 1959: 14]. И опять-таки, именно обстоятельства жизни Синявского в то время обеспечивают мощный стимул двигаться в этом направлении. Естественным образом вытекая из его переписки, где писание становится жестом предвидения и приглашения, стимул этот порожден и тем, что Синявский читает. Чтобы писать, Синявский должен был читать, и его письма содержат внушительный список прочитанного. Случайные открытия раскрывают поразительные возможности; бессистемный набор книг из тюремной библиотеки, книги, позаимствованные у товарищей по несчастью, его собственные покупки и подписки, — все это движет его в новых направлениях. Будучи уже изрядно начитан, он поглощает все, что попадается под руку — искусство и историю, антропологию и религию, сказки и философию[26]. Он не то чтобы неразборчив; нет, подобно сороке, которую влечет все блестящее, он хватает привлекательные фрагменты и идеи, рисунки и пассажи, собирая их с энтузиазмом алчного коллекционера.

---

[26] Он, например, просил подписку на «Вопросы литературы», но по ошибке получил «Вопросы истории». Это, однако, оказалось для него источником неожиданной и интересной информации [Синявский 2004, 3: 37].

Увиденное под другим углом и в другом контексте, все это приобретает новизну незнакомого. Отстраненность, которую Синявский почитал неразрывной с творчеством, он отмечал в поэзии Пастернака: «обновленный взгляд на мир, который как бы впервые постигается художником», «необычайность, фантастичность обыденных явлений» [Синявский 1965: 24]. Вместо того чтобы искать этому теоретическое обоснование, Синявский, будучи хорошо знаком с трудами русских формалистов, отдает предпочтение возбуждающим воображение примерам Свифта и Дефо. Это не просто способ обойти цензуру; это отражение его естественной наклонности избегать сухого теоретизирования в вопросах литературы, прибегая к увлекательной иллюстрации. «Открытие Свифта, принципиальное для искусства, заключалось в том, что на свете нет неинтересных предметов, доколе существует художник, во все вперяющий взор с непониманием тупицы. <...> Но художник не может и не должен ничего понимать» [Терц 1992, 1: 452]. Именно этому принципу следует Синявский в прочтении классиков в своей фантастической литературной критике.

Он также прибегает к юмору, разоблачая традиционное восприятие вещей, но в более мягкой форме, чем в ранних рассказах. В письмах и в «Голосе из хора» он проявляется в основном в ипостасях обычных заключенных: их неграмотной речи, полной языковых перлов и цветистых выражений, их неожиданных и спонтанных замечаниях, где смешалось высокое и низменное, возвышенное и смехотворное. Это ни в коем случае нельзя считать принижением товарищей по несчастью. Наоборот, это любовное, полное симпатии иносказание, передающее всю широту человеческого опыта, обретенного Синявским в лагерях. Далее, в «Голосе из хора» читатель осознает важность мнения заключенных: их наблюдения тщательно отобраны, сгруппированы и вставлены в отрывки, звучащие контрапунктом главной теме, усиливая серьезные идеи, но так, чтобы, развлекая, стимулировать воображение. В книге «В тени Гоголя» эта тема проводится более настойчиво. Смех здесь — центральный мотив, поскольку Синявский называет его движущей силой гоголевского гения, способной сорвать маску с действительности, которая закоснела и заскорузла, подспудной силой, которая переворачивает вещи с ног на голову и разоблачает их истинную суть[27].

Одновременно в произведениях Синявского ощущается восхищенное признание вещей еще не полностью осознанных, но увиденных на пути; признание, которое приходит как подтверждение чего-то, что осознается интуитивно[28]. Его вера в искусство как силу иррациональную, род алхимии, воссоединяет его с Розановым по мере того, как творчество Синявского приближается к тому состоянию, которое у Розанова он называет «зачарованностью» или «завороженностью». Под этим заклятьем Розанов отходит от окружающей действительности и начинает жить «целиком внутри себя». Внешний мир, хоть и находясь вовне, живет в нем новой жизнью, а сам он превращается в «микрокосм, модель мира» [Синявский 1982б: 202–205]. Для Синявского умение мечтать, быть целиком поглощенным миром своего воображения, становится не только возможностью побега из реальности лагерей, но и, как и для Розанова, жестом творчества.

К этой «зачарованности» Синявский еще добавляет свежесть, присущую детскому видению. Детство — сильный основополагающий мотив его произведений в тот период, когда, ограниченный лишь собственными внутренними ресурсами, он часто обращается к воспоминаниям детства, перечитывая книги вроде «Острова сокровищ» Стивенсона или «Князя Серебряного» А. К. Толстого. Но он еще читает и опосредованно, разделяя удовольствие своего сына Егора, за успехами которого может следить только на расстоянии[29].

---

[27] Это близко к понятию карнавала, так явно фигурирующего в работах Бахтина, и аспектам смешного, которые он исследует в своей книге о Рабле [Бахтин 1965]. Однако, как уже упоминалось, Синявский отрицал любое влияние.

[28] См. например: «Наконец-то я понял, почему Лорелея чешет волосы: потому что волосы — волны. Женщина — пряжа — вода. Это единство помимо прочего увязано волосами. О том гласит армянский заговор — чтобы волосы у девицы росли. Произносит его дородная женщина, ударяя по волосам — со словами: "Да будут волосы в ширину с меня, в длину — течения воды"» [Терц 1992, 1: 576].

[29] Взгляд Егора на мир и его способы самовыражения (ему было меньше года, когда Синявского арестовали) для отца источник умиления и радости, той несжиданности, которую Синявский находит в замечаниях и наблюдениях лагерников и которая выводит его из привычной колеи мышления. См., например [Терц 1992, 1: 649; Синявский 2004, 2: 72, 459].

В этих книгах все чувства задействованы, все слова имеют вес, звук, даже аромат, но Синявского более всего увлекает визуальный ряд, когда он вспоминает крупные буквы и цветные картинки, словно по волшебству возникающие между грязновато-серыми обложками [Терц 1992, 1: 447].

Играя на близости иллюстрирования и иллюминирования, детских книжек и труда средневековых писцов, Синявский напоминает читателю, что главная задача искусства — восхищать и развлекать. Именно это отличало раннего, полного воодушевления Гоголя, полного смеха и магии, от Гоголя — «слуги общества» и проповедника. Уроки (если они существуют) даются посредством предложения и демонстрации, развлекая читателя и мотивируя его. Буквы становятся жизнью, восставая из книжных страниц, трансформируясь в удивительные существа и орнамент из зеленой листвы. Читателя не заставляют общаться с текстом, но увлекают; его сердце «замирает», а они начинают «заманивать в гости, снаряжать в путешествие по чудным буквам» — главная идея в «Кошкином доме» [Терц 1992, 1: 449][30].

Эта последняя, посмертно опубликованная работа Терца многим обязана сказкам, как и научная книга «Иван-дурак», примерно в то же время вышедшая уже под именем Синявского. Хотя эти работы, честно говоря, относятся к следующему этапу его жизни, их генезис (особенно «Ивана-дурака») можно проследить в лагерной жизни Синявского[31]. Тогда он еще читал отрывки из «Мастера и Маргариты» (1966–1967), которые посылали ему Меньшутины, когда роман впервые вышел в Рос-

---

[30] В каждом случае, когда речь идет о Егоре, очень познавательно (и увлекательно) читать рассуждения Синявского о его воспитании, которые говорят столько же о взглядах Синявского на искусство, сколько и обо всем остальном, но прежде всего о том, что весело и стимулирует воображение. Например, он отвергает шашки как «скучнейшую игру» (слишком рациональны, слишком интеллектуальны?), предлагая взамен «блошки», более веселые и яркие. Или «игры типа лото — но с увлекательным маршрутом, вроде мухи, которая вдруг попадает в варенье и пропускает уйму ходов. <...> А шашки — что-то слишком сухо» [Синявский 2004, 3: 335, 345].

[31] Будучи в лагерях и продумывая книги о Пушкине и Гоголе, Синявский собирал материалы для статьи под названием «Земля и небо в искусстве Древней Руси», которую начал еще до заключения, вдохновленный в основном поездками по Русскому Северу. Статья так и не была закончена, но материалы вошли в книгу «Иван-дурак» [Синявский 2004, 1: 131, 138].

сии [Синявский 2004, 1: 243, 264][32]. Сперва в комментариях он проявляет сдержанность, но влияние этого романа как волшебной сказки современности и многоликой аллегории сталинской России ощущается и в «Спокойной ночи», и в «Кошкином доме».

Интерес Синявского к сказкам восходит к гораздо более раннему времени (что видно в «Квартирантах» Терца — самой жизнерадостной и веселой из его «Фантастических повестей»), но в лагере он перерастает в настоящую страсть, и он читает сказки всех народов мира — от Ирландии до Океании, Южной Америки, Индии и, конечно, русские сказки [Терц 1992, 1: 576; Glad 1993: 156]. Подобно анекдоту, сказка представляет для Синявского идеальную форму чистого искусства[33]. Она так же скромна по своим задачам, «незнакома с научной терминологией», домашняя и близкая по природе, сосредоточена на домашнем очаге и доме; это устная передача историй, похожая на прядение нити (вспомним «травить анекдоты») [Синявский 2004, 3: 176].

Но значение волшебной сказки намного глубже и масштабнее. Через ее посредство Синявский возвращается к тому, что считает колыбелью искусства, — к временам античности, когда «мир еще достаточно метаморфичен, чтобы переворачиваться с боку на бок, обращая одно в другое и давая слову толчок к производству иносказаний-загадок» [Терц 1992, 1: 580]. Это искусство, которое не только развлекает и восхищает, но и вводит чудесное, в самом что ни на есть прямом смысле, поскольку обладает магической властью трансформировать и созидать, как некая форма покоящейся в земле первозданной энергии, которая затем обрела оттенки чудесного в смеси язычества и христианства.

Именно здесь таился источник таланта Гоголя до того, как его охватил мессианский позыв реформировать общество, и его способность смеяться иссякла. «Смех Гоголя в этом аспекте близок колдовскому искусству — он и преображает действитель-

---

[32] Роман Булгакова впервые появился в 1966–1967 годах, в ноябрьском и январском номерах журнала «Москва». Первое упоминание Синявского о нем встречается в письме от 3 февраля 1967 года. Меньшутины были явно рады его реакции, но он хотел «подождать, пока роман не выйдет целиком».

[33] Синявский считает волшебную сказку, «вероятно, самым первым примером искусства, оторванного от реальности» [Терц 1992, 1: 487].

ность, и завораживает зрителя» [Терц 1975a: 129]. Гоголь-клоун и комик у Синявского синонимичен Гоголю-колдуну. Именно по этой оси вертится «В тени Гоголя» с «Ревизором» в центре — высшей точкой гоголевского искусства. Созданный из ничего, из анекдота, из обмана, «Ревизор» покоится на смехе, который уничтожает равновесие повседневного, ломает правила, проникает в пределы запретного; но Гоголь также выражает любовь к персонажам, которых создает и которые оживают под его чарами [Терц 1975a: 128–129].

Синявский пользуется сказкой как средством продолжения давних российских дебатов об искусстве и пользе, искусстве и морали. Красота, как вещь в себе, суть волшебной сказки, становится метафорой чистого искусства — но искусства, которое, как утверждает Синявский, не лишено морали, тесно присущей ее эстетизму. В сказке красота представляет собой «власть, добро и благородство», так что «юрисдикция, религия, мораль и экономика заметно потеснены и трансформированы эстетикой» [Синявский 2004, 3: 175–176]. Более того, природа волшебной сказки, которой близка «завороженность создания», показывает, как колдовское воздействие красоты на зрителя, буквально заставляя его «терять разум и память», схоже с религиозным экстазом; иными словами, с растворением своего «я» в лицезрении прекрасного предмета.

Это похоже на воздействие смеха, описанное в книге «В тени Гоголя», — смеха-синонима любви, который ввергает человека в состояние трансцендентности. Перейдя на иной план, человек теряется в состоянии, которое Синявский ассоциирует с актом самопожертвования, проводя параллель с древними культами, где «жертва расставалась с жизнью смеясь и в смехе воспаряла и отождествлялась с богом, чей образ она на себе уже несла». Это дошло и до современности в метафорическом смысле искусства, «искусства в самом возвышенном и нравственном его понимании» [Терц 1975a: 167–168][34]. Перевод акта творения в мир вол-

---

[34] Дальше он говорит, что «ведь художнику, слава Богу, в наши дни не требуется привязывать себя к столбу и истекать кровью под чьи-то подбадривающие крики. Все это он проделывает иносказательно, сидя в кресле, в удобном кабинете, и, принося

шебной сказки и смеха так, чтобы оказались размыты грани между чудесным и магическим, служит той же цели, что и выражение Синявским своей судьбы в виде афоризмов в «Мыслях врасплох»: автор защищается от риска впасть как в напыщенный тон, так и слишком узко доктринерски установить связь между искусством и религиозными убеждениями[35]. Это позволяет ему выйти за пределы самоуничижения как художественной интерпретации чисто христианской идеи самопожертвования к более универсальному понятию: «Любая религия в этом пункте подаст руку сказке, и мистика заговорит на языке любви и поэзии: "меня — нет, ты — это я"» [Синявский 2004, 3: 177].

Итак, он прошел полный круг к идее творческого процесса как акта любви, желанной сдачи на милость победителя, будь то читатель, предмет или текст. Золотая рыбка вытянута из моря молчания.

Преображение и возрождение

«Искусство — не изображение, а преображение жизни» [Терц 1992, 1: 587]. Творение, как акт одновременно божественный и волшебный, наделяет слово магической силой, которую утратила советская литература, как и Гоголь в последние свои годы. Все, что осталось как слабый отблеск этой силы, говоря словами Проферансова из «Любимова», суть «старомодные метафоры». Метафоры выдают свое происхождение в метаморфозах, используя свою магическую игривую силу для превращения одних вещей в другие, чтобы показать обратимость всего на свете и снова

себя в жертву, не теряет надежды, что он долго еще и увлекательно поживет в этом мире, и только благодарное потомство поймет и оценит его творческие страдания как величайший акт священного самопожертвования».

[35] Когда уже в эмиграции Дж. Глэд спросил, почему «религия играет столь скромную роль» в его произведениях, Синявский ответил: «А я не считаю себя религиозным автором <...> Я считаю, что религиозные взгляды — это частное, персональное дело каждого» [Glad 1993: 158]. Синявский рассуждает здесь в контексте эмигрантской литературной политики и, в большой степени, о различии во мнениях между ним самим и Солженицыным. Тем не менее это истинно и как общее утверждение о его творчестве и том, что свои религиозные воззрения он предлагает, а не навязывает читателю напрямую.

доказать свое родство с чудесами и смешным [Терц 1975а: 127–129]. Но они устарели в государстве, которое считает реализм высшей (и единственной) формой искусства и которое способно признавать только одномерное, буквальное значение слова. Неспособность (или нежелание) советской системы принимать какое-либо иное значение слов, кроме чисто буквального, — вот основа ее разногласий с Синявским и фундаментальной проблемы общения, которая постоянно возникала в дебатах между Синявским и его обвинителями на процессе. Он не мог не столкнуться с той же самой неудачей в попытке наладить общение, вместо этого вызвав яростную реакцию некоторых читателей «Прогулок с Пушкиным». Но в волшебной сказке метафоры так же важны, как и нити, которые связывают ее в единое целое и ведут к развязке. Метафоры — это важнейший элемент произведений Синявского, слово-образ, который не только предлагает (а не диктует), но и утверждает взаимосвязь всех вещей, как писал Синявский о поэзии Пастернака [Синявский 1965: 17].

Возрожденная способность Синявского восхищаться миром усиливает его осознание взаимосвязи вещей и постоянной универсальной задачи искусства — выявления этих связей. Когда он читает, то каждый новый предмет, пусть и удивительный сам по себе, он рассматривает не обособленно, а во взаимодействии со всем прочим. Очарованное этими возможностями, воображение Синявского цветет пышным цветом, преображая случайные объекты чтения в стройную схему, в которой культура — не нечто отрывочное и сегментированное по времени или месту, как в советской системе с ее избирательной памятью культурного наследия, но органичное и чудесное целое[36].

---

[36] Здесь Синявский также демонстрирует сродство с Розановым, чьи взгляды на культуру, хотя и весьма эксцентричные (а порой даже экстремальные), отличались универсальностью и который, говоря словами Синявского, жил не в настоящем, а «в тысячелетиях» [Синявский 1982б: 98]. Те же наблюдения он делает о Мандельштаме в [Терц 1992, 1: 174–175, 647]. В. В. Набоков, рассказывая о своем детстве в досоветской России, отмечает разницу: «Русский читатель старой просвещенной России, конечно, гордился Пушкиным и Гоголем, но он также гордился Шекспиром и Данте, Бодлером и Эдгаром По, Флобером и Гомером, и в этом заключалась его сила. У меня есть личный интерес в этом вопросе; ведь если бы мои предки не были хорошими читателями, я вряд ли стоял бы сегодня перед вами, говоря на чужом языке» [Набоков 1996: 26–27].

Это и есть суть творчества Синявского в те годы, его свободный дух, структура его работ, которая на самом деле не структура с очевидной целью, но постоянная самообновляющаяся сеть ассоциаций. При сравнении писем с книгами, особенно с «Прогулками с Пушкиным», поражает, насколько полно последние существуют в письмах: не требуется ничего, кроме заботливого взгляда Марьи Васильевны, чтобы связать все воедино. Возможность поддерживать повествование не только достоверностью, но и живостью и убежденностью, держать в памяти тончайшие части этого повествования, чтобы они тесно прилегали друг к другу, была дана умением Синявского устанавливать взаимосвязи, перебрасывать мостики из тем и метафор, отзвуков и ассоциаций от идеи к идее.

Данный принцип на самом фундаментальном уровне представлен языковыми средствами. В отличие от употребления языка в советском духе, когда значение выхолащивалось, сам язык превращался в орудие, а слова сводились к топорному «клацанью звуков», у Синявского слова не столько произносятся, сколько увязываются в единую ткань, вышивку в вековом ритуале, который не терпит разрывов и в который писатель вовлекается поневоле[37]. Этим Синявский обязан Гоголю и его «барочному» стилю, а также Марье Васильевне, которая, как художник и историк искусства, сильно повлияла на его знание и любовь к изобразительному искусству [Glad 1993: 159–160].

Великолепную иллюстрацию этого процесса можно найти в отрывке об ирландской мифологии, где описывается поединок двух легендарных героев — Кухулина и Фердиада. Синявский поражен великолепной текстурой произведения. Когда он начинает его комментировать, его собственная проза приобретает ту же плотность и насыщенность: он восхищается деталями, описание которых естественно вырастает из сплетения тел

---

[37] «Ибо в ней живет сама идея канвы, идея связи, идея плетущейся нити, даже при утрате смысла. Поэтому сказка обладает способностью к быстрой регенерации тканей, пускай это ведет иногда к каким-то чудовищным наростам в ее тексте. Но поражает безукоризненная правильность общего рисунка, который словно запрограммирован в ее генах» [Синявский 2001: 99].

и конечностей двух воинов, и тем, как их физические формы преображаются в необычайно сложный орнамент. От вербального к визуальному, схема приобретает конкретность в полном соответствии с его наблюдением, что «теснота здесь такая, что просится на пряжку, на пряник, вызывая в памяти орнаментальную плетенку варягов», прежде чем вернуться к литературным истокам и «уловить затем в свои сети русские буквицы» [Терц 1992, 1: 581].

Из этих по видимости прихотливых наблюдений органически вытекают более широкие культурные предпосылки того, что он описывает. Говоря о «чудесном искажении впавшего в ярость героя <...> который весь преображается в высший момент битвы», «являя нам образ прекрасного в его кульминации, граничащей уже с чем-то чудовищным», Синявский приходит к идее о языческих корнях романтизма [Терц 1992, 1: 580–584]. Используя эту идею как отправную точку, он совершает в воображении переход к горгульям Собора Парижской Богоматери и искусству Средних веков, которое, в свою очередь, «переходит от ярости битв к воссозданию духовных восторгов и божественных преображений» [Терц 1992, 1: 582–584].

Ничто не утрачено, как напоминает Синявский в книге «В тени Гоголя», где археологический слой, впервые использованный в «Любимове», заменяет шитье и прядение в качестве метафор непрерывности прошлого и его продолжения в настоящем [Терц 1975а: 395]. Если искусство — это предмет произведений Синявского в то время, то тема его — это утверждение жизни перед лицом смерти: искусство — это «некая роскошь, украшение, прихоть, сувенир, безделка. Но это тот избыток (остаток), которым долговечна жизнь» [Терц 1992, 1: 461][38].

«Голос из хора» перегоняет идею культуры в целом, искусства как явления жизни перед лицом смерти, в тонкую, но ярко исполненную композицию, воплощая ее в ряде неизменно изобретательных вариаций на тему, которая нарастает до приглушен-

---

[38] Более подробное разъяснение отношения между красотой и реальностью см. [Синявский 2004, 2: 72–73].

ного, но от этого не менее мощного крещендо в предпоследней главе. Природа — это декорация и опора; сезоны сменяют один другой, за зимой идет весна, потом раннее лето — реальное течение времени в последний лагерный год Синявского и одновременно традиционная метафора цикла жизни и возрождения. В эту картину он вводит пассажи о литературе и живописи, Пасхе и Воскресении. По видимости отрывочные предметы (чеченский святой, поэт и рассказчик Японии XIV века, русский художник XX столетия, Шекспир и Пастернак) сплетены вместе, чтобы тонко, но безошибочно продемонстрировать всеобщность темы и ее неугасающее значение. От очевидной параллели между ритмичной сменой сезонов и участью человека Синявский переходит к аналогии с искусством, упоминая о религиозных праздниках, которые не привязаны к историческим временам, но повинуются тому же естественному циклу. Упоминая об очерках Ёсиды Кэнко, похожих на живописные полотна вне времени, он отмечает, что «истинная живопись есть бесконечно продолженный, длящийся в вечности жест». И далее, переходя от религиозных праздников к св. Георгию и отзвукам «Сказки» Пастернака из «Доктора Живаго»: «И каждый раз святой Георгий пронзает змия» [Терц 1992, 1: 657–658].

В этих отрывках Синявский делает упор не только на образы, но и на слова, на наброски, а не на законченные творения. Утверждая способность искусства выходить за пределы обыденной реальности, избирать своим предметом вневременное, он показывает, что искусство никогда не говорило — и не должно пытаться сказать — последнего слова. Пример тому — русский художник Чекрыгин[39]. Его ранняя смерть означает, что его картины Воскресения останутся только в виде эскизов:

> Возможно, Чекрыгин погиб совсем не безвременно, но для того, чтобы так и застыть на границе эскиза, ничем ее не нарушив, доказав собою, что это оборвавшееся начало и было самым ис-

---

[39] В. Н. Чекрыгин (1897–1922) учился иконописи в Киеве, затем продолжил обучение в Московском училище живописи, ваяния и зодчества. Первое время находился под влиянием Левитана, позднее сблизился с Маяковским, и некоторые из его картин показывают близость идеям футуристов.

тинным, близким среди всех возможных лимитов постижением темы. Художник словно понял, что живопись — это черновик Воскресения, и оставил нам — черновик [Терц 1992, 1: 660].

Будь то набросок, или тишина, или чистый холст, для читателя или зрителя остается свободное место, автор же отступает назад, за пределы слов.

Если искусство дает надежду перед лицом смерти, обещая обновление, оно также дает убежище, не только сохраняя прошлое как динамическую составляющую настоящего, но и помогая отыскать смысл в хаотичном, чуждом мире. Эта идея присутствует в письмах Синявского — живое свидетельство поглощенности искусством, они демонстрируют его способность отвлекать, вдохновлять и утешать. Тем самым искусство приобретает размерность и значение, которые, при всей его любви к нему, отсутствовали в трудах Синявского — свободного человека. Его переписка с Марьей Васильевной становится их общим убежищем, когда он пишет: «Я живу под крылом твоих последних писем <...> Мне очень уютно, такая редкость» [Синявский 2004, 3: 306].

В лагерной изоляции Синявский, естественно, обращается мыслями к семье и дому. Обыгрывая употребление русского слова «дом» одновременно в смысле «дом» и «музей», Синявский сводит вместе понятия безопасности и принадлежности, которые соединены в доме, и показывает, как для него они стали равно верными применительно к искусству[40]. Стирание границ между ними проиллюстрированы тем, что квартира Синявского и Музей изобразительных искусств находились по соседству, «кусок города моего детства», куда можно было убежать с шумных московских улиц, как в иной, зачарованный мир [Терц 1992, 1: 596][41].

---

[40] Если учесть, что «Голос из хора» напоминает об одноименном стихотворении Блока, похоже, идеи Синявского об искусстве как доме и убежище были позаимствованы из стихотворения Блока «Пушкинскому Дому».

[41] Хотя от Синявского не ускользает омертвляющее влияние музеев на культуру (он говорит об этом прямо в рассуждениях о Пушкине), он всегда употребляет слово «дом» исключительно в позитивном смысле. Здесь напрашивается очевидное сравнение с «Пушкинским домом» А. Г. Битова (1978). Однако, как указывала С. Сандлер, отношение Битова к наложению понятий дома и музея амбивалентно. Битов «не идеализирует дом или домашний очаг», а «дом в прозе Битова — это сложное и разделенное пространство, лишь частично защищающее от внешнего мира» [Sandler 2004: 295–297].

Идея искусства как обитаемого пространства расширяется рядом взаимосвязанных образов и аналогий[42]. Танталовы муки, которые испытывает автор, вспоминая, как ребенком холодными зимними вечерами смотрел с улицы на освещенные окна московских квартир, передаются книгам, потому что «книги похожи на окна, когда вечером зажигают огонь и он теплится в воздухе, поблескивая золотыми картинками стекол, занавесок, обоев и какого-то невидимого снаружи, запрятанного в сумрак уюта, составляющего тайну его обитателей» [Терц 1992, 1: 448–449]. Книги, в которых можно жить и свободно странствовать, перебрасывают мостик к архитектуре, и Синявский говорит о различиях между русской и западной церковной архитектурой, отмечая, что на Руси преобладание внешней формы над внутренним пространством «зиждилось на нашей излюбленной, национальной религиозной идее Покрова». «Внутри — не бесконечность пространства, не космос, не гармония сфер, но прежде всего — тепло, защита, уютность» [Терц 1992, 1: 606]. Поэтому тяга к уюту становится не только личностной, но национальной чертой, потребностью, почему-то утерянной в кошмарном мире социализма, который в попытке навязать всем принцип общежития представляет собой гротескную пародию на русский идеал соборности, воплощенный в святом семействе и церкви как убежище.

Если национальная (религиозная) потребность в защите воплощается в Покрове Богородицы, то национальная идентичность выражается в терминах культуры. Советская эпоха, отрекшись от многого в культурном наследии Руси, оставила чувство бесприютности [Терц 1979: 73]. Возвращая читателя к идее уюта, защищенности и книг как жизненного пространства, Покров Богородицы естественным образом превращается в гоголевскую шинель. Синявский-лагерник дает понять: его дом — литература.

---

[42] Идеи Синявского о книгах как обитаемом пространстве перекликаются с работами В. А. Фаворского (1886–1964). График, рисовальщик и теоретик, он был привержен техническому мастерству и точности, при этом отвергал догматизм и любил эксперименты любого рода. Во многих отношениях они с Синявским были близки по духу. В письмах Синявского есть несколько отрывков, посвященных ему и его работам [Синявский 2004, 2: 505–508, 518–520].

Фантастическая литературная критика

> В общем, моя главная тема — это участь писателя, пишу
> ли я о себе или о Пушкине с Гоголем. Это одно и то же.
> *Интервью Синявского К. Непомнящей*

Искусство как метафора воскресения, литература как дом: оба понятия объединены в главном творческом достижении Синявского лагерного периода: фантастической литературной критике. Развивая идеи, впервые нашедшие выражение в «Гололедице» и отражающие мысли Н. Ф. Федорова, Синявский превращает литературную критику в акт любви и памяти, которым он возвращает к жизни тех, кто умер, отвержен или иным образом разлучен с читателем. Марье Васильевне он пишет из лагеря: «И в себе я больше чувствую не себя, а отца, мать, тебя, Егора, Пушкина, Гоголя. Целая толпа, накладываются на восприятие, участвуют с нами, и едут, куда нас повезут, и мы помним (или не помним) о ней ежечасно <...>» [Синявский 2004, 3: 163].

Какими бы утешительными ни были эти слова, они тем не менее спорны. Осужденный как писатель, Синявский возрождается, возвращаясь к своим истокам литературного критика; но литературного критика, преображенного фантастическим пером писателя Терца, который по-прежнему возвышает голос в поддержку своей веры в свободу искусства и творца. И «Прогулки с Пушкиным», и «В тени Гоголя» обращаются к свободе писателя от губительных ограничений долга, общественного или политического, и к его утверждению в качестве художника и волшебника современной эпохи.

Произведения Синявского о Пушкине и Гоголе, даря этим авторам новую жизнь, одновременно открывают двери более сложному исследованию роли и личности писателя. Синявский плетет причудливую сеть, где голоса классиков перекликаются с их современными наследниками; строит мост между русской литературой прошлого и настоящего. Собственная личность и жизнь Синявского как писателя умело включены в текст таким образом, что они не доминируют в нем и не отвлекают внимания от предмета, но, напротив, обогащают его, открывая новые измерения.

«Роман ни о чем», «из которого ровным счетом ничего не происходит, на никчемности, возведенной в герои <...> автор теряет нить изложения, плутает, топчется, тянет резину и отсиживается в кустах, на задворках у собственной совести» [Терц 1975в: 81]. Синявский о Пушкине? Или о себе? Это Терц о «Евгении Онегине», но точно так же это могло быть написано о нем самом и о его собственных приемах литературной или, скорее, антилитературной критики. Невероятное мастерство творческой оценки постоянно опровергает само себя, отрицая общепринятые понятия о том, чем должны быть критика, критик и писатель. Синявский, возможно, получил в заключении дозу умиротворенности, но проза Терца не потеряла в своей остроте.

«Прогулки с Пушкиным» — обманчиво сдержанная книга. Само заглавие выдержано в небрежном, беззаботном тоне, если бы только оно представляло собой поразительно мастерский способ избежать тисков советской власти. Обложка скрывает набор идей, достаточно взрывных, чтобы сотрясти основы литературного мира России и в эмиграции, где книга была впервые опубликована в 1975 году, и позднее в Советском Союзе[43]. Написанная в защиту чистого искусства, она следует собственной цели — отсутствию цели. Сам Синявский — другая цель книги. Синявский-литературный критик, осужденный за фантастическую прозу, написанную под именем Терца, мстит за это ослепительной интерпретацией Пушкина, виртуозной реализацией своего собственного творческого кредо. Тут кроется опасность: подобная работа может гораздо больше сказать о своем авторе, чем о Пушкине как таковом. Т. С. Элиот писал: «Поистине же портят вкус распространители готовых мнений либо фантастических идей <...> ведь в самом деле, что такое кольриджевский "Гамлет": беспристрастное исследование в тех пределах, достичь которых позволяли известные тогда факты, или попытка пред-

---

[43] Отрывок из «Прогулок с Пушкиным» впервые был опубликован в России в 1989 году в апрельском номере журнала «Октябрь».

ставить самого себя, Кольриджа, в более привлекательном наряде?» [Элиот 1997: 178] — уместный вопрос, если помнить о склонности Синявского к маскировке и камуфляжу[44].

Синявский избегает этой ловушки, поскольку феномен Синявский-Терц стал самой тканью его творчества и стиля — стиля, в котором нет ни суда над Пушкиным, ни копирования его, но призыв к диалогу с ним. Ключ скрыт в заглавии — не только слово «прогулки», но и внешне тривиальный предлог «с». Синявский не использует ни более свободное и нейтральное «и», ни собственническое «мой», ни более очевидное и авторитарное «о», определяющее писателя как критика[45]. Поставленное Синявским «с» предполагает товарищескую близость, стилистический принцип ассоциативных связей и книгу как плод одновременно тесного общения и творческого сотрудничества между мужем и женой, писателем и читателем, критиком и писателем.

Точно так же «В тени Гоголя» указывает на взаимоотношения, в которых не критик возвышается над своим предметом как верховный жрец, но один писатель признает свой долг перед другим, перед его литературным наследием, одновременно вводя понятие о литературе как даре, который одно поколение передает другому: это Пушкин подал Гоголю идею «Ревизора», о чем и говорит эпиграф «Прогулок с Пушкиным». Нельзя не усмотреть связь между Пушкиным и Синявским в иллюстрации на обложке первого русского издания «Прогулок с Пушкиным». Увлеченные беседой, Синявский и Пушкин прогуливаются вместе, и их тени сливаются в одну.

Иллюстрация не просто предполагает конгениальное товарищество между критиком и его предметом, но и демонстрирует

---

[44] Этот же вопрос был в гораздо более смягченном и противоположном тоне поднят Солженицыным, когда разногласия между ним и Синявским привели к словесной перепалке в эмигрантской прессе: «Пушкин для него не столько предмет, сколько способ самопоказа» [Солженицын 1984: 140].

[45] Пушкин, «солнце» русской литературы, стал объектом множества подобных попыток им воспользоваться. Синявский позднее обвинял в этом Солженицына (после нападок последнего на «Прогулки с Пушкиным»): «Кто же вам дал эту власть — присвоить Пушкина, узурпировать Россию? Религию, нравственность, искусство? Исключительно себе и своим единомышленникам» [Синявский 1987б: 205]. Об отношении писателя к критику см. [Aizlewood, Wigzell 1994: ix–xvii].

положительно нецеремонное, чтобы не сказать насмешливо неуважительное отношение писателя-критика к себе самому и своему собеседнику совершенно в духе эпиграфа. Этот карикатурный набросок изображает уже немолодого Синявского, намеренно одетого в тюремную одежду, рядом с Пушкиным-денди.

Намеренная провокация — то, что Синявский называл своей «заниженной позицией». Она отличается от самоуничижения Пастернака с его обертонами христианского самопожертвования и ближе к шокирующей тактике Розанова, напоминающей самоуничижение юродивого. В интерпретации Синявского юродивый похож не только на сказочного Ивана-дурака, доверяющегося судьбе, но и на шута и клоуна. Тем самым он ближе той грани Терца, которая доводит противоречие до творческого завершения[46]. Розанов использовал свой самоуничижительный стиль для споров о канонах хорошего вкуса, пользуясь для этого, как и Синявский, своим альтер эго (В. В. Розанов). Как и в произведениях Синявского, намерение автора замаскировано продуманной беспечностью, и пока он ниспровергает само понятие о литературе как об окончательном, формальном предприятии посредством свободно выстроенного текста, его мысли перескакивают с одного предмета на другой.

Самоумаление Синявского, намеренное снижение значимости фигуры автора сердило его злопыхателей, которые, по его словам, твердо придерживались убеждения, что место писателя «где-то наверху, рядом с Богом». Отношение Синявского воспринималось ими как угроза этой завидной позиции. Хуже того, он распространил подобный непочтительный подход к позиции писателя на самого Пушкина, предпочитая видеть его «не в па-

---

[46] «Религиозные шуты и клоуны, вариация сказочного Ивана-дурака на христианской почве», юродивые защищены от соблазнов, особенно опасных в обычной церковной и монашеской практике, таких как гордость собственной святостью или благочестием. Юродивые намеренно нарушают «внешние, общепринятые нормы поведения»; «Они уничижали себя и глумились над собою, поступая как люди, потерявшие стыд и разум. В действительности это были натуры, освобожденные от власти своего греховного "я" и всецело преданные вере, которую они скрывали под маской глупости или буйства. Юродство, можно сказать, это святость или праведность в нарочито сниженной форме» [Синявский 2001a: 304]. Он также пишет о юродивом и его связи с «комическим» в книге «В тени Гоголя» [Синявский 1975a: 106].

радной зале с венками и бюстами <...> но в виде смешных карикатур на Пушкина, отсылающих к образу поэта с улицы». Это провокационное развенчание поэтического образа было столь же творческим, сколь и его собственное воплощение в виде Терца; желая освободить Пушкина от пыльных окаменелых наслоений академизма, убивающего любое ощущение индивидуального гения, Синявский освободился сам.

Битва за свободу поэта ведется по всем фронтам, его официальный образ атакуется под всеми углами. Атаки самые разнообразные: от противоречивой метафоры «на тоненьких эротичных ножках Пушкин вбежал в большую поэзию» до идеи о том, что содержанием Пушкина была пустота, и одиозного образа вампира. Это вопрос перспективы: Пушкина снимают с пьедестала, рассматривают бесцеремонно, в горизонтальном состоянии, в постели. Его видят не на публичной сцене, а в жизненных маргиналиях, по касательной, разобранным на части и собранным снова, размытым образом в окне быстро несущейся кареты — отзвуки одновременно приемов модернизма и теоретических идей формализма, воссоединенных и обновленных в «целостном» взгляде Синявского на русскую литературу. Пушкин становится акробатом, «нашим Чарли Чаплином», который берет препятствия и делает курбеты, свободно обращается со стихами и нарушает литературные табу.

И все это заложено в самом Пушкине. Новые отношения, предложенные фантастической литературной критикой, преобразуются в способность не комментировать Пушкина и не анализировать, но, скорее, жить в нем, его стиле и духе, — метод, не имеющий ничего общего с вампирством, потому что это есть любовь, умение отдавать столько же, сколько и брать. Синявский — не «пророк или учитель», но медиум, через которого дух Пушкина живет, пока автор говорит с Пушкиным и через него. Он не только прогуливается с Пушкиным, он танцует с ним, летает, делает мертвую петлю, ведя рассказ через пародию и анекдот, аналогии и ассоциации, намеренно переходя границы дозволенного. «Он бы никогда не написал "Евгения Онегина", если бы не знал, что так писать нельзя. Его прозаизмы, бытописание, тривиальность, просторечие в большой степени строились как недозволенные приемы, рассчитывающие шокировать публику» [Терц 1975в: 88]. Терц о Пушкине? Или Синявский о Терце?

Беспечное пренебрежение Пушкина к официальному предназначению поэта — «А Пушкин, наплевав на тогдашние гражданские права и обязанности, ушел в поэты, как уходят в босяки» — нацелено против последних агонизирующих лет Гоголя, стремившегося выполнить свой долг «достойного слуги общества» [Синявский 2004, 2: 427; Терц 1975а: 28] (Синявский цитирует «Ревизора»). Писать о Гоголе Синявскому было явно труднее, потому что он знал его лучше и чувствовал себя к нему ближе. И вопросы, относящиеся к Гоголю, были труднее. Синявский занимался «В тени Гоголя» в конце своего заключения, когда все острее и настойчивее вставал вопрос его собственного выживания как писателя во внешнем мире.

В отличие от Пушкина, представленного вампиром, Гоголь поглотил сам себя или, скорее, позволил свои созданиям (Синявский имел в виду персонажи «Мертвых душ») высосать себя досуха. Кто кого питает? Позиция писателя и критика отражена в красочном образе вампира, который неотступно преследует Синявского даже тогда, когда он предлагает решение в своей фантастической литературной критике.

Если «Прогулки с Пушкиным» пронизаны воздухом и светом, неустанной подвижностью Пушкина, задающей темп его работе, то «В тени Гоголя» — это скорее раскопки, отражение взгляда Синявского на книги как обитаемое пространство и культуру как археологические наслоения, а также сути гоголевской прозы. Это путешествие в глубины, в скрытые тайники и лабиринты устремленного вовнутрь творческого бытия Гоголя. Если говорить о теме «Голоса из хора», то это прежде всего победа жизни над смертью: Синявский прокладывает путь, насыщенный литературными, христианскими и мифологическими ассоциациями, включая нисхождение Данте в ад и Орфея в царство мертвых, прямо к истинным истокам искусства Гоголя, пока его энергию не иссушило ощущение собственной писательской миссии.

Воскрешая Гоголя через его прозу, Синявский прослеживает путь Гоголя в обратном направлении, к источникам его искусства в чудесной и стихийной силе языка. Действуя по тому же принципу, что и в «Прогулках с Пушкиным», он не комментирует произведения Гоголя, а отвечает им, руководствуясь ассоциацией и аналогией, в этот раз не описывая круги и петли в прихотливых завитках, но создавая густой, богатый лингвистический пейзаж. От идеи гоголевского интереса к архитектуре и его «изобильной» прозы через стилистическую связь с барокко Синявский совершает чудеса высшего словесного пилотажа, проникая в дух произведений Гоголя стремительным потоком, охватывающим искусство и литературу, географию и архитектуру:

> Таков один из архитектурных проектов Гоголя, одно из выражений его конструктивного принципа, который всегда осуществляется через несоразмерность и переполнение стиля. Но не такова ли, в принципе, также его фраза, похожая на дикорастущий тропический лес, на водопад Державина («Алмазна сыплется гора...»), на вулканическое извержение стиля (так приглянувшееся ему в «Последнем дне Помпеи» Брюллова), фраза, унизанная балконами и перилами придаточных и вводных отростков, удаляющихся то и дело от основного ствола, дробящаяся, глядящая на нас сквозь решетку неисследимых своих ручейков, завитков, подвесок, фиоритур, громоздкая и одухотворенная разом, непропорционально разросшаяся, сверкающая изломами и поворотами слога, держащая на воздухе, на вытянутых руках, весь свет и рушащаяся тут же с размаху умопомрачающим обвалом, каскадом, светопреставлением речи, разбрасывая по сторонам свои вездесущие усики, свои диковинные, бесчисленные бутоны и бутады?» [Терц 1975a: 346–347][47].

Проза Синявского, сама по себе подвиг воображения, показывает, что реализм, присущий искусству Гоголя, суть ничто, кроме обмана и иллюзии, подобно пузырьку, который лопается, если проткнуть его иголкой: чистое искусство, не просто бесцельное, но и бессодержательное. И все же в самой этой иллюзорности

---

[47] Синявский точно так же разоблачает иллюзорность реализма Пушкина [Терц 1975в: 80–85].

кроется его сила, возбуждая интерес и восхищение тем, как из ничего, одной только силой слов возникают новые горизонты.

«Пустота, бывшая содержанием Пушкина», в произведениях Гоголя становится магической силой и алхимией возможного, снова возвращая к идее незавершенного наброска в «Голосе из хора» и далее — к чистому листу бумаги[48]. По словам Синявского, гоголевская проза в конце первого тома «Мертвых душ» превращается в «бессмысленное и беспредметное словоизлияние», гранича с насмешкой над читателем и самой задачей литературного повествования: «Как много сказано и как ничего не сказано!» [Терц 1975а: 455, 458, 459]. Лишь «приравняв к нулю содержание своей поэмы», Гоголь мог добиться такого мощного и чистого звучания прозы, которое действительно слышится в ней и создает — от прозы — ощущение эпоса, поэмы [Терц 1975а: 468].

Художник как самозванец

Синявский спасает Пушкина от клейма вампира, а Гоголя — от творческого тупика «слуги общества», вводя фигуру самозванца. Персонаж, характеризующийся своим потенциалом самообновления, самозванец — это еще и прототип художника-критика, работа которого не является актом насилия, захвата автором его героя, но, идя дальше сочувственного отождествления с ним, открывает путь к возрождению.

Гоголь, ассоциируя себя со своим альтер эго, архисамозванцем Чичиковым, способен совершить подвиг, которого так жаждет. То, что не удалось Гоголю-проповеднику, он достигает воображением и любовью, поскольку это момент «высшего вдохновения», «единственное место в поэме, где голос Гоголя сливается с мыслями Чичикова», и Гоголь совершает чудо, мертвые возвращаются к жизни, когда их зовут по имени [Терц 1975а: 422].

---

[48] Чистый лист бумаги ждет и обязывает, «как загрунтованный холст в предвкушении живописца сам покрывается красками. Или как норовистый конь, в нетерпении бьющий копытом: когда поедем? Жаждущее путешествий пространство» [Терц 1992, 1: 644].

Синявский совершает нечто подобное при помощи ряда трансформаций, органически вытекающих из его творчества, из принципа ранее упоминавшейся креативной ассоциации. Начав с потенциала чистого холста, с идеи «художник-никто», с Пушкина как «инкогнито проклятого», Синявский переходит к освободительному принципу нелегитимности со скрытым намеком на себя и свое описание до судебного процесса в русской прессе как наследника не Достоевского, а Смердякова [Кедрина 1966]. Нелегитимность открывает возможности самосозидания, альтернативной линии преемственности: негритянская кровь Пушкина «уводит его к первобытным истокам творчества, к природе, к мифу», а потом через прадеда Ганнибала, крестника Петра Великого, к самому Петру и обратно, через литературу и «Медного всадника», к Евгению. Далее достаточно одного имени, когда он противопоставляет Пушкина его творению, Евгению Онегину, как звену в цепи, только для того, чтобы отказаться от него: «Нет, через Онегина, с его размазанным лицом, с его зевающей во весь рот бездуховностью, не перебросить мостик к Пушкину» [Терц 1975в: 151]. Если говорить о пустоте, это Онегин равен нулю, это он — воплощение отрицания, в то время как пустота Пушкина раскрывается как полярное противоположное — восприимчивость.

Вместо этого Синявский идет окольным путем и достает, словно кролика из шляпы, Хлестакова[49]! Хлестаков — «ничтожество, никто. Но поэтому к нему больше, чем к кому бы то ни было, применима поприщинская догадка: "Может быть, я сам не знаю, кто я таков", и поэтому он так свободно и легко конструирует свою личность, повинуясь прихоти воображения, сам же мгновенно уверяясь в достигнутых его духом успехах» [Терц 1975а: 175]. От Хлестакова легко перейти к Пугачеву, еще одному самозванцу, связанному с Пушкиным через литературу и ассо-

---

[49] В книге «В тени Гоголя» Синявский укрепляет связь между Хлестаковым и Пушкиным: «...Хлестаков своей незаинтересованной ложью, чепухой в пародическом ключе соотносится с идеей чистого искусства и безграничного воображения, которая была близка Гоголю на первом этапе его творчества и связала его с фигурой Пушкина, которой Хлестаков также близок» [Терц 1975а: 427].

циацию с Петром. Именно Пугачев становится связующим звеном между Пушкиным и Синявским-Терцем: «Но самозванцы у Пушкина не только цари, они — артисты <...> Ибо самозванцы тоже творят обман по наитию и вдохновению, вынашивают и осуществляют свою человеческую участь как художественное произведение» [Терц 1975в: 157].

Читателя с поразительной скоростью и всевозрастающей самоуверенностью ведут по пути открытий и приключений, фантастических откровений и захватывающих дух прыжков воображения, чтобы он мог увидеть, как писатель возрождается заново в поразительном подвиге самоизобретения и, свернув за последний угол, открывает себя самого, Синявского. Освободившись от официальных рамок, определяющих предназначение писателя, как сам он освободил Пушкина, он создает для себя альтернативную линию преемственности, зависящую от воображения и свободных взаимосвязей между литературными ассоциациями.

С идеей о самозванстве и его ассоциации с творчеством, с восприятием жизни как произведения искусства Синявский приходит к Пастернаку и Маяковскому.

Пастернак и Маяковский

> Кто из новых героев обладает большим авторитетом для нас, основанным единственно на внутренней музыке образа? Почему он объемлет собой первого интеллигента в высшем значении слова, истинного аристократа в нравственном смысле, всякого принца, рождающегося в неустроенном мире не для того, чтобы стать королем, но — выйти и, без подсказок исполнив предназначение, сложить свою голову принцем?
>
> *А. Терц «Голос из хора»*

Длинный лирический пассаж о «Гамлете» в основополагающей предпоследней главе «Голоса из хора» однозначно представляет собой оммаж Пастернаку. Если темой работ Синявского того времени в целом является победа жизни над смертью, искусства над небытием, то источник вдохновения для них — Пастернак, всегда неявно стоящий рядом.

Есть, однако, разница между упоминанием Пастернака в лагерных произведениях Синявского и его ранними работами о Пастернаке — разница, ставшая непосредственным результатом полученного опыта. Ранее его связи с Пастернаком, пусть и личные и глубоко ощущавшиеся, по необходимости оставались на более формальном уровне — и из-за политического климата, и потому, что ему еще только предстояло пережить последствия своего решения стать писателем. После суда и лагеря сочувственное и чуткое изучение Пастернака превращается в отождествление с ним.

Синявский делает то, чего не мог сделать в долагерном введении к поэзии Пастернака: дает свою интерпретацию Гамлета в стихотворениях Юрия Живаго, где личность Пастернака, выражаемая от первого лица, накладывается на личности Гамлета и Христа, что и отражено у Синявского. Возвращаясь к идее самоуничижения Пастернака, Синявский теперь толкует ее как активную реакцию на эпоху. Такая смена акцента подкрепляется свободой действий под именем Терца, добавляя его произведениям эмоциональной насыщенности. Гамлет, в духе пастернаковской интерпретации, рассматривается не как какой-то «слабовольный неврастеник», но как личность, изолированная в мире, где старые порядки были разрушены, и он вынужден сам создавать свою судьбу, чтобы выполнить вверенную ему миссию «заново найти и осмыслить весь путь, который ему должно пройти, придав нравственным догматам зрелость личного поиска». Индивидуум свободен выбирать свою судьбу, «свободу поступать, как ему вздумается, превратившуюся в обязанность действовать наилучшим, наитончайшим образом» [Терц 1992, 1: 644–645].

Синявский идет дальше: Гамлет свободен не просто выбирать свой путь, но и «вырасти <...> в художники и властелины судьбы». Он — самозванец в иной, более возвышенной и утонченной форме, «истинный аристократ духа», художник, свободный от определений, восприимчивый и открытый другим: «принц, рождающийся в неустроенном мире не для того, чтобы стать королем, но — выйти и, без подсказок исполнив предназначение, сложить свою голову принцем»[50]. В конце этого отрывка Гамлет выступает на свет с полным осознанием своей участи, за которую он один несет ответственность. Этим же самым образом Синявский доводит до развязки предпоследнюю главу «Прогулок с Пушкиным»; его собственный голос отчетливо звучит в многослойных ассоциациях, которые ведут от Пушкина и Пугачева к Гамлету и, наконец, к Пастернаку: «Гул затих. Я вышел на подмостки» [Терц 1975в: 163][51].

Но образ Гамлета также перекликается с Маяковским и идеей о жизни как зрелище — Синявский подчеркивает это, говоря, что «Пушкин начинал с того, чем кончил Маяковский» [Терц 1975в: 13][52]. Долг пред Пастернаком все больше, так как становится очевидным,

---

[50] «Накладывающиеся и распадающиеся, чтобы снова сложиться, эти планы бытия, завихряясь вокруг фигуры Гамлета, обрисовывая ее, создают ощущение множества оболочек, которыми она словно дышит, окутываясь собственными отделившимися образами, и принимает всякий раз неокончательный вид и характер, но дымящийся в будущее очерк, в соответствии с ненавязанным тождеством вырастающей души и закона, которое еще нужно достичь. Гамлет настолько не установлен заранее, но нищ и обширен, зыбок и открыт в своем облике, что мы абсолютно не знаем, что он сделает через пару минут, и нам нужно с ним всякий раз заново и лично решать, как ему быть и что делать, чтобы исполнить задачу с той артистической грацией, в какую только может сложиться естественное единство лица — разума — воли — таланта — вкуса — инстинкта — долга — судьбы» [Терц 1992, 1: 645–646].

[51] Для контраста можно обратиться к оценке Синявским Евтушенко в статье «В защиту пирамиды!». Написанная позже, эта работа четко перекликается с «Прогулками с Пушкиным» там, где дается портрет Евтушенко как самозванца, того, кто «в общем и не претендует на царские роли», но кто «в скромном обличье "простого парня" <...> иногда ведет себя нескромно, бестактно и походит на выскочку, забывшего свое место». Более того, обращение и отношение Евтушенко к культурной традиции кажется искусственным. Он не отвечает голосам других, не позволяет им говорить через него, а наскоро дает какие-то убогие отсылки, не дающие им ожить. Говоря о вступлении Евтушенко к его поэме «Братская ГЭС», Синявский пишет: «Евтушенко произносит "Молитву перед поэмой". В ней он обращается за помощью сразу к семи российским поэтам — Пушкину, Лермонтову, Некрасову, Блоку, Пастернаку, Есенину и Маяковскому — и попутно дает им беглую характеристику, перефразируя на свой лад их крылатые выражения, что в большинстве случаев выглядит шаблонно, дешево, а местами пародийно» [Синявский 1967: 118, 131].

[52] Эта цитата не отсылает к Гамлету; она просто иллюстрирует живую взаимосвязанность русской литературы, которую Синявский постоянно укрепляет. О предполагаемой связи между Гамлетом и Маяковским см. [Gifford 1991: 131]. По мнению Гиффорда, Маяковский, изображенный Пастернаком в «Охранной грамоте», «затмевает Гамлета в стихотворении Живаго того же названия. Но Гамлет должен сыграть написанную для него роль, и Маяковский настоял на том, чтобы написать ее самому — свое собственное уничтожение».

что художественное и этическое самоотождествление с ним у Синявского может быть распространено на самую суть и форму его фантастической литературной критики. Если пойти дальше «Гамлета», можно найти сходство между литературной критикой Терца и «Охранной грамотой» Пастернака[53].

Одной из первых задач этой ранней прозы было показать, «как в жизни жизнь переходила в искусство и почему» [Пастернак 2003–2005, 8: 149]. Так автобиографический очерк Пастернака становится эстетическим документом, посредством которого он определяет свою творческую идентичность, но как автор предпочитает говорить о себе не прямо, а через посредство других, в частности Маяковского, которому посвящен последний раздел. Пастернак смешивает биографии обоих в контексте своих идей об искусстве в такой мере, что личности автора и его «героя» целостным и намеренным образом сливаются, в самый решающий момент подводя к Пушкину [Флейшман 1982: 304–305]. Итак, можно утверждать, что, обращаясь к Пастернаку и Маяковскому, Синявский лишь продолжает уже начатый диалог между ними, сам действуя как посредник.

Жизнь или зрелище: грань стирается, когда «автор, избегавший высказываться от собственного лица, вынужден напоследок принять участие в зрелище, даже не им затеянном» [Терц 1975в: 163]. Маяковский не мог поступить иначе, чем прожить жизнь как субъект и автор собственных стихотворений. Пушкин, согласно Синявскому, «как он лично ни уклонялся от зрелища, предпочитая выставлять напоказ самодеятельных персонажей, не имеющих авторской вывески, их участь его настигла» [Терц 1975в: 163]. «Не в постели, а на сцене умирал Пушкин», и эта смерть пришла как подходящий конец жизни поэта: «Покороче узнать — читайте стихи и письма, для первого — самого общего и верного впечатления довольно дуэли. Она в крупном лубочном вкусе преподносит достаточно близкий и сочный его портрет» [Терц 1975в: 166, 167].

---

[53] «Охранная грамота» была впервые опубликована частями (Звезда. 1929. № 8; Красная новь. 1931. № 4, № 5–6). Кроме того, в 1931 году она была издана отдельной книгой.

Синявского судьба тоже настигла на публичной сцене, куда вывел его судебный процесс, и жизнь писателя возобладала над жизнью человека. Двуединство Синявский-Терц, переведенное через Пушкина в дихотомию человека и поэта, скреплено принятием своей судьбы, в котором двое сливаются в одно, и Синявский утверждается как писатель. Он пишет о Пушкине: «Грубо, но правильно. Первый поэт со своей биографией — как ему еще прикажете подыхать, первому поэту, кровью и порохом вписавшему себя в историю искусства? Знай наших! Штатские обрадовались. Началась литература как серьезное — не стишки кропать! — не считающееся с затратами зрелище» [Терц 1975в: 167–168].

Вступление Синявского в иную линию преемственности, в ряды писателей и поэтов, достигается за счет принятия им своей участи, которая до определенной степени, как и у Маяковского, была неизбежна, но которую он вызвал сам, неофициально работая как Терц. И у него хватило смелости прожить эту судьбу: не отречься от нее на процессе, не отречься от себя как писателя, продолжить писать как Терц. Подобно Пастернаку, ему не нужно было за это умирать, однако его заключение, подобное смерти в реальном смысле и являющееся ее метафорическим воплощением, дает практическое доказательство его искренности [Флейшман 1982: 302].

Смерть — не-смерть

Пастернак строит «Охранную грамоту» на теме смерти поэта, начиная с Рильке и заканчивая Маяковским и в кульминационный момент стирая границы между смертью Маяковского и смертью Пушкина. Смерть поэта, интенсивно и персонально ощутимая в самоубийстве Маяковского, приобретает универсальное значение как «из века в век повторяющаяся странность», как «конец, иногда насильственный, чаще естественный, но и тогда, по нежеланью защищаться, очень похожий на самоубийство» [Пастернак 2003–2005, 3: 230].

Книги Синявского «Прогулки с Пушкиным» и «В тени Гоголя» тоже обращаются к смерти — долгой, затянутой, неестественной, самонавлеченной у Гоголя и внезапной и эффектной у Пушкина; обе по-своему жестоки, обе напоминают самоубийство. Смерть Маяковского, как подтекст к судьбам Пушкина и Гоголя, подчеркивает опасности, подстерегающие тех, кто пытается увязать искусство с некой социальной или политической целью[54]. Гоголь, жертвуя искусством ради блага общества, в нарастающей изоляции, неспособный общаться с читателями, предвосхищает и повторяет трагическую судьбу Маяковского. Ранние, наиболее оригинальные работы Маяковского утверждают его веру в себя как поэта: «Я — поэт. Этим и интересен. Об этом и пишу» [Маяковский 1955: 9]. Позднее ему пришлось отказаться от этого имени и предназначения: «Мне наплевать на то, что я поэт». Тот Маяковский, которого как зачарованный слушал Пастернак, когда тот читал «Человека» (1916–1917), стал Маяковским «150 000 000» (1919–1920), полезным «настоящему, окружающей действительности и их носителю — советскому правительству и партии». Этому Маяковскому Пастернак больше ничего не мог сказать, и его он «понимал все меньше и меньше»[55].

Но отношение Пастернака к Маяковскому, хотя он и рассматривает последнего в перспективе его смерти, одновременно отрицает смерть: «она похожа на смерть, но совсем не смерть, отнюдь не смерть» [Пастернак 2003–2005, 3: 231]. Точно так же Синявский начинает со смерти Гоголя, однако трактует ее как точку отсчета, с которой прокладывает путь назад в его прошлое, в период величайшего подъема его творчества и оригинальности, так что конец книги рисует возрождение Гоголя как писателя. Это, в свою очередь, напоминает структуру «Человека» Маяковского. Синявский анализировал эту поэму в своей ранней статье «Об эстетике Маяковского», указывая, что ее первая

---

[54] «Стоит ли высмеивать или оплакивать Гоголя, если в нас самих прослеживается та же потребность. Если с детства, с самых лет еще непонимания, как первый оброк судьбе, закрадывается жажда полезного?» [Терц 1975а: 27–28].

[55] Пастернак слышал, как Маяковский читает поэму «Человек» [Пастернак 2003–2005, 3: 229; цит. в Синявский 1950а: 133–134].

«глава», не будучи введением, представляла собой обобщение: «это монолог лирического героя, который он произносит после своих слов в главе "Последнее" <...> "Последнее" не определяет окончательного состояния Человека» [Синявский 1950а: 132]. Именно рассказывая, как Маяковский читал «Человека», Пастернак оставляет читателю впечатление о поэте в расцвете жизненных сил. Название поэмы не менее важно. Имя Маяковского отсутствует: автор-протагонист — анонимный «человек», индивидуальный и универсальный одновременно. Тем самым Пастернак спасает Маяковского от позднейшего звания «поэта» с его упоминаниями об официальном долге и обязанностях, что было синонимом «второй смерти», точно так же как Синявский спасает Пушкина, одаряя его биографией вместо послужного списка.

Участью поэта может быть смерть, но случай с его властью обратить вспять судьбу освобождает его, преобразуя судьбу в возможность, как в случае с самозванцем. Синявский проводит читателя от смерти поэта к его возрождению через идею случая, родственного «бесприютности, сиротству», но теперь с позитивными оттенками свободы и также риска, игры и дерзания, которые связаны с Пастернаком. В отрывке, начинающемся с объединения идей магии и свободы, риска и приключений в контексте случая, Синявский делает из «Прогулок с Пушкиным» быстро развивающуюся, стремительную биографию, отрицающую смерть: «падая, знать, что ты не убит, а найден, взыскан перстом судьбы в вещественное поддержание случая, который уже не пустяк, но сигнал о встрече, о вечности — "бессмертья, может быть, залог"» [Терц 1975в: 39].

Хотя и выстроенный на отсылках к Пушкину, центральный отрывок наращивает темп, он не привязан ни к какому конкретному имени, называя свой объект «ты», как знакомого. О его личности можно только строить догадки, но ассоциации с Маяковским по ходу повествования становятся все настойчивее, все достовернее, особенно когда кусочки мозаики начинают складываться вместе и возникают связи с «Охранной грамотой». Итак, Пастернак становится важным звеном между судьбой и случаем в связи с Маяковским. «Избранный среди поколения одаренных поэтов в лотерее под названием футуризм, Маяковский был победителем и оправданием тиража» [Пастернак 2003–2005, 3: 214]. Пастернак продолжает эту метафору, рисуя Маяковского как человека «исключительного», который «в отличье от игры в отдельное разом играл во все, в противность разыгрыванью ролей, — играл жизнью» — описание знаменательно близкое к словам Синявского о Пушкине: «Он не играл, а жил, шутя и играя» [Пастернак 2003–2005, 3: 215; Терц 1975в: 15].

Артист возрождается как клоун, шут, маг. Маяковский даже в поздний период, когда он ставит свои таланты на службу государству, «знал, как агитировать весело», чтобы обычные лозунги приобрели вид «увлекательной поэтической буффонады». А Пушкин — клоун, «наш Чарли Чаплин» [Меньшутин, Синявский 1964: 325]. Эти двое сведены воедино через образ Петра Великого как архетипического создателя и мифотворца и при посредстве пародийной фигуры Евгения из «Медного всадника». Пастернак уже заложил основы слияния Петра и Пушкина в своем стихотворении «Вариация 2-я, подражательная» (1918), в котором Синявский видит тему «Царя в истолковании, приближенном к судьбе поэта» [Терц 1975в: 135][56]. Синявский хитроумно наслаивает друг на друга фигуры Евгения, Петра и Пушкина, объединяя их в неком волшебнике Просперо: «на длань, устремленную ввысь, на чудотворную пушкинскую десницу, вызывающую бурю и усмиряющую ее, превратившую природный хаос в гармонический космос Города, Евгений откликается эгоцентрическими всплесками рук, судорожно вьющихся вокруг его утлого тела» [Терц 1975в: 137]. Этот образ, совершив полный круг, возвращает к Маяковскому, который в «Охранной грамоте» держал в своих ладонях мир, «который

---

[56] В книге «В тени Гоголя» Синявский пишет о влиянии гения Петра на Пушкина и Гоголя: «Оба поэта творили как бы в виду этого исторического идола России и соотносили с ним свои внутренние ресурсы»; «У Гоголя наблюдается более тесный — из рук в руки — контакт художественного процесса с историческим перводвигателем» [Терц 1975а: 247].

то пускал в ход, то приводил в бездействие по своему капризу» [Пастернак 2003–2005, 3: 219].

Поэт и волшебник объединяются в фигуре Орфея и переливах его лиры, под звуки которой «возводились целые города», как сказано на последних страницах книги «В тени Гоголя». В последней главе Синявский обсуждает раннее, наиболее вдохновенное творчество Гоголя как род магии, которая свела слово и мир в акте творения. Но все же здесь, как и во всей книге, он подчеркивает тот факт, что поздний Гоголь вырос из раннего: «Религиозный моралист и хозяйственник был последним, узаконенным, порождением чародея, сидевшего неискоренимо в Гоголе-художнике» [Терц 1975а: 482].

Гоголь воплощает для Синявского вечную дилемму русского писателя:

> «Слово» для нас все еще, мнится, не перестало быть в идеале «делом», и от искусства мы все еще ждем какого-то «чуда», «переворота» и за отсутствием такового твердим о «пользе», о «воспитании»... [Терц 1975а: 550].

Горячая вера Гоголя в силу слова была источником как его дара, так и его саморазрушения. Когда долгожданное чудо в «Мертвых душах» не случилось, мертвые не воскресли, Гоголь отвернулся от магии и направил свою энергию на благо общества.

> Художнику хочется снова быть колдуном, и он калечит себя и уродует, берется «служить» государству и обществу, порываясь обратно — к магии. Поздний гоголевский морализм и был подобным возвращением в прошлое, стремлением восстановить в художнике древнего чародея и знахаря [Терц 1975а: 551][57].

---

[57] См. также интервью с Синявским К. Д. Померанцева по случаю публикации «В тени Гоголя» [Pomerantsev 1975]. В этом интервью Синявский расширяет идею «извечной роли художника — роли волшебника и мифотворца». «Times Literary Supplement» (TLS) опубликовала это интервью рядом с материалом Солженицына, который представлял собой выдержку из ответов на вопросы на пресс-конференции в честь выхода в свет французского издания «Бодался теленок с дубом». Вводный комментарий (редколлегии TLS) к этим двум материалам гласит, что, «помимо важности каждого из этих документов в отдельности, мы считаем, что их будет интересно прочесть вместе, поскольку в них излагаются весьма различные взгляды на роль писателя». Оба документа были опубликованы в «Русской мысли» в Париже.

А что если?.. Заключительные страницы возвращают нас к чудесным возможностям случая, к художнику, который не мертв, но возрождается импульсом вдохновения.

> Если бы силы художника, деятеля, святого соединились в Гоголе в утраченном магическом синтезе, то как бы, в каком вдохновенном образе, он тогда восстал перед нами? Чтобы искусство было — искусством, существуя на уровне чуда и беззлобно, с легкой душой неся народам освобождение... [Терц 1975a: 551].

Художник должен удовлетвориться тем, что он таков, художник и неудачливый колдун, чья магия, преобразуясь в метафору и аллегорию, способна трансформировать и даже воскрешать, но не наносить вред. Синявский оставляет читателю портрет Гоголя, уходящего в компании скоморохов, святых Кузьмы и Демьяна: «Только с ними спасен Гоголь. Только с ними спасется русское искусство...» [Терц 1975a: 552].

Со скоморохами читатель возвращается к фигуре нашего времени, к Владимиру Высоцкому, который связан и с Пастернаком, и с Маяковским. Сам Синявский присутствует рядом, его личность как писателя сохраняется в творческой ассоциации с ними, пока они через него обретают жизнь; устанавливать связи — дело читателя.

Глава III

Последний этап моей жизни во многом связан с <...> очередной попыткой понять себя.

А. Синявский «Синявский о себе»

Лишь краткий промежуток вклинился между выходом Синявского из колонии 8 июня 1971 года и отъездом с Марьей Васильевной в Париж 8 августа[1] 1973 года. То время он вспоминал в конце «Голоса из хора» как некий морок: то ли мертв, то ли жив; то ли призрак, то ли человек. Шок от возвращения в Москву, к городской жизни, к реальности обыденного существования красочно описан в «Спокойной ночи»: «родина с грохотом обрушивалась на мою стриженную под машинку, незащищенную голову, заставляя с непривычки отшатываться, как от пощечины» [Терц 1992, 2: 355], — параллельная жизнь, другим неизвестная и непонятная; чужим стало все, что раньше было привычным, безопасным [Терц 1992, 2: 352–354][2].

Осталась одна точка силы, одно спасение — книги. «Какой самый драгоценный, самый волнующий запах вас ожидает в доме, куда вы вернетесь через десять, может быть, лет? Вы думаете — запах роз? Нет — тление книг» [Терц 1992, 1: 664][3]. Осталось одно, то единственное, что для него сохраняло значение: писательство,

---

[1] В конце третьего, последнего, тома писем Синявского из лагеря, Марья Васильевна упоминает «странные совпадения роковых дней» жизни, так или иначе связанные с цифрой восемь [Синявский 2004, 3: 468].

[2] Чувство отчужденности от родного города при возвращении в Москву Синявский описывает и в «Голосе из хора», и в «Спокойной ночи». «Голос из хора» окрашен в серые тона, это первые непосредственные ощущения автора, его отстраненный взгляд с оттенком жалости к тем, чья жизнь представляется такой пустой и ничтожной. В «Спокойной ночи», когда эти события уже отдалились во времени, Синявский пишет с большей энергией, и это более объективный взгляд художника-исследователя, изучающего незнакомую территорию [Терц 1992, 1: 665–666; Терц 1992, 2: 360].

[3] Ср. также: «У себя дома я кинулся к полке с книгами, по которым изъелся за годы командировки, и не для того, чтобы читать, а просто так, ради свидания с ними» [Терц 1992, 2: 360].

за которое он был осужден, которое старался сохранить в заключении, которое и стало, собственно, причиной покинуть Россию:

> Отчего я эмигрировал? У меня было три выхода: прекратить писать и просто продолжать жить там, снова отправиться в лагерь, — или уехать. Какой был бы смысл уезжать, не имея ничего, что бы хотелось описать? Смысл был один — писать [Laird 1986: 8].

Изгнание для него было единственным реальным шансом выжить как писателю[4], и не просто выжить, но продолжать творить. Говоря о взаимосвязи творчества и риска, он отмечал: «...и потом, знаете, каждое новое дело — это как прыжок в неизвестное, и это тем более касается эмиграции. Надо спросить себя: ты действительно можешь это сделать или нет?» [Laird 1986: 8].

Покинутая родина не вызывала у Синявского ностальгии; на Россию конца XX века он смотрел без иллюзий и не без скепсиса [Glad 1993: 172]. Тем не менее, источник его вдохновения, его осознание себя как писателя неразрывно было связано с Россией. На этом этапе жизни в произведениях Синявского отсутствует чувство бездомности материальной или географической, он воссоздает свою с Россию через литературу. Его проза в изгнании — продолжение творчества прежних лет, неизменно отмеченного напряженным размышлением над темой судьбы писателя и смыслом искусства. Судьба писателя, преломленная через призму остранения, отсутствия, с новой силой привлекает Синявского: его собственная биография становится проводником его идей, а страстная приверженность искусству освещает историю всей его жизни.

Книги как убежище, книги как пространство обитания, — вот повторяющийся мотив в его письмах из заключения, та идея, что

---

[4] Таков же был выбор Е. И. Замятина, одного из литературных авторитетов для Синявского. После травли Замятина и Б. А. Пильняка в 1929 году, которая предвещала истребление отдельных писателей и уничтожение литературы в целом и закрыла для него все возможности литературной деятельности, в 1931 году Замятин обратился с письмом непосредственно к Сталину: «<...> основной причиной моей просьбы о разрешении мне вместе с женой выехать за границу — является безвыходное положение мое, как писателя, здесь, смертный приговор, вынесенный мне, как писателю, здесь» [Замятин 2003–2011, 2: 554].

была реализована в Париже, в доме Синявских в Фонтене-о-Роз. Там, в тихом зеленом пригороде, конец его путешествия, его Итака, подспудный мотив писем и «Голоса из хора». Он обрел, пусть и в чужой стране, эту идеализированную версию домашнего пристанища, предмета детских снов [Терц 1992, 1: 448–449]. Его центр сдвинулся на периферию, в семейный уют, где и литература обрела свой дом — в виде рабочего кабинета и издательства, устроенного Марьей Васильевной. Их творческий союз, естественным образом выросший из переписки, пока он был в заключении, обрел новые формы в эмиграции, когда она стала редактором и издателем Синявского. Она продолжала быть связующим звеном с внешним миром, тем более что он, как и в лагере, держался как можно дальше от окружающего, чтобы полностью сосредоточиться на писании и «их» работе, на которую он смотрел «с точки зрения русской культуры» [Glad 1993: 148].

Удалившись от центра Парижа, Синявский, однако, не мог дистанцироваться от безудержных споров русских эмигрантов-литераторов, которые так или иначе вторгались в его частный мир. Вместо того, чтобы мирно погрузиться в свое писательство, он оказался в центре враждующих фракций. Литература, вместо того чтобы отдалиться от политики в сферу чистого искусства, часто становилась инструментом в жарких политических дебатах, в которые он волей-неволей был вовлечен. По словам Д. Фангера, который в 1986 году писал о русских эмигрантах третьей волны,

> нет ничего более чуждого российскому опыту, чем свобода. Бывшие диссиденты поспешили создать на Западе новое гетто и поделить его на зоны. Нередко их стычки напоминают словесный джихад [Fanger 1986: 1321].

«Зоны», о которых идет речь у Фангера[5], — это сложившиеся вокруг эмигрантских журналов группировки, по которым распределилось большинство авторов, включая Синявского. Для

---

[5] И. А. Бродский, выступая как «инсайдер», в эссе «Состояние, которое мы называем изгнанием» также пишет о «злобствующей деревеньке собратьев-эмигрантов» [Бродский 1997: 170].

них эти издания обеспечивали возможность публиковаться. Желание Синявского публиковаться свободно и неограниченно, казалось, сбылось: он стал одним из учредителей нового журнала «Континент», основанного в 1974 году парижским эмигрантом В. Е. Максимовым. Название журнала иронически комментирует ситуацию в русской диаспоре: в первой редакционной колонке Максимов объяснял, что заголовок «Континент» должен был выразить широту стремлений, желание (достаточно амбициозное) объединить не только нации, но и целые континенты. Об этом благородном стремлении свидетельствуют имена членов редколлегии первого номера, среди которых помимо Синявского были такие заметные имена, как М. Джилас, Э. Ионеско, А. Д. Сахаров, а А. И. Солженицын открывает номер своим «Словом к журналу». Сам Синявский здесь впервые официально выступает как Терц. Такое счастливое положение дел, однако, длилось недолго. Уже в следующем номере Солженицын спорит с Сахаровым из-за того, что тот раскритиковал его «Письмо вождям Советского Союза» [Scammell 1984: 870] [6].

К 1975 году Синявский в «Континенте» уже не участвует[7]. Причиной ухода стала неопубликованная Максимовым статья Синявского «Открытое письмо», ответ на «первые публицисти-

---

[6] «Письмо вождям», опубликованное в 1974 году (сначала по-русски, потом в английском переводе), имело «вид манифеста, программы радикальных реформ и обновления» России [Scammell 1984: 865]. Оно не только было явно антизападным, но и оправдывало авторитарное правление в России, провозглашая необходимость возврата к корням на основе православия [Scammell 1984: 865–867].

[7] Статья «Люди и звери» под авторством Терца появилась в пятом номере «Континента» за 1975 год [Терц 1975б]. Его имя вновь появилось на страницах журнала в 1986 году (номера 49 и 50), см. об этом далее. Синявский обратился в «Континент» в надежде предотвратить публикацию на его страницах клеветнической статьи, написанной С. Г. Хмельницким, которая уже была опубликована в израильском русскоязычном журнале «Двадцать два» (номер за июнь и июль 1986 года). Хмельницкий отреагировал на отнюдь не лестное изображение его Синявским под буквой «С» в «Спокойной ночи». Максимов, вполне, по-видимому, обоснованно, спрашивает, почему Синявский не обратился со своим письмом в журнал «Двадцать два», тем более что редактор последнего А. В. Воронель был его другом (впрочем, Синявский фактически это сделал). В этом Максимов был прав только отчасти. А. В. и Н. А. Воронель действительно дружили с Синявскими еще до суда, но отношения между ними испортились из-за статьи Хмельницкого, что и привело к неприятным и как бы беспричинным нападкам Нины Воронель на Синявского в ее мемуарах, написанных после смерти писателя. Там она не только вновь поднимает вопрос о его пособничестве КГБ, но и ставит под сомнение его способности как литературного критика и писателя, и даже прибегает к грубым личным намекам. См.: [Воронель 2003: 115–244].

ческие шаги на Западе» Солженицына. Будучи одним из основателей «Континента», Синявский, естественно, отправил свою статью в «свой» журнал, но поучил отказ. Не приняла материал и «Русская мысль». «Открытое письмо» вышло в свет только в 1991 году в собственном журнале Синявских «Синтаксис», [Синявский 1991: 159–162]. Из «Примечания» Марьи Васильевны к этой публикации ясно, что Синявские восприняли отказ Максимова как желание сохранить хорошие отношения с Солженицыным, который уже тогда оказывал сильнейшее влияние на эмигрантские круги [Glad 1993: 162].

Конфликту между Солженицыным и Синявским суждено было стать главной характерной чертой третьей волны русской эмиграции. Граница пролегла между эмигрантами более консервативных (Солженицын) и более либеральных (Синявский) взглядов. Вражда между ними растет довольно быстро. Слова о соперничестве и зависти не произнесены, но подозрение в них остается, и это постепенно портит отношения, которые и без того не были идеальными[8]. Слава и известность пришла к обоим в середине 1960-х годов («Суд идет» и «Фантастические повести» Терца в переводе вышли на Западе, соответственно, в 1960 и 1967 году; о Солженицыне узнают после публикации в Москве «Одного дня Ивана Денисовича» в 1962 году), но именно процесс Синявского и Даниэля 1965 года стал самым громким событием десятилетия, дав толчок к диссидентскому движению и озвучив его идеи[9]. Первые признаки разлада двух

---

[8] Голомшток на вопрос соперничестве между писателями, отвечал, что, если оно и было, то исходило скорее от Солженицына, нежели от Синявского (частная беседа, декабрь 2006 года). По мнению Н. В. Воронель, напротив, именно Синявский завидовал Солженицыну. Однако, принимая во внимание общий негативный настрой ее воспоминаний, не следует придавать излишнего значения этой точке зрения [Воронель 2003: 181]. При этом вполне естественно, что преданный друг Голомшток защищает Синявского.

[9] Марья Васильевна подчеркивает, что во время суда Синявский и Даниэль как писатели были практически не известны. Благодаря процессу они стали не просто известны, но знамениты (Запись «Радио Свобода». Папка 16. Передача 6. Л. 7); см. также [Theimer Nepomnyashchy 1991б: 38]. Опрос, проведенный в 1989 году, когда в СССР постепенно становились доступными прежде запрещенные произведения (в том числе «Архипелаг ГУЛАГ» Солженицына и «Прогулки с Пушкиным» Синявского), показал, как мало людей на самом деле читали что-либо из сочинений Синявского, и насколько больше было тех, кто теперь проявлял к нему интерес: «по-видимому, интерес [к нему] объяснялся в первую очередь тем, что люди слышали о суде [над

писателей были напрямую связаны с этим процессом. Показательно в этом плане отсутствие подписи Солженицына под протестным письмом 62 московских литераторов в защиту Синявского и Даниэля, которое было направлено XXIII съезду КПСС. Еще более поразительной была аргументация Солженицыным своей позиции: он не одобрял «писателей, алчущих славы за рубежом»[10]. Ирония в том, что сам Солженицын «отправлял свои работы на Запад, по крайней мере, из предосторожности» [Scammell 1984: 556–557][11]. Подобные намеки встречаем и почти двадцать лет спустя, когда Солженицын говорит о тех, кто десятилетиями жил во лжи, зарабатывал на жизнь и существовал в полной гармонии с тем государством, которое они сейчас отвергают [Солженицын 1983: 152].

Еще несколько лет, и двойственное отношение Солженицына к эмиграции как таковой приведет к тому, что он станет подчеркивать различие между собственным «вынужденным» отъездом и решением Синявского покинуть страну, хотя они оба уехали на Запад с разрывом в год [Theimer Nepomnyashchy 1991а: 21][12]. По словам Синявского, «...с точки зрения [Солженицына], покинуть

ним] и тюремном заключении». Главные события в жизни Синявского и Солженицына на удивление тесно связаны [Scammell 1984: 551]. М. Скаммелл предполагает, что, отдавая должное позиции Синявского и Даниэля, Солженицын был возмущен, что из-за них меньше внимания стало уделяться ему и его трудностям. В числе «проблем», упомянутых Скаммеллом, — изъятие советскими властями рукописи романа «В круге первом» 11 сентября 1965 года, «в щель между арестами Синявского и Даниэля» [Солженицын 1996: 118]. Солженицын был разочарован освещением в прессе «ареста» его романа и ареста Синявского и Даниэля.

[10] На это обвинение Синявский отвечает, в частности, в статье «Диссидентство как личный опыт», говоря, что «пересылка <...> произведений на Запад служила наилучшим способом "сохранить текст", а не являлась политической акцией или формой протеста» [Синявский 1986в: 136]. На деле в словах Солженицына немало лицемерия: в «Бодался теленок с дубом» он описывает, как в 1954 году делал микрофильмы некоторых рукописей, прятал их под обложкой книг и отправлял А. Л. Толстой в США — по той же самой причине, что и Синявский, а именно, чтобы сохранить их [Солженицын 1996: 11]. Солженицын в своем неодобрении того, что Синявский «ищет славу за границей», почти в точности повторяет слова Б. А. Слуцкого о Пастернаке на собрании московских писателей во время скандала из-за присуждения Пастернаку Нобелевской премии 31 октября 1958 года см. стенограмму собрания (HIA. Коробка 58. Папка 3. Л. 31).

[11] Подтверждено Марьей Васильевной в частной беседе в Фонтене-о-Роз в январе 2007 года.

[12] Синявский далее говорит о Солженицыне, что, по его словам, «каждый, кто уехал, — трус или беглец, кроме него, единственного невольного изгнанника. Это сразу испортило наши отношения». Также см. [Scammell 1984: 879].

Россию по собственному выбору — это акт предательства» [Carlisle 1979: 4]. Слова «предательство» и «измена» впервые были сказаны о Синявском советским государством; но так же назовет поступок Синявского и Даниэля и советская интеллигенция, считая, что они действовали слишком поспешно, разбивая надежды на любое постепенное реформирование режима; эти слова и дальше будут звучать в отношении Синявского в эмигрантском сообществе [Нудельман 1986: 150]. Ответ на них станет ярким мотивом его творчества на заключительном этапе жизни, в частности, в фантастической автобиографии «Спокойной ночи».

Неправильно, однако, считать, что конфликт Синявского и Солженицына был исключительно следствием взаимной антипатии и просто серией стычек между двумя людьми. Суть различий была более фундаментальной и проистекала из диаметрально противоположных взглядов на роль писателя и функцию искусства. Синявский отстаивал идею чистого искусства, и как писатель он двигался к преодолению себя ради искусства. Солженицын, с другой стороны, был одержим идеей исторической миссии писателя и социальных обязательств искусства и творца. Это вылилось в то, что казалось, по крайней мере Синявскому, все большим высокомерием в его эмигрантской публицистике и обращениях, адресованных не только советскому правительству, но и западным лидерам[13]. Синявского в Солженицыне раздражала мантия пророка и учителя, столь сильно противоречащая его собственному взгляду на роль писателя. Это не относилось к литературным произведениям как таковым, пусть стилистически они и были ему не по вкусу (Синявский признавался, что порой находил «весь этот реализм скучным»): он особо выделял «Один день Ивана Денисовича», «Раковый корпус» (1968) и «Архипелаг ГУЛАГ» (1973) [Glad 1993: 147][14].

---

[13] В статье «Диссидентство как личный опыт» Синявский, не называя имен, говорит о «многих современных русофилах», осуждает их «склонность упрекать Запад», ставя присущую России христианскую «любовь» и «милость» выше идеи «закона». Синявский «против смешения ценностей духовных и земных, религиозных и политических» [Синявский 1986в: 142–143].

[14] В беседах с Глэдом Синявский говорит о том, что надо отличать Солженицына как националиста и публициста от Солженицына-писателя [Glad 1993: 145–148; см. также Путренко 1990; Carlisle 1979: 4–5].

Скорее он возражал против самого тона Солженицына, его отказа от всякого инакомыслия.

Стремление к единомыслию представлялось Синявскому характерным для всех эмигрантских кругов. Спор о единомыслии против плюрализма мнений, разгоревшийся между Синявским и Солженицыным в эмигрантской прессе, вылился в обмен статьями — «Наши плюралисты» Солженицына против «Солженицына как устроителя нового единомыслия» Синявского [Синявский 1985][15]. Однако для Синявского стремление к единомыслию, господствовавшее в эмигрантском сообществе, было чревато более далекими и более тревожными последствиями, напоминая ему о конформистском советском менталитете, который, как он думал, остался позади [Синявский 1986в: 140–141]. Он проводит параллель между диссидентами-эмигрантами и идеалистами-революционерами, многие из которых при советской власти стали трусливыми приспособленцами-нэпманами [Синявский 1986в: 141][16]. Даже словарь оставался практически советским, и «плюрализм» приравнивался к «релятивизму». Тем же, кто, как Синявский, был не согласен, — отводилось место на обочине или их попросту заставляли молчать («Открытое письмо»)[17]. Идеи власти — одного человека или группы — закостеневшего подхода к жизни, единообразное и узкое

---

[15] Хотя статья Солженицына формально не направлена против Синявского, его имя появляется достаточно часто, чтобы понять, что он является одной из мишеней (а возможно, и главной). По словам Фангера, «в вопросах комментариев и мнений практически любая точка зрения может найти публикацию в "подходящем" журнале. Противоположные взгляды, если таковые имеются, вероятно, тоже будут публиковаться в соответствующих "подходящих" журналах. Плюрализм (эмоционально насыщенный, но не до конца понятый концепт), как представляется, одобряется и практикуется почти исключительно в таком виде» [Fanger 1986: 1321].

[16] См. также: «само понятие "диссидент" здесь как-то обесцвечивается и теряет свой героический, свой романтический, свой нравственный ореол» [Синявский 1986в: 139]. Синявский пишет о «вялой» борьбе: «Мы ничему, в сущности, не противостоим и ничем не рискуем, а как будто машем кулаками в воздухе, думая, что ведем борьбу за права человека», но «все это уже никакая не борьба, не жертва и не подвиг, а скорее благотворительность, филантропия».

[17] Марья Васильевна в конце статьи добавляет: «Это был наш первый горький опыт эмиграции — привкус цензуры и такое знакомое советское слово "пробить"» [Синявский 1991: 162]. Похожая ситуация повторилась примерно десятилетием позже, когда Синявскому было отказано в возможности ответить в ВРХД на нападки Солженицына, и его статья 1985 года «Чтение в сердцах» вышла в «Синтаксисе» только в 1987 году.

мировоззрение противоречили всему, что было ценно для Синявского, и, как он считал, представляли собой реальную угрозу искусству и творцу. Нонконформизм в этом контексте — не просто причуда убежденного «постороннего», но показатель его целостности как человека и художника.

«Синтаксис»

В этой-то атмосфере противоборства и возник в 1978 году журнал Синявского «Синтаксис» [Carlisle 1979: 5–6]. Само название, намеренно сдержанное и указывающее на языковую и литературную ориентацию, было задумано если не как провокация, то, разумеется, как прямой (стилистический) ответ на «Континент» Максимова, равно как и на советские журналы с их напыщенными наименованиями[18].

Синявские прочно застолбили свой участок в литературе, и это была литература с воинственным подтекстом. Журнал был для них и *profession de foi*, манифестом, и призывом к оружию: чисто литературные материалы перемежались статьями с явным полемическим окрасом[19]. Обстоятельства основания «Синтаксиса» и активнейшая роль в нем Марьи Васильевны сыграли немаловажную роль в определении этического настроя журнала. Для публики не была секретом ее центральная роль в жизни Синявского, не только в качестве его жены, но и как сооснователя журнала и его самый ярого и ревностного защитника. Эта

---

[18] См. подробнее материалы о встрече А. Д. Синявского и М. В. Розановой со студентами и преподавателями Литературного института имени Горького 4 марта 1992 года (HIA. Коробка 47. Папка 3. Л. 13–15). Марья Васильевна, объясняя появление «Синтаксиса», начала, по ее словам, «с конца», со стилистики названия, подчеркивая его «стилистическое» единство с Синявским, который любит «работать на снижение». Помимо неприязни к помпезным названиям журналов с их советскими коннотациями, она добавила еще один довод, ссылаясь на неприемлемые для нее разговоры о духовном возрождении в России, которые она считает пустыми. Она говорила это в 1992 году в контексте ельцинской России, но нетрудно здесь проследить связь с Солженицыным и его идеями.

[19] Действительно, даже то, что по смыслу и цели было чисто литературным вкладом, по самой своей природе представляло собой ответ на «целеустремленные» статьи других авторов. На ум приходит «Анекдот в анекдоте» (1978) и «Отечество. Блатная песня...» (1979) Терца.

роль сложилась еще тогда, когда Синявский находился в заключении. Действительность опровергает то скромное утверждение, что она создала журнал после выхода Синявского из «Континента» просто для того, чтобы дать ему возможность печататься; это, очевидно, только часть правды, учитывая тот духовный настрой, с которым она задумала и осуществила свой план, и решимость, с которой она его реализовала.

Символично, что Синявский и Розанова приняли эстафету от А. И. Гинзбурга, ведь именно Гинзбург выпустил первый журнал под названием «Синтаксис» — «первое неограниченное, свободное и неподцензурное слово, появившееся в советское время», за что и был арестован в 1960 голу. В 1967 году он был арестован повторно, а в 1968 году приговорен к пяти годам строгого режима за составление «Белой книги по делу А. Синявского и Ю. Даниэля», записи их судебного процесса. К моменту запуска журнала «Синтаксис» Гинзбург был арестован за правозащитную деятельность в третий раз. Новое издание не только носило имя уже известного журнала; каждый из первых номеров был нацелен на продвижение его идей. Однако в «Синтаксисе» прежде всего намеревались публиковать литературную критику исходя исключительно из ее литературных достоинств, а не советскую или антисоветскую, про- или антиэмигрантскую. Такое намерение, при всей полемической страстности, было пронизано духом терпимости и верой в индивидуальную свободу: «пути искусства — неисповедимы. И каждый решает сам, как ему лучше писать» [Синявский 1982a: 150][20].

С этой позиции «Синтаксис» стремится воспитывать аудиторию для критики. Отсутствие «широкой и квалифицированной» литературной критики в литературных кружках русской эмиграции Синявский объясняет как отсутствием подлинных, живых литературных дебатов, так и отсутствием читателей. И то, и другое «не сулит ничего доброго русской литературе».

---

[20] Синявский продолжает: «Требовать же от писателя, живущего в Советском Союзе, чтобы он непременно вмешивался в политику и открыто противостоял государству, это, помимо прочего, безнравственно. Это все равно, что заставлять человека идти в тюрьму или эмигрировать. Ни запрещать эмиграцию, ни требовать, чтобы все настоящие, честные писатели покинули Россию, — нельзя». См. также: [Carlisle 1979: 5].

В сущности, тот же застой в литературе, с которым он боролся в России, как ему представляется, преобладает и в эмиграции,
хоть и не по совсем тем же причинам. В условиях свободы и без
необходимости бороться читатель погружается в своего рода
«безразличную усталость», писатель, в свою очередь, «становится конформистом по отношению к этой среде», а сам читатель
«в литературе ищет развлечения и успокоения» [Синявский
1982a: 152–153].

По словам Андрея Архангельского, «Синтаксис» искал и вос-
питывал другого, нетипичного читателя, редкого в российских
реалиях: не антисоветского борца, уничтожающего имперские
танки, не истеричного любителя литературных кулачных боев,
не равнодушного скептика, а трезвого и активного соавтора»
[Архангельский 2006].

Писатель как враг

Публикация «Прогулок с Пушкиным» в Лондоне в 1975 году
переводит конфликт Синявского и Солженицына в более широкий контекст российской литературной полемики, которая так
легко пересекала границы между Россией и эмигрантскими
аванпостами. Ирония в том, что самой литературе пересечь эти
границы было трудно. Нонконформизм Синявского вновь стал
главным, пусть и не четко обозначенным вопросом, связанным
с проблемами культурной и национальной идентичности.

Первый залп дала «старая гвардия» русских эмигрантов статьей Р. Б. Гуля «Прогулки хама с Пушкиным» [Гуль 1976]. Сви-
репость нападок Гуля была такова, что впоследствии М. Окутюрье окрестил его статью «вторым судом» над Синявским
[Розанова 1990: 157]. Еще больше иронии в том, что Гуль,
проклиная большевизм за «охамление» русской культуры, опи-
сывал феномен Синявского-Терца и как результат, и как источник этого процесса.

Выпады Гуля, якобы чисто литературные по форме, имели
националистический подтекст: любое открытое осуждение

Пушкина прямо приравнивалось к оскорблению самой России (повышенную чувствительность к вопросам национальной идентичности можно посчитать одной из особенностей эмиграции тех лет[21]), а Синявский был заклеймен «русофобом». Ярлык «русофоба» прекрасно увязывается с мнением Солженицына о Синявском, указывая на явную преемственность между восприятием культуры «первой» и «третьей волной» эмиграции [Theimer Nepomnyashchy 1991б: 32–33].

Скандал вокруг «Прогулок с Пушкиным» пробудил долго сдерживаемое раздражение, которое выходило далеко за рамки литературных «проступков» Синявского. Его досрочное освобождение вызывало, по меньшей мере, вопросы, а и без того накаленная атмосфера эмигрантских (диссидентских) кругов стала подходящей почвой для оскорбительных домыслов о сделке с КГБ[22]. Статьи с нападками на него из-за книги о Пушкине и его русофобии поэтому содержали намеки и более личного характера. То, что ему удалось написать в лагере почти три книги и даже передать жене одну из них, еще добавляло масла в огонь, и многие намекали на некое особое отношение к нему или даже высказывали абсурдную мысль, что он вообще не отбывал срок [Гуль 1976: 121]. Эти обвинения подкреплялись, очевидно, и обидой на «отсутствие у Синявского солидарности с нашим общим делом», его нежеланием описывать ужасы лагерей и страдания заключенных [Scammell 1977: 627]. Помимо того, в отличие от

---

[21] Таймер-Непомнящая проводит аналогию между кризисом идентичности, который испытали и русские эмигранты, и граждане России во времена гласности, что объясняет сходство их реакции на книгу Синявского после первой публикации отрывка из «Прогулок с Пушкиным» в апреле 1989 года в журнале «Октябрь» [Theimer Nepomnyashchy 1991б: 35].

[22] Даже после смерти Синявского такие инсинуации вновь и вновь всплывали на эмигрантских встречах при упоминании его имени. Дж. Грейсон приводит как пример научную конференцию к 100-летию Набокова в Таллине и Тарту (14–17 января 1999 года). Марья Васильевна при каждой возможности отвечала на эти обвинения; например, в 1994 году, защищая честь Синявского, она объясняла, почему им разрешили уехать без особых проблем. Она действительно имела «отношения» с КГБ, но на своих условиях: дала знать комитету, что написанные Синявским в заключении «Прогулки с Пушкиным» будут изданы за рубежом. КГБ опасался, что это будет книга об ужасах лагерей, разоблачающая их на Западе, так что сделка была заключена, и Синявским разрешили взять с собой все, что нужно, как если бы они путешествовали как дипломаты. Так же потом случилось, замечает она, и с Солженицыным и его семьей [Розанова 1994: 138].

Даниэля и его супруги Л. И. Богораз, ни Синявский в заключении, ни Розанова не создавали проблем властям и не участвовали в «антисоветской» деятельности [Розанова 1994: 144–145] [23].

На эти обвинения наслаивались и другие слухи — о том, что Синявский в молодости сотрудничал с КГБ, и в конце 1940-х годов чекисты пытались его использовать для поимки с поличным дочери французского военно-морского атташе в Москве Э. Пельтье-Замойской. Хотя до публикации «Спокойной ночи» в 1984 году в печати об этом не сообщалось, З. Е. Зиник пишет о том, что Солженицын сразу же после прибытия на Запад в 1974 году составил список «тех диссидентов, которых, по его мнению, так или иначе можно было подозревать в сотрудничестве с КГБ». Имя Синявского в этом списке отсутствовало, но Зиник сразу же обращает внимание на неудачную попытку Солженицына «очернить» Синявского [Zinik 2007: 6]. Тот факт, что пресловутый список никогда не был опубликован, не смог остановить сплетни.

История, казалось бы, повторялась, и первые годы жизни на свободе стали фоном для автобиографического романа Синявского «Спокойной ночи», где он вновь имитирует искусство. Его не признали героем и, несмотря на мужественное поведение на суде, он стал главным злодеем этой драмы. Мысль о том, что чужак всегда вызывает подозрение и угрозу, прозвучавшая в его статьях для «Нового мира» и в «Пхенце» (под именем А. Терца), вновь стала актуальной, когда Синявский оказался в положении изгоя. Будучи «врагом народа» в советском дискурсе, теперь он стал не просто врагом России, «русофобом», а, как он сам определил, «врагом вообще» [Синявский 1986в: 146][24].

---

[23] Голомшток приписывает агитационную активность Даниэля в лагере в значительной степени чувству вины: в конце судебного процесса, когда Синявский решительно отрицал любые незаконные действия, Даниэль признался, что отправил за границу свою работу, в которой было много политически «бестактного» [Голомшток 2011: 178–179].

[24] Полувеком раньше Е. И. Замятин аналогично писал о клеветнической кампании в критике, которая началась в 1920 году и «по разным поводам <...> продолжается по сей день»; он отмечает: «как некогда христиане для более удобного олицетворения всяческого зла создали черта, так критика сделала из меня черта советской литературы» [Замятин 2003-2011, 2: 550–551].

На этот раз, однако, он выразил это чувство инаковости не через враждебное существо с другой планеты, а через образ еврея. Еще один яркий пример жизни, усеянной случайностями: не будучи евреем, Синявский выбирает для себя еврейский псевдоним — Абрам Терц. Будучи частью третьей волны эмиграции, большинство которой составляли евреи, он буквально оказывается на их месте. Более того, статья для первого номера «Континента», подписанная Терцем, проникнута идеей о том, что евреи — универсальный русский козел отпущения, поскольку они — «объективированный первородный грех России, от которого она все время хочет и не может очиститься» [Терц 1974: 185][25].

Идея писателя как еврея и козла отпущения нашла свое фантастическое литературное воплощение в повести «Крошка Цорес», где герой носит фамилию Синявский. Повесть изначально задумывалась как часть романа «Спокойной ночи», но Синявский решил опубликовать ее отдельно и прежде романа, может быть, потому, что нападки на него усиливались, и это потребовало более раннего ответа[26].

Синявский и Терц: читатель и писатель

Встал вопрос о дальнейшей жизни Абрама Терца, о постоянной необходимости для Синявского разделяться на два разных персонажа: какой должна быть роль каждого из них в этой ситуации? Оба ввязались в драку, поэтому, по словам Марьи Васильевны, «либерал Абрам и демократ Андрей Синявский легко ужиться не могли» [Розанова 1990: 158].

---

[25] О его отношении к еврейскому вопросу в России см. [Терц 1974: 182–189; Синявский 2002: 369, 358–375].

[26] В интервью 1991 года Синявский прямо связывает сюжет повести со своим эмигрантским опытом: «В моей повести "Крошка Цорес", строго говоря, две идеи. Первая (и в этом смысле, видимо, "Крошка Цорес" — повесть автобиографическая) имеет отношение к моей ситуации в эмиграции. Стараешься сделать лучше, но всегда найдется кто-нибудь, кто скажет: Какой ужас! Хороший пример — "Прогулки с Пушкиным". Я пишу с самыми благими намерениями, а говорят: "Это русофобия". Точно также в "Крошке Цоресе" в их глазах — правдивая история о том, что Синявский убил пятерых своих братьев. На самом деле он никого не убивал. Это его пять братьев его убили» [Theimer Nepomnyashchy 1991a: 16].

На карту были поставлены целостность Синявского как личности и его статус как писателя. Это последнее было крайне важно, но вполне могло быть упущено из виду, потеряно на фоне тенденциозных политических и идеологических обвинений, направленных против него[27]. Поэтому его ответ должен был быть не только в поддержку писателя Терца, но и в оправдание Синявского как человека: «И я, продолжая мысленно защиту, сказал сам себе: ты — писатель! и все остальное не в счет!» [Терц 1992, 2: 370].

Изначальный раскол так или иначе появился из-за единственного очевидного оппонента — советской власти, для которой Синявский был «легитимным» академическим и литературным критиком, а Терц — его крамольным, неофициальным альтер эго. Теперь, однако, когда оба могли говорить свободно, враг превратился в гидру, чьи головы — разные враждебные лагери, и с каждой из голов приходилось сражаться одновременно на разных фронтах. Кроме того, боевые действия приобрели более личный характер; бороться теперь предполагается с другими интеллектуалами[28]. В ответ не годилось просто отрицать вину и оправдываться; необходимы были иные, более сложные способы.

Проблема Крошки Цореса не просто в его инаковости; здесь примешалась и неспособность общаться с окружающими. Его добрые намерения обращались в свою противоположность; все, что он говорил или делал, неверно понималось и неправильно истолковывалось. С теми же проблемами коммуникации столкнулся Синявский, и следствием стало сплочение против него эмигрантов первой и третьей волны и реакция российских читателей на его книги, типа «Прогулок с Пушкиным», впервые изданные на родине в конце 1980-х годов.

---

[27] Важно, что Синявский был писателем и был известен как писатель. Именно это использовал Максимов, чтобы унизить оппонента. В разгар их конфликта, ссылаясь на письмо Синявского по поводу «Спокойной ночи», Максимов обращается к нему в «Континенте» как к «г-ну Синявскому, литературному критику» [Максимов 1986: 337].

[28] Напоминание о том, что именно собратья-писатели в 1966 году обеспечили суровый приговор Синявскому и Даниэлю. См.: [Garrard 1990: 139].

Дело не в том, *что* Синявский говорил о Пушкине, а в том, *как* он это говорил. Это и разозлило таких эмигрантов «старой гвардии», как Гуль [Glad 1993: 59]. Последний не видел ничего, помимо «вульгарного» языка автора; так же и Солженицын не мог понять и принять игровое отношение к такому непогрешимому авторитету русской литературы, как Пушкин [Солженицын 1984].

При этом возмущенная реакция консервативных современников Синявского из числа тех российских интеллигентов, что не способны были воспринять радикально новый подход в литературе, напоминает, как был воспринят лермонтовский «Герой нашего времени», главное произведение поэта, отважившегося на то, что было, по меркам того времени, экспериментальной прозой. Осуждая роман М. Ю. Лермонтова за его «вредность», современная критика приписывала ему такие негативные черты, как «чуждость», «пагубное влияние западной культуры»:

> Печорин <...> вступил непосредственно в вековой российский философский спор между славянофилами и западниками, и с славянофильской точки зрения проиграл потому, что не обладал необходимыми чертами русской национальности [Reid 1997: 3].

Такое же переплетение политики, философии, проблемы национальной идентичности и вопросов литературы было и будет оставаться отличительной чертой дебатов, определивших отношение к Синявскому и его осуждение такими националистами (нео-славянофилами), как И. Р. Шафаревич и А. И. Солженицын.

Ответ Лермонтова критикам в форме предисловия ко второму изданию 1841 года, которое теперь принято считать неотъемлемой частью текста романа, посвящен ошибкам читателя. В поразительно схожих терминах Синявский реагирует на критику «Прогулок с Пушкиным». Лермонтов в своем предисловии с сарказмом отмечает неумелость и неграмотность своего читателя: «Наша публика <...> не чувствует иронии; она просто дурно воспитана», доверчива «к буквальному значению слов» [Лермонтов 2000: 212]. Эта публика, отметим, не сильно изменилась за полтораста лет. Марья Васильевна в разгар скандала вокруг «Прогулок с Пушкиным» не может не отметить, что русские люди «читать разучились», что на метафоры, например, читатели либо просто не обращают внимания, либо воспринимают их буквально [Розанова 1990: 159]. Тут она почти буквально цитирует последнее слова Синявского на суде 1966 года.

Роль читателя, сформировавшаяся в фантастической литературной критике, написанной Синявским в лагерные годы, в этот период приобретает новое измерение. Соответственно, приобретает новое значение и со-писательство Терца и Синявского, возникшее на первом этапе его творчества и углубленное лагерным опытом. В то время как Терц действует опосредованно и метафорически, Синявский идет по более прямому пути. Тем не менее, и объект письма, как иногда и стиль, становятся все больше и больше похожими, а различия между ними — размытыми. Это видно по статьям, подписанным Синявским, но еще более — по его академическим работам, лекциям по русской литературе и культуре и книгам, которые появились на их основе: «"Опавшие листья" В. В. Розанова» и «Основы советской цивилизации»[29]. Читает лекции Синявский, но то, что он говорит ближе многослойному письму Терца.

Сейчас, более чем когда-либо, значение творчества Синявского в полной мере проявляется, если его рассматривать как единое целое, как тонко выстроенный диалог Синявского и Терца, как синтетический акт, соединяющий человека и писателя, писателя

___

[29] Сборник «Основы советской цивилизации» впервые вышел на французском под заголовком «La civilisation soviétique» (Paris: Albin Michel S. A., 1988) и включает лекции Синявского в Сорбонне в 1979, 1982 и 1984 годах. В него не вошла вторая часть «Интеллигенция и власть», основанная на курсе лекций Синявского «Русская интеллигенция», прочитанная в Институте Гарримана Колумбийского университета в Нью-Йорке в 1997 году. Русскоязычное издание с обеими частями вышло только в 2002 году. В послесловии к этому изданию Марья Васильевна объясняет, что долгое время, вплоть до горбачевской перестройки, когда еще оставалась надежда «превратить пирамиду советской власти в Парфенон демократии», Синявский не видел смысла в публикации этих лекций для русской аудитории: в конце концов, это изложение их личных переживаний. Однако после расстрела Ельциным Белого дома в 1993 году эти надежды рухнули. Синявский начал собирать материал для другой книги, и тогда возникла идея русского издания [Розанова, 2002: 456–457].

и литературного критика. Наиболее полно этот диалог проявился в «Спокойной ночи».

Роман «Спокойной ночи» — наиболее сложный и действенный в плане личностной и художественной целостности ответ Синявского на критику. Его писательство в лагерях предполагало ожидание восприимчивого читателя, понимающего, симпатизирующего его текстам так же, как и его темам. В эмиграции он сам является объектом пристального внимания и сталкивается с непониманием, не говоря уже о враждебной читательской аудитории (в некоторых случаях против него выступают даже не читавшие его книги), которая обвиняет его в ненависти не только к одному Пушкину, но и всей русской культуре в целом[30]. Поэтому он проверяет и испытывает своего читателя, как это делал Лермонтов, не только подвергая сомнению его восприятие слов автора, но и вовлекая в литературный процесс как активного полноправного участника. Это принимает разнообразные формы, от самых простых игр вроде «найди преднамеренную ошибку» до фантастической литературной критики, сложнейшего упражнения в общении писателя и читателя, которую он уже применял в своих лагерных книгах[31].

Теперь фантастическая автобиография Синявского выходит на новый уровень, и только работая вместе с автором на этом новом уровне, читатель может понять, кто такой Синявский и что для него литература, литературное творчество.

---

[30] Марья Васильевна ссылается на «почтенного профессора Глеба Струве», который заявлял, что «хотя "Прогулки..." не читал, приводимые во многих работах цитаты настолько чудовищны, что смолчать невозможно» [Розанова, 2002: 157].

[31] Пример умышленной ошибки — приписанные М. В. Ломоносову строки «Поэтом можешь ты не быть, но гражданином быть обязан» в «Прогулках с Пушкиным». Как Синявский говорил Глэду: «Бог ты мой, каждый школьник знает, что это слова Некрасова, а не Ломоносова. Я написал это в шутку. Тут они решили разоблачить меня. "Только представьте, — говорят, — профессор, а таких вещей не знает!" Они просто ничего не поняли и не видят этого». Синявский имеет в виду «нынешних эмигрантов» [Glad 1993: 165]. Синявский вставил подобный ляп в «Кошкин дом», где Толстой фигурирует как автор «Братьев Карамазовых». Когда в России поднялась шумиха вокруг выхода «Прогулок с Пушкиным», В. С. Непомнящий шутку понял, но, тем не менее, неверно ее истолковал, посчитав высокомерной игрой Синявского и оскорблением читателя. См. [Непомнящий 1990: 144–145].

Фантастическая автобиография

Профессор,
снимите очки-велосипед!
Я сам расскажу
о времени
и о себе.

В. В. Маяковский «Во весь голос»

Поверить в заявление Синявского о том, что «Спокойной ночи» — «не совсем автобиография», а «художественное произведение», означало бы игнорировать то, что Дональд Фангер назвал «намеренным умыслом» [Laird 1986: 8], [Fanger 1986: 1322]. На самом деле книга пронизана этой преднамеренностью, не в последнюю очередь потому, что она представлена читателю как художественное произведение. Опровержение официальной советской «героической биографии» и соцреалистического романа, который в процессе взаимообогащения официального дискурса и литературы, характерного для социалистического реализма, стал изложением «ритуальной биографии», вступает в противоречие также с канонами и ожиданиями диссидентской среды

Советский диссидент освобождает себя от необходимости записывать свою жизнь, становиться лишь очередным свидетелем своей эпохи, во имя того, чтобы оставаться творцом самого себя [Nussbaum 1990: 257].

В то же время отказ Синявского от предсказуемых форм диссидентской литературы, в которой преобладает «фактография», — мемуаров, дневников, временной летописи — был не резким жестом неприсоединения, а, скорее, сложным творческим шагом в переосмыслении отношений с прежними тенденциями русской литературы. Правду нельзя передать через фактологическое и объективное описание реальности — этой идеей, заложенной в лагерных произведениях Синявского и ставшей лейтмотивом его фантастической автобиографии, он обязан Достоевскому.

Тюрьма открыла Достоевскому, что человек не плох и не хорош, но иррационален, безграничен, и в этой самой иррациональности — свободен. Основываясь на этом откровении, Достоевский, по словам Синявского, отошел от традиционного «романа характеров» (в понимании «реалистического романа»), который «воплощает материалистическое понимание природы человека» и начал писать «романы состояния» [Theimer Nepomnyashchy 1991a: 17]. Психологический анализ, линейное развитие персонажей более не применимы, поскольку человек реагирует, «впадая в состояния» и «выпрыгивая из самого себя», как Раскольников. Синявский предлагает читателю считать его самого главным героем собственной жизни и истории — непростой фигуры, возможно, не совсем безупречной, но конечно, безусловно не злой.

Связь с Достоевским в главной теме «Спокойной ночи» становится глубже, обогащаясь не просто идеей рождения Синявского как писателя Терца, но и мыслью о его искуплении, духовном и творческом воскресении посредством литературы. «Спокойной ночи» — не только оправдание Синявского, пишущего как Терц, но дерзкое продолжение, третья часть того, что можно рассматривать как трилогию, начатую «Прогулками с Пушкиным» и «В тени Гоголя».

Если вокруг Достоевского формируется тематическое ядро романа Синявского, то в качестве его предшественников в сфере автобиографии следует обращаться к Пастернаку и Пушкину, Розанову и Маяковскому — как не столько к образцу, сколько воплощению духа повествования, — в то же время обратная траектория текста повторяет художественную структуру «В тени Гоголя».

Если на «Прогулки с Пушкиным» несомненно повлияла «Охранная грамота» Пастернака, то «Спокойной ночи» и «Доктор Живаго» связаны как духовная и творческая биографии писателя, воплощенные в художественном произведении. Это тем более удивительно, что Синявский, страстный поклонник поэзии Пастернака, остался довольно равнодушным к его последнему великому прозаическому произведению [Синявский 1989]. Высоко оценены были только «Стихотворения Юрия Живаго», которые напомнили Синявскому «Сестру мою жизнь» (1922) [Glad 1993: 145, Theimer Nepomnyashchy 1991a: 8]. Энергия и надежда на обновление в ранних стихах Пастернака воскрешаются в момент рождения Живаго как поэта — и собственно писателя в процессе творческого и духовного преображения. Смерть поэта выходит за пределы стихов, которые живут как свидетельство его жизни и творчества, и отголоски этих стихов вплетаются в текст Синявского, как «иконы», описанные в финале «Спокойной ночи».

Однако, пожалуй, именно Маяковский и Розанов оказали сильнейшее влияние на представление Синявским собственной биографии, подтверждением тому служат тексты лекций о Маяковском и Розанове, прочитанных Синявским в Сорбонне в этот период. В большей мере, чем Пастернак, они сознательно сделали себя «лирическими героями» собственного творчества. Самое главное, что здесь мы обнаруживаем близкие Синявскому модели саморепрезентации как способа полемики. Самопроецирование личности на текст для Розанова и Маяковского было в немалой степени ответом на взгляды и действия их недоброжелателей. Реакция на обвинения современников оказывалась связанной с реакцией на эпоху в целом, со сложными вопросами идентичности и творческого мировоззрения авторов [Синявский 1982б: 267–269][32].

---

[32] Синявский приводит пример несогласия Розанова с выдающимся мыслителем и писателем П. Б. Струве: «Для Розанова Струве — пример "корректного" и "порядочного" человека, то есть самого для него неприятного типа людей. Конкретнее говоря, это тип ученого, профессора, который стремится обо всем мыслить строго научно и объективно». Струве был умеренным во всем, и «эта умеренность бесила Розанова, поскольку Розанов был во всех отношениях неумеренным и неприличным писателем» [Синявский 1982б: 268]. Главный конфликт между ними возник в контексте дела Бейлиса, когда в 1914 году велись разговоры об исключении Розанова из Религиозно-философского общества из-за его крайнего антисемитизма. Ответ Розанова Струве принял форму письма к Мережковскому в «Опавших листьях» [Синявский 1982б: 269; также см. Crone 1990: 40]. Маяковский аналогично и по тем же причинам выступил против Г. А. Шенгели в поэме «Во весь голос»: Шенгели был «профессором» того типа, который так не любил Розанов. Поэт неоклассической школы и автор серии литературно-критических работ о том, как надлежит писать стихи (на что Маяковский ответил в стихотворении «Как делать стихи»), Шенгели опубликовал в 1927 году «объемистую» книгу против Маяковского, рассматривая все его творчество с академической точки зрения: «Маяковский во весь рост». Маяковский прямо полемизирует с этой книгой в поэме «Во весь голос»: «Именно поэтому Маяковский решил взять на себя труд по обоснованию своей собственной поэзии в ее отношении к современной эпохе и будущему. "Профессор, снимите очки-велосипед! Я сам расскажу о времени и о себе"» (HIA. Коробка 20. Папка 5. С. 16–17).

Именно в дискуссии об идее авторской саморепрезентации влияние Розанова и Маяковского на Синявского становится все более выраженным. В случае с восприятием Маяковского посредником становится Пушкин, как и в «Охранной грамоте» указывая Синявскому путь от фантастической литературной критики к фантастической автобиографии, когда Синявский отвечает на критику «Прогулок с Пушкиным».

Основу фантастической литературной критики Синявского, то есть сочувствие литературоведа герою, писателю, непосредственно иллюстрирует его рассказ о восприятии личности Пушкина Маяковским, который в стихотворении «Юбилейное» (1924) «спасает» поэта от сухих ученых и тех пушкинистов, что превратили живого поэта в «мумию», рассматривает его как живого человека, вовлекает в разговор. Идея беседы с поэтом, возвращенным к жизни и увековеченным его собственным голосом, затем переносится у Маяковского в поэму «Во весь голос», теперь с отсылкой к нему самому. «Юбилейное» имеет форму разговора Маяковского с памятником Пушкину на Тверском бульваре в Москве, где высечены строки из стихотворения «Памятник» (1836): «Я памятник себе воздвиг нерукотворный». Образ каменного памятника затем воплощается в его литературном двойнике, когда Маяковский в «Во весь голос» обыгрывает символику памятников и статуй, противопоставляя мертвую традицию живому искусству. Синявский показывает, как литературная традиция *памятника* — жанра, созданного Горацием в «Exegi monumentum» и воспринятого русскими поэтами от Г. Р. Державина до В. Я. Брюсова — продолжается в творчестве Маяковского, который развивает начатый в «Юбилейном» диалог с Пушкиным. Осмысливая этот литературный опыт, Синявский использует в создании собственной биографии подход, примененный в «Прогулках с Пушкиным», и утверждает свое право на самоидентификацию.

Он подчеркивает, что разговор, начатый Маяковским в «Во весь голос», сейчас продолжается уже с текстом «Памятника» и оспаривает как саму идею возведения памятника самому себе, так и сложившийся литературный жанр. Поэтому «Во весь голос» — это и «памятник», и «анти-памятник», так же, как и «Спокойный ночи» — это и автобиография, и антиавтобиография.

Синявский приходит к выводу (и переносит его в «Спокойной ночи»), что такой подход не отрицает ни традицию, ни жанр, но наполняет их новой жизнью, освобождает и человека, и его представление от навязанной другими формы. Безмолвный камень у Маяковского превращается в поэта, говорящего «во весь голос», становящегося собственным живым памятником[33]. Точно так же в «Прогулках с Пушкиным» контрастные образы воды и камня соперничают друг с другом, бюсты и памятники Пушкину исчезают, плавно растворяясь в памяти автора о живом поэте. Те же образы и аллюзии продолжатся в «Спокойной ночи».

«Опавшие листья» Розанова бросают иной вызов общепринятой концепции автобиографии в том смысле, что именно самоописание намеренно ставит читателя в тупик, обескураживает его; это мифотворчество, которое одновременно разрушает мифы. Саморепрезентация как форма мифотворчества может показаться более выраженной у Маяковского, нежели у Розанова, в таких произведениях, как «Человек», с его мощными отголосками евангельских мотивов и космогонии[34]. Однако сама «обыденность» Розанова — это тоже литературная маска или художественный прием; это обыкновенность, доведенная до крайности и оборачивающаяся легендой о себе самой. То же можно сказать и о Синявском: тихий и скромный ученый —маска, аналогичная образу дерзкого и «неприличного» Терца. Герой «Опавших листьев» — и Розанов, и уже не Розанов. Автор раскрывается здесь скорее мельком, не как законченный продукт,

---

[33] «"Памятник" для Маяковского был олицетворением застоя, устарелости, мертвого авторитета, скрывающего живое лицо художника. Отсюда в "Во весь голос" он против памятника себе, желая для себя некоего "анти-памятника", что и побуждает написать это стихотворение. Я не памятник, говорит Маяковский, а живой человек; к будущим новым поколениям он обращается, "как живой с живыми говоря". Здесь мы видим, таким образом, и вариацию традиции "памятника", и отторжение этой традиции, и "памятник", и "анти-памятник". В результате творчество и образ Маяковского приобретают явно монументальные черты "памятника", себе воздвигнутого. В то же время, перед нами не забронзовевший монумент, но живой человек и поэт, Маяковский, в полный рост, говорящий во весь голос» (HIA. Коробка 20. Папка 5. Лекции по поэме «Во весь голос». Л. 10–11).

[34] HIA. Коробка 19. Папка 12. Лекция 13. Л. 23.

а как личность в непрерывной эволюции, которая, несмотря на всю конкретность образов и специфику аллюзий, остается неуловимой.

Это возвращает нас к Лермонтову и его «Герою нашего времени» с двусмысленным и ироничным названием. Заглавный «герой» фактически играет роль приманки, загадки для читателя, прослеживаемой через многочисленные смещения перспективы, изгибы и повороты повествования. Роман, разделенный на отдельные, но взаимосвязанные разделы, структурирован не хронологически, а художественно, чтобы ввести в суть дневника Печорина. В конечном счете, однако, Печорин ускользает от читателя, и у романа открытый финал: предполагаемая «исповедь» Печорина читателю, как и «разоблачение» Розанова, — равно надуманны. Читатель сам решает, какими качествами и характером должен обладать герой. «Спокойной ночи» — именно такая же головоломка для читателя.

«Спокойной ночи»

> Былое непостижимо… Оно утекает у нас сквозь пальцы, как только мы принимаемся строить ему памятник.
>
> *А. Терц «Спокойной ночи»*

Несмотря на полемические намерения, Синявский не отказывается в «Спокойной напрямую от своей эпохи и культуры, которой он сформирован. Это, скорее, история соединения со временем и самим собой, «усилия памяти привести героя и автора в осмысленное единство» [Терц 1992, 2: 351], что отражается в тексте, который не линеен, но может рассматриваться как некий сюрреалистический палимпсест. В нем прошлое и настоящее проглядывают сквозь наложенные друг на друга слои, возвращая нас к метафорам археологических пластов в «Любимове» и «В тени Гоголя». Однако более уместна аналогия, которая в равной степени подразумевает взгляды Синявского на искусство и культуру и подкрепляется его опытом в лагерях: рассматривать текст как плотную ткань истории и искусства, литературы и жизни Синявского. Читатель узнает о бесконечном количестве нитей, составляющих историю, но по-настоящему поймет ее во всей ее сложности и богатстве, только если сможет соединить эти нити и взглянуть на них как на единое целое.

Прибегая к такому мотиву традиционной культуры, как обряд посвящения, шаблонно используемому в соцреалистическом романе, Синявский заново изобретает его в истории своей писательской жизни. Текст постоянно меняется, не только в хронологическом, но и в стилистическом и даже визуальном отношении, чередуя черный и красный шрифт, напоминая о модернистских склонностях Синявского, имитируя неровный путь, по которому он пришел к своему обращению. Наряду с этим он излагает свои собственные притчи о Богоявлении и Воскресении, о своем метафорическом появлении из чрева кита и реальном и символическом восхождении из доисторических пещер Франции[35].

Цитируя языческие мифы о циклическом обновлении, в частности, историю Орфея, с его обещанным выживанием искусства, путь Синявского включает погружение во тьму. Повторяя мотив погребения во «В тени Гоголя», а также опыт протопопа Аввакума, история Синявского охватывает мотивы «Прогулок с Пушкиным» и «В тени Гоголя», причем прогулки первой книги откликаются на последних страницах второй с возрождением писателя в качестве странствующего менестреля в благословенном свете жизни и творчества[36].

---

[35] Та же мысль прослеживается в одной из лекций Синявского о Маяковском, где он описывает последнего в прологе к «Человеку» как «нового Адама», или, как он сам себя называет, нового Ноя, сидящего в Ноевом ковчеге или во чреве своей Матери-Земли, из которого его извлекают солнечные лучи» (HIA. Коробка 19. Папка 12. Лекция 13. Л. 17).

[36] Гораздо более отдален во времени протопоп Аввакум (1620–1682) — еще один литературный герой Синявского. Судьба Аввакума, старовера, поставившего свою жизнь и убеждения против официальной церкви, в немалой степени перекликается с жизненной позицией самого Синявского в его отношении к официальной власти и укоренившихся взглядов в целом. Особенно Синявского привлекала автобиография Аввакума («Житие протопопа Аввакума, им самим написанное»). Написанная смело, как яркий рассказ о его жизни, как отражение бурных времен, в которые жил Аввакум, эта книга поражает оригинальностью как в сложности психологического изложения, так и в живости стиля. Синявский прочел лекцию об Аввакуме в Колумбийском университете в 1978 году, которую позднее включил в качестве главы в книгу «Иван-дурак: очерк русской народной веры» [Синявский 2001: 328–350].

Глава 1: «Перевертыш»

«Спокойной ночи» — книга о книге, о ее написании, о жизни писателя как литературном факте. По словам Синявского, он «<...> выбрал из своей биографии то, что для меня было самым решающим, те моменты, что определили мои странствия как писателя». На вопрос «Это реальность или фантазия?» он отвечает: «Реальность, но из этой реальности я выбрал наиболее резкие фантастические ситуации. Вот почему это роман» [Laird 1986: 8].

Синявский с самого начала сознательно амбивалентен, он не желает однозначно фиксировать жанр и характер своего творчества. Похоже, что он прояснил читателю ситуацию, но намерен бросить ему вызов. Излагая параллельные версии своего ареста, одна из которых, по-видимому, отражает реальный факты, тогда как другая — «Феерия "Зеркало" (в пяти сценах)», он обращается к читателю: «Прошу их не путать с действительной историей моего ареста, о которой я, тем временем, повествую» [Терц 1992, 2: 341].

И все-таки это сказка, которую Синявский, а точнее Терц, рассказывает о себе в форме пьесы в пяти сценах. Он намерен однозначно предупредить о том читателя, оставив открытой возможность того, что реальный факт и сказка могут быть одновременно диаметрально противоположными и мирно соседствующими. Через призму сказки советский опыт, особенно сталинская эпоха, преломляется и превращается в предмет искусства, а ужасы этого опыта рассеиваются, как ночной кошмар с приходом дня.

Время, прошлое и настоящее, становится взаимозаменяемым по мере слияния «первого» и «второго» судебных процессов Синявского в один. «Идеологическая диверсия», за которую он предстал перед судом, развертывается в виде последующего преследования за самобытное истолкование Пушкина, а обвинения, предъявленные ему соотечественниками-эмигрантами, становятся неотъемлемой частью его предыдущего судебного преследования со стороны советского государства. В «Спокойной ночи» Терц — непокорный и нераскаявшийся, с языком, провокационно блещущим в пышном фейерверке. Его отношение к Пушкину возмутительно наглое: идя еще дальше, чем в «Прогулках с Пушкиным», он сознательно путает имя писателя «на букву Пу» с названием популярного слабительного (пурген).

Тематическая преемственность, которая настолько тесно связывает эту работу с его книгами о Пушкине (и Гоголе), становится еще более явной по мере понимания того, что «Спокойной ночи» — попытка писателя отстоять свое право на формирование собственной идентичности. Пассивный залог («меня взяли») в описании задержания писателя органами госбезопасности, которым открывается роман, переходит в активный, когда Терц, его писательское «Я», берет в свои руки контроль над происходящим, не излагая ход событий, а стилистически доминируя над ними на уровне текста. По «сюжету» его биография расстается с официальной историей, чтобы войти в сферу литературного и фантастического.

Язык, лежащий в основе несогласия писателя и с советским государством, и с его противниками в эмиграции, — язык, сформировавший его как Терца, — занимает теперь центральное место в его самозащите, полемике и целостности. Метафоры здесь — не просто то, за что можно «поплатиться головой», но и нечто, заново берущее на себя функцию трансформации. Он бросает ярлык «перевертыш», применявшийся к нему (и Даниэлю) в период до судебного разбирательства, в лицо своим обвинителям, делая его названием первой главы. Термин «злословие» в устах его недоброжелателей тесно связан с плюрализмом, предполагающим множественность и изменчивость идентичности. Теперь Синявский воспринимает это как знак чести, поскольку Терц считает определяющим свойством магический дар метаморфозы — «перевертыша» и «оборотня», очищенного сейчас от всех негативных политических и идеологических коннотаций, свойственных этому слову в его советском понимании.

К дару самопреобразования добавляются преимущества нелегитимности, поскольку Синявский в очередной раз творчески эксплуатирует выдвинутые против него обвинения. Его провозглашали наследником не Достоевского, а Смердякова [Кедрина 1966: 2]. Однако, как Синявский показал в «Прогулках с Пушкиным», нелигитимность — это волнующее условие, освобождающее писателя, позволяющее ему творить себя. З. Кедрина пишет, что он использует свою «нелигитимность», чтобы войти в семью русской литературы через черный ход. Как будто в подтверждение этого своего неофициального статуса он завоевывает признание собратьев-зеков по дороге в лагерь. Воры-арестанты принимают его за своего: «И вам невдомек, как сейчас меня величают, как цацкают меня, писателя, благодаря вашим стараниям <...> Море приняло меня! Море приняло меня, Пахомов!...» [Терц 1992, 2, 401][37].

Глава 2. «Дом свиданий»[38]

> Родимся-то мы, как выяснилось, для тюрьмы. Но думаем всё — о воле, о побеге...
>
> *А. Терц «Спокойной ночи»*

Действие второй главы автобиографического романа Синявского, «Дом свиданий», номинально происходит в лагере, но относится к лагерной жизни лишь косвенно, буквально потому, что «барачного типа гостиница», где заключенным раз в год разрешается краткое свидание с супругами и родственниками, расположена не в самом лагере, а «на рубеже лагерной зоны и вольной проезжей дороги», но еще и потому, что повседневная жизнь лагеря сюда практически не вмешивается.

Многослойное повествование, в котором преступления на почве страсти и литературные проступки становятся синонимами, а сказка принимает форму блатной песни. Авантюра и любовная история объединяются, и в этой главе провозглашается поэтика не тюремного заключения, а побега из тюрьмы и самореализации. Действие главы происходит на протяжении

---

[37] Следователь по особо важным делам подполковник В. А. Пахомов — один из дознавателей по делу Синявского.

[38] В заголовке обыгрывается двойное значение: «место встречи» и «бордель».

одной ночи, но текст расширяется благодаря множеству образов и описаний, отвергая и окна с решетками, и безжалостное течение времени, и лимит печатного листа.

Сказка — это нить, которая объединяет все воедино, от «банкета», который словно по волшебству предстает перед голодным заключенным: «на столе — что душа пожелает», до «прекрасной курицы <...> в синей обертке», которая чудесным образом появляется у запертой квартиры Синявских в Москве [Терц 1992, 2: 402, 446–448]. В этой сказке есть свои людоеды (стервозный охранник, лейтенант Кишка), ведьмы (и настоящие, и выдуманные) и добрая фея (тот неизвестный смельчак, что подкинул курицу к дверям и «как сгинул»). Но настоящей сказкой становится сама тюрьма: «страшная сказка, конечно, но писателю полезная» [Siniavskii 1995: VII]. Тюрьма — не просто что-то предопределенное, неизбежное из-за подпольной деятельности Синявского, но нечто, подсознательно придающее форму и содержание идее Терца, то есть необходимому совпадению писателя и его времени:

> <...> здесь я, в общем-то, в собственной коже. Не просто как человек, вжившийся в окружающий быт, но нашедший себя наконец-то в произведении создатель. Что мне сладостно вползать в этот мучительный сад, полный дивных творений, продолжающий странным образом мою капризную мысль, мое длинное и скользкое обличие змеи [Терц 1992, 2: 440][39].

Пластичность и метафорическое богатство языка связывают физическую и стилистическую стороны образа автора, позволяя ему легко переходить от одной ипостаси к другой.

Тюрьма представляет собой и символ, и источник трансформации, а способность к превращению, метаморфозе становится главным атрибутом писателя-героя сказки, подобного герою русских былин. Синявский потакает многочисленным возможностям своего альтер эго, тешась созданием собственных легенд и мифов. На этом уровне игры, преобладающем в начале «Спо-

---

[39] См. также [Siniavskii 1995: VI–VII] и Запись «Радио Свобода». Папка 18. Передача 26. Л. 5.

койной ночи», Синявский определяет себя хозяином приключенческой истории, наполненной детскими фантазиями: профессор на пенсии превращается в гладиатора, Спартака, графа Монте-Кристо. Преодолевая препятствия, выкручиваясь из трудных ситуаций, он переигрывает своих многочисленных противников и исправляет несправедливости[40].

Романтика и приключения сливаются с детективом и научной фантастикой по мере того, как тюремная интермедия уступает место событиям, приведшим к аресту Синявского, а граф Монте-Кристо — Человеку-невидимке. Когда растет темная сторона реальности, возникает тема преследователя и преследуемого. Однако, как и в случае с другими лейтмотивами произведения, путь к серьезным вопросам начинается с игры.

Вопросы жизни и смерти, чести и предательства переводятся в мир литературы и фантазий: «Точно у нас тут развязка полицейского сюжета, макет настольной игры в сыщики-разбойники». Порфирий Петрович дышит в затылок Раскольникову [Терц, 1992з: 419].

Взяв за отправную точку реальные обстоятельства своего ареста, Синявский в очередной раз обращает в свою пользу ситуацию, навязанную ему властями. С момента задержания он оказался не-человеком, стал практически невидим для окружающих, таким образом получив чистый холст, на котором можно заново писать свою жизнь [Терц 1992, 2: 340, 357].

---

[40] В каком-то смысле Синявский воплощает свои детские мечты, потому что родители не одобряли книги, которые он жаждал прочитать и которые сделали его писателем: «Все время мерещится, что самое главное, самое прекрасное в жизни я упустил, проворонил где-то еще в детстве, и непрочитанный "Всадник без головы" скачет впереди, без меня. Возможно, поэтому в конце концов — с недостачи — я и стал писателем: пока не прочту!..» [Терц 1992, 2: 485]. Синявский в качестве своих альтер эго выбирает персонажей — не просто романтических героев, но тех, чьи истории находят отклик в его собственном сердце: мятежного раба и оскорбленного человека; их преображение — важное условие побега из тюремного заключения по облыжному обвинению и мести врагам. У графа Монте-Кристо есть и другие черты, привлекающие Синявского. Дюма вырос в период, когда «две конкурирующие идеологии, классицизм и романтизм, нелепо и героически сражались за душу французской литературы <...> Романтизм означал энергию, современность сюжета, смешение жанров и открытость иностранным влияниям» [Buss 1996: xi–xxi]. В его эпических драмах история смешана с беллетристикой и реальностью, приключенческий сюжет — с детективом, объединяя в то же время в герое черты двух романтических стереотипов, байронического героя и вампира. Сосредоточенная вокруг мотивов тюремного заключения и побега, это аллегория «погребения и воскрешения».

Человек-невидимка, одновременно двойник и метафора неуловимого, скрытого автора служит посредником между Терцем-героем и Терцем-писателем. Сказка движется между фантазией и реальностью, между текстом и Москвой, между Терцем и Синявским, с многозначным лейтмотивом снега для объединения разных уровней повествования. Снег становится квинтэссенцией преобразующего характера писателя и его прозы.

Притом это также воровская сказка, блатная песня, и в ней есть опасность.

Белый снег окрашивается красным: «<...> нож в смертное верчение, и лезвие, по древней примете, оросится кровью. Вот и доказательство. Кровь. Там, в штопоре, кто-то живой...». Смерть — реальная возможность выхода, когда герой пойман, но снег тает и в истории начинает преобладать кровь. Смерть приходит гротескно и графически ясно, чтобы встряхнуть читателя, вернуть в реальный мир, поскольку фантастичность Человека-невидимки противопоставляется жестокой реальности убийства при побеге из лагеря, когда Синявский задерживается на описании человека, превращенного в безжизненное мясо: «В мясных лавках видали говядину? Вот точно такого же цвета и состава».

Однако насильственная гибель заключенного — это не только отношения дичи и охотника, невинной жертвы и безжалостных преследователей, но и «сбой связи», отсутствие коммуникации: зек, безобидный лагерный сумасшедший, который слышит голоса и живет в мире своего воображения, — не более, чем еще один двойник писателя[41]. Его бессмысленная и жестокая смерть из-за неспособности охраны понять его действия: «И ничего не стоило просто увести его за руку, как ребенка, с запаханной земли, из отсека, — когда по нему открыли огонь» [Терц 1992, 2: 425].

Вторая глава «Спокойной ночи» — прежде всего история о коммуникации и роли литературы в ней. Абсолютный провал коммуникации, как в случае с «не совсем нормальным психиче-

---

[41] Образ «сумасшедшего», намекающий на карательную психиатрию советского государства как удобный способ избавиться от «проблемных» интеллигентов, был особенно актуален в 1960-х годах. К нему ранее прибег М. А. Булгаков в «Мастере и Маргарите».

ски, но тихим и рассудительным зеком» Клаусом, и фатальные его последствия компенсируются парадигматикой сопричастности, напрямую связанной с тем, что и как писал Синявский в лагерные годы. Рассказы, притчи, анекдоты, как вымышленные, так и реальные, составившие главу, звучат на фоне истории любви — истории о литературе, которая по самой своей природе преступна и таит в себе опасность, но которая в своей идеальной форме есть любовь и диалог.

Синявский отдает должное Марьи Васильевне в своей версии блатной песни, в нескольких строках набрасывая историю о «бандите» и его молодой любовнице. В пьяной драке бандит выхватывает нож, и его подругу обвиняют в том, что она дала ему потенциальное орудие убийства. «В неистовом изумлении» девица вопит в ответ: «Да-а, люди добрые. Сунула ему ножик... Сама-а. Так я ж его — люблю-у-у!.. Я ж его, бандита, люблю-у-у!» [Терц 1992, 2: 408]. Синявский не может не поиграть с воровской романтикой: перо на фене означает нож, а Марья Васильевна, как «маруха», всегда поддерживает его в самых смелых и «преступных» литературных начинаниях; в тюрьме она не только дает ему идею для книги о Пушкине, но и вооружает его бесконечным запасом перьев (на этот раз в буквальном смысле)[42].

Язык часто не справляется с поставленными задачами. Разворачивая широкую и сложную аллегорию о лесах и древесной чаще, прямо и полунамеками, буквально и метафорически, Синявский ведет читателя от шекспировских ведьм (такова «университетская старуха в усах, с мировым именем <...> Сама Шекспир», названная «бабой-ягой» и цыганкой), через Бирнамский лес (связывающий «темные пророчества» с пушкинским

---

[42] Именно она вдохновила его на одно из первых его смелых начинаний, а именно на книгу о Пикассо, которую он написал в соавторстве с Голомштоком. К Голомштоку как искусствоведу и знатоку западного искусства обратилась редактор издательства «Знание» В. О. Пличе с просьбой написать брошюру о Пикассо. Как один из ведущих членов Коммунистической партии Франции, Пикассо был только что, в преддверии восьмидесятилетия, удостоен престижной ленинской премии «За укрепление мира между народами». Голомшток ухватился за возможность написать что-нибудь стоящее, но, как человек опытный, понимал, какие требования будут ему навязаны. Он поделился своими сомнениями с Марьей Васильевной, «и она, со своей склонностью к авантюрам, предложила мне написать брошюру вместе с Синявским» [Голомшток 2011: 159].

вещим Олегом), а оттуда — к черным елям на склонах швейцарских Альп. Тот лес, как «немощная словесность», связан с подъемом «подельников и сподвижников <...> на высоту гробниц». Он обречен на провал, но «какой порыв к невозможному, и та же готовность сойти на нет в обеспечение побега <...>». «Обреченная на неудачу попытка выйти за пределы отведенного нам языка» [Терц 1992, 2: 423–425].

Истинное общение может обойтись даже без слов, если его дух — дух сочувствия и понимания. Как, отчаявшись от невозможности писать на неприступных стенах потьминской пересыльной тюрьмы, Синявский коснулся их и почувствовал «долголетнюю дрожь из-за стен», от тысяч и тысяч побывавших там людей, так и в маленькой, похожей на камеру комнате Дома свиданий, где он «ходит и ходит туда-сюда», выясняется, что это похоже на «настройку на звуковую волну»; это напоминает зверей в клетках:

> Попав в неволю, исчаявшись, они не ищут выхода, но, чтобы не издохнуть, вступают путем хождения в некий резонанс с иными пластами пульсирующего всюду сознания и живут уже на правах литературного бытия, которое не упирается в стену, а просто-напросто ее минует и, рассказывая о себе, вслушивается в такт всемирной, речитативно доносящейся жизни, в согласованности с которой, сами того не ведая, мы существуем и думаем [Терц 1992, 2: 451].

Не имея временами ни бумаги, ни карандаша, Синявский учился общаться не словами, а всеми фибрами своей души. Так он «настраивается» на стены тюремной камеры. Так он общается с Марьей Васильевной, когда она приходит к нему на тюремное свидание, упивается ею, впитывает ее:

> Я начинаю с лица, как с самого главного. Не знаю у мужчины, но женщину мы любим и выбираем за лицо. Жестоко. Не выбираем — впадаем в сеанс лица и катимся вниз водопадом, летим, разбиваясь о камни, едва увидим» [Терц 1992, 2: 405].

Мало слов звучит на их встречах. Скорее речь о жестах, прорисованных в воздухе словах, фразах на блокнотных листах, затем разорванных мелко-мелко, как вермишель и смытых в унитаз. Каждое предложение, даже уполовиненное, уже понято.

Общение — акт самой любви, способ завершить «то, что не выразить словами», акт самосохранения. Грех превращается в спасение, а смерть — в жизнь: они повторяют то, что многие другие делали до них: «долголетняя дрожь из-за стен».

Глава 3: «Отец»

Сократив очевидных «Отцов и детей» до просто «Отца», Синявский передает отцу ключевую роль в своей истории и в решении стать писателем. В основе этой, центральной, главы — конфликт поколений: отца, со студенческих лет ушедшего в революцию дворянина, который стал в конце концов лояльным советским гражданином, и сына, воспитанного при советской системе, но по своему идеализму и эстетическим наклонностям скорее революционера и романтика. Между ними — пропасть сталинских лет. Мост через эту пропасть и воссоединение Синявского с его отцом, тематическое ядро этой главы, напоминает о мотиве преследования и преследуемого в контексте темы искупления и воскресения в «Преступлении и наказании».

Центральная роль Доната Евгеньевича Синявского в автобиографическом романе его сына — не только дань уважения, но и неотъемлемая часть самооправдания Синявского перед лицом прошлых и нынешних испытаний, восстановления в правах. В то же время тема предательства, которая проходит через всю главу, относится не только к многолетним обвинениям против Синявского, но и к измене идеалам революции, которая воплощается в отношении государства к Донату Евгеньевичу. Это, в свою очередь, переплетается с чувством вины Синявского перед отцом. В обоих случаях вина Синявского, так или иначе, связана с его творчеством.

Синявского не оставляло чувство, что в 1951 году именно его, а не отца, должны были арестовать[43] [Терц 1992, 2: 482]. Хотя отец оставался преданным советской власти, сын занялся «подпольным»,

---

43　См. также: Запись «Радио Свобода». Папка 17. Передача 16. Л. 2.

«антисоветским» писательством. Чувство вины Синявского еще больше усугублялось ощущением, что его решение начать писать было предательством отцовского наследия: «Он не пошел по стопам отца и, выбрав искусство, чистое искусство, отказался от идеологии, политики, общественного труда и общественной пользы»[44].

Если решение Синявского стать писателем породило чувство вины, то оно также открыло ему путь к искуплению: «Мать-дворянка в ногах валялась: не уходи — единственный сын. Легла на пороге. Переступил. Питер. Ссылка...» [Терц 1992, 2: 470]. Отец и сын объединяются в общем ответе Достоевскому, в чтении и бунтарстве, по мере того, как книги Терца становятся метафорическим воплощением революционного духа его отца: «С точки зрения психологии, Андрей Синявский считал, что его творчество было революционным действием, смелым по реализации, по стилю и языку, вызовом конформистскому обществу с его литературными нормами»[45]. Своей прозой Синявский смягчал разлад, который, по его мнению, разлучил его с отцом (в то же время утверждая, к сведению своих диссидентских критиков, что писательство является законным актом протеста и восстания). Судьбы отца и сына, как будто они были частями одной и той же биографии, сплетаются, сливаются воедино в их общем тюремном опыте. Синявский, как и в своей фантастической литературной критике, восстанавливает семейные связи не обычным образом, а неформально и альтернативно: «тюремная эстафета <...> передавалась по наследству от деда к отцу и от отца к сыну»[46].

Отождествление Синявского-сына с отцом — не только жест искупления и воссоединения, но и акт воскрешения. Здесь, в виде буквального физического слияния, отражаются идеи Федорова, влияние которого, как уже отмечалось, явно присутствует в фантастической литературной критике Синявского[47], [Терц 1992, 2: 457]. Тем самым проводится, пусть неявная, параллель между

---

44   Запись «Радио Свобода». Папка 17. Передача 18. Л. 6.

45   Запись «Радио Свобода». Папка 17. Передача 13, Л. 6.

46   Запись «Радио Свобода». Папка 17. Передача 16. Л. 5–6.

47   Запись «Радио Свобода». Папка 17. Передача 13. Л. 2.

воскресением отца в художественном тексте и возрождением
литературных «отцов» писателя, подвигом воскресения, совершен-
ным через искусство[48]. Память, опосредованная искусством, дает
надежду на продолжение существования поколения в потомках;
та же идея, но в другой перспективе звучит в заключительных
словах предыдущей главы: «смерть, по-видимому <...>, пересека-
ся с зачатием, как двойственная цель бытия» [Терц 1992, 2: 456].

Возвращая отца к жизни, Синявский с любовью пишет о нем
как романтичном идеалисте, «последнем из могикан» революции.
Такое отношение вытекает из содержания лекции «Основы советской цивилизации», в частности, ее пятой главы, «Новый человек».
Связующее звено — «Преступление и наказание»: коммунисти-
ческая мораль говорит, что «цель оправдывает средства», а значит,
открыты двери в мир, где «все позволено». В «Основах советской
цивилизации» Синявский противопоставляет «новую общность
людей — советский народ» тем, кого он именует «русскими революционерами старого типа» (имя отца не называется, но он, конечно, среди этих революционеров), для которых «кровавое на-
силие, пусть необходимое, было крайней мерой, грехом (в хри-
стианском понимании греха)» [Синявский 2002: 171–172]. Для
последних преступление против совести рассматривалось как
личная жертва, необходимое зло, искупаемое только их гибелью;
для первых эта жертва была не более чем «банальным конфор-
мизмом».

Донат Евгеньевич в своем бесстрашии и верности морально-
му абсолюту, не коммунистическим, а вечным ценностям,
жизни с «высшим смыслом», — полная противоположность тем,
кто жертвует своими принципами и жизнями других во имя идеи
[Терц 1992, 2: 474]. Он был охотником, но без бессмысленной
жестокости: «у него это было данью традиции — молодости,
дворянским замашкам, народническим, революционным поры-
вам...» [Терц 1992, 2: 469]. Он был воспитан не сталинской эпохой,
но в «более ранней, утопической традиции». В таком качестве
он мягко и ласково изображается Синявским (хотя и с оттенком

---

[48] Запись «Радио Свобода». Папка 17. Передача 13. Л. 2. См. также [Терц 1992, 2: 479].

иронии) как донкихотская фигура, у кого Ружье и Велосипед — замена копья и лошади рыцаря-идеалиста, «революционного дворянина», чье слово — закон [Терц 1992, 2: 460].

Связь между отцом и сыном становится еще более явной на заключительных страницах «Отца». Здесь, в наиболее сдержанной сцене «Спокойной ночи», описана ситуация епифании, когда перед Синявским открывается его писательское будущее. Как ни парадоксально, именно Донат Евгеньевич, который презирал всяческие фантазии и отдавал предпочтение рациональному и научному, который заставил маленького сына выбросить «Всадника без головы», играет важную роль в раскрытии этого будущего.

Говоря о связи между отцом и сыном, нельзя не вспомнить и о сроках заключения, с которыми обоим пришлось столкнуться, а тюремный опыт Доната Евгеньевича дал понять, что грань, отделяющая фантастическое от реального, невелика и непостоянна. Месяцы допросов убедили его в том, что власти имеют реальную возможность читать мысли и могут прочесть их простым щелчком переключателя; этот страх преследовал его и после освобождения, когда он был сослан в свое родное Рамено.

Еще в детстве, на прогулках с отцом по лесу, Синявский начинает осознавать существование тонкой границы, незаметной, таинственной линии между фантазий и реальностью. Продолжая метафору деревьев и слов из предыдущей главы, он приходит к мысли о необходимости скорее молчания, нежели слова, о восприимчивости и «настройке на звуковую волну», об электрических волнах и невидимых силах. Таинственные импульсы как бы передаются от отца, оживляя природу, чтобы вокруг них развернулся огромный океан деревьев, приведенный в движение «локализованным смерчем». Однако природа не оживает так же сильно, как только что обретенная Синявским способность видеть необыкновенную реальность, которая «просачивается» вокруг него сквозь шелестящие, танцующие листья деревьев.

Сама реальность фантастична, а то, что казалось фантастичным, часто оборачивается сплошным обманом, как выясняет Синявский, прочтя, наконец, «Всадника без головы»: «Просто привязали к лошади мертвое тело, труп, отрубив предварительно голову, и пустили скакать в пампасы. Тривиально, грубо и скучно» [Терц 1992, 2: 486].

Понимание Синявским фантастического идет от его способности иначе видеть реальность, и здесь надо отдать должное словам Достоевского:

> У меня есть собственное видение реальности, и то, что, по мнению большинства людей, граничит с фантастическим и исключительным, иногда представляет для меня саму сущность настоящего [Цит. по: Jones 1990: 2].

Фантастическая реальность превращает деревья в страницы, лес в текст, так что писатель, «уходя работать и по-настоящему писать, непременно удаляется в лес. Чтобы никто не видел и не слышал <...> Единственное прибежище — текст <...> И мы уходим в лес. Уходим в текст» [Терц 1992, 2: 486].

Глава 4: «Опасные связи»[49]

Книги дают убежище и спасение в прямом и переносном смысле. В предпоследней главе «Опасные связи» Синявский обращается к Сталину и сталинской эпохе, которая сформировала его как писателя.

Подобно тому, как Синявский говорил, что мир тюрьмы можно постичь только через образы и символы театра, так и сталинскую эпоху можно адекватно передать только через призму морока, ведьмовства и колдовства, напоминающую булгаковского «Мастера и Маргариту»[50]. В «Опасных связях» оживают медиумы и колдуньи, привидения и призраки, заклинания и летающие метлы. Все сливается во тьме ночи — спиритический сеанс, смерть Сталина и его призрак у кровати медиума Аллы. Факт и вымысел

---

[49] В названии главы, как ранее в «Доме свиданий», обыгрывается двойное значение: и отсылка к роману Ш. де Лакло, и обычная фраза сталинских лет.

[50] М. А. Булгаков, вероятно, мог повлиять на Синявского. По крайней мере, их видение сталинской эпохи имело нечто общее, а в статье, опубликованной три года спустя, он хвалит Булгакова за его уникальную способность запечатлеть необыкновенную, сюрреалистическую атмосферу сталинских лет [Синявский 1987a: 123–125].

неотличимы, и вся эта ночь пронизана атмосферой «черной мессы, собачьей свадьбы и загробного подвывания» [Терц 1992, 2: 537].

Страх царит на улицах, и сами люди становятся «орудиями колдовства». В отличие от Синявского, носителя голосов других людей, которые через него обретают новую жизнь и новый смысл, для Сталина народ служил средством передачи его собственного языка — языка порабощения. Люди бормочут «не свои, а чьи-то, внушаемые свыше, затверженные речи, лишь для виду, ради общедоступности, переведенные толмачами на самый примитивный язык...» [Терц 1992, 2: 537].

Синявский освобождался от советской системы и советского менталитета в значительной степени благодаря способности противостоять этому языку, вживленному в него, как и во всех советских граждан, дару отключать эти голоса в голове и настраиваться на собственные мысли и идеи. Синявскому страшно писать (то есть буквально — пером на бумаге) о Сталине, и выход из этой ситуации — перенестись в воображении в залитую солнцем Францию, образ которой позволяет ему сохранить самообладание, когда он создает свой роман.

«Опасные связи» — не попытка оживить Сталина; скорее, автор стремится изгнать его и примириться с той эпохой и ее наследием. Сильнее магии может быть только магия, и Синявский, чтобы все исправить, чтобы получить доступ к другой реальности, призывает сказку: «Понять окружающее как что-то поистине достойное жизни, великое и осмысленное, нам помогает сказка. Ударяясь будто бы в незапамятные времена, в несбыточные события, она твердит нам о реальном. О том, что уже наступило, — только мы слепы. О том, что еще придет, проявится, когда нас не станет» [Терц 1992, 2: 504]. Как он писал в письмах из лагеря, красота — это единственная непреходящая, истинная реальность, и сказка, по своей цветности и яркости, в себе это воплощает [Синявский 2004, 2: 72–75][51]. «Зло <...> характеризуется только лишенностью при-

---

[51] «Красота — знак реальности и на высоком ее уровне равнозначна реальности; романтическая антитеза "прекрасного" и "действительного" не выдерживает, поскольку лишь прекрасное вполне действительно, а безобразное иллюзорно» [Синявский 2004, 2: 73]. Сказка как воплощение прекрасного может рассматриваться и как лучшая, а возможно, и единственная реальность.

знака, оно не существует и обозначается черным цветом» [Синявский 2004, 2: 20–21]. Может, поэтому Сталин никогда не предстает в виде живого человека, но появляется как персонаж анекдота или в виде потусторонней газообразной колонны из одного холода, призрака, двойника-грузина. Отчасти, может быть, и потому, что страх сам по себе не позволял столкнуться лицом к лицу с мастером-магом, хозяином и постановщиком зрелища. Синявский, однако же, исключает любые вопросы на эту тему, утверждая, что он интересуется не столько самим Сталиным, сколько его «последствиями». Подчеркивая неуловимую мистику человека, столь бережно культивировавшего эту мистику как источник своей власти, сумевшего целую нацию погрузить в некий массовый гипноз, Синявский показывает, как эта власть продолжилась и после смерти Сталина, преследуя несчастный народ и контролируя его [Синявский 1987: 122]. Даже намека на кавказский выговор плюс усы и трубка, было достаточно, чтобы заставить людей подчиняться, как в рассказе о донжуанствующем студенте-лезгине [Терц 1992, 2: 537].

Юмор — это такая же магическая форма изгнания зла, как и любые торжественные клятвы и ритуалы. В то время как медиум Алла изгоняет Сталина крестом, Синявский делает это своим искусством. В числе таких эпизодов — демистификация Сталина в серии «разоблачений»: мертвое тело, забальзамированное для публичного показа и приведшее к смерти бесчисленного множества людей в дикой давке:

> Мертвец, обнаружилось, продолжает кусаться. Ведь это же надо так умудриться умереть, чтобы забрать себе в жертву жирный кусок паствы, организовать заклание во славу горестного своего ухода от нас [Терц 1992, 2: 523].

И через несколько страниц — обычный труп, выложенный «на обыкновенном столе, обращенном на скорую руку в анатомическую клинику, <...> абсолютно вскрытый и физически непоправимый уже, невозможный образ» [Терц 1992, 2: 532]. Далее этот образ сменяется картинкой Сталина в виде Кота Васьки из басни И. А. Крылова, но возвращение в царство сказки и фантазии резко прерывается осознанием того, что всемогущий лидер, как и Волшебник Изумрудного города, является всего лишь фикцией, просто человеком, скрытым за мифами. Сила и таинственность Сталина исчезают, и страх превращается в смех, когда всемогущее некогда чудовище становится «котом в усах» [Терц 1992, 2: 533]. Как и в случае со всадником без головы, если посмотреть свежим взглядом на воображаемое, правда раскрывается, заклятие снимается или, как Синявский говорит в «Доме свиданий», «не обман обманет, а правда, выросшая и настигшая нас благодаря усилиям предупредительно ее обойти, распознав на расстоянии» [Терц 1992, 2: 424].

Сталин — это одно, но как смириться с реальным кровопролитием? Ответ Синявского все тот же: книги. Книги в буквальном смысле, когда от давки на прощании со Сталиным, от толпы, топчущей все на своем пути, его спасает портфель, набитый книгами из Ленинки. И книги в переносном смысле: когда объявляют о смерти Сталина, он идет в библиотеку, к «Сказаниям иностранцев о Смутном времени» в пяти томах: «не из усердия к работе, которую по долгу службы вменялось мне мусолить, но ради созерцания чистых исторических далей, ничего не имеющих общего ни с поприщем моим, ни с современным положением» [Терц 1992, 2: 514]. В каком-то смысле, однако, у Смуты гораздо больше общего «с современным положением». Это жестокий и туманный период, когда смерть правителя оставила вакуум власти, с ожесточенной и беспощадной борьбой различных фракций, эпоха со своими самозванцами и узурпаторами, очевидно параллельно эпохе Синявского. Перенося фантастические и гротескные сцены убийств и пыток из того далекого прошлого в свое повествование, Синявский смягчает настоящее, смотря на него через призму истории.

Книги как таковые дают Синявскому возможность побега:

> Хорошая книга, уверен, дает возможность заместить нам бессмысленность жизни. Книга существует где-то параллельно тебе, и чуть вспомнишь о ней — отлегло от сердца. Появился запасной выход [Терц 1992, 2: 515].

Запасной выход для автора — не только в прошлом, но и в мире воображения, в мире слов.

В ночной прогулке по улицам Москвы его сопровождает таинственный «друг», который впервые вошел в его жизнь в 1946 году [Терц 1992, 2: 529]. Сама дата (совпадающая по времени с гонениями Жданова на интеллектуальную и культурную жизнь страны, которые и привели к разочарованию Синявского в режиме) наводит на мысль о связи с Терцем. В несколько наигранном сценарии разговоры с «другом»[52] позволяют Синявскому спроецировать на них внутренний диалог, в котором он связывает свои первые, еще не оформленные, мысли о неповиновения властям, появившиеся в 1946 году, с его решением посвятить себя писательству по мере того, как сталинская эпоха подходила к концу [Терц 1992, 2: 530, 536]. Урок приходит в форме откровения в стиле Достоевского: «Выход — в каждом из нас. В каждом, Андрюха! "Царство Божие — внутри"...» [Терц 1992, 2: 530]. Речь о том, чтобы отключить рациональный ум, двигаться туда, куда направляет «высший разум».

Таинственный спутник Синявского и его альтер эго, очевидно, обладал даром ясновидения, в частности, «научился угадывать без промаха лотерейные билеты». Да и сам Синявский не отрицал, что выиграл первый приз. Всплывают образы Маяковского, Пастернака (из «Охранной грамоты» [Пастернак 2003–2005, 3: 3]) и Пушкина: «как хотите, но исторически мне повезло в жизни!» [Терц 1992, 2 536].

От века, доставшегося на его долю, «как выигрышная карта», не отказаться:

в качестве автора, соединенного с определенной эпохой (конца 40-ых – начала 50-ых годов), эпохой зрелого, позднего и цветущего сталинизма, я не могу не вспоминать о моем времени

---

[52] Размышляя о двойнике, Синявский вспоминает «Межзвездного скитальца» Дж. Лондона (прямо книгу не называя): «Там некий узник под пытками, завязанный палачами в смирительную рубаху, свободно, теряя сознание от боли, находит внутренний выход и путешествует из края в край, по всем своим прежним, дожизненным орбитам. Чем биться в стену башкой, свершая никому не нужную революцию, не лучше ли тихо уйти отсюда каким-нибудь медитативным путем? Пусть тело — в мешке, душа — витает» [Терц 1992, 2 1984: 530, 536].

с известным удовольствием и чувством сыновней признательности. Да, не постесняюсь сказать: я дитя той кромешной эпохи [Терц 1992, 2: 536].

Имелась, однако, опасность, которую Синявский осознавал в полной мере. Уйти в воображаемый мир — это одно, а оторваться от реальности — совсем другое. Размышлять об окружающем, вглядываясь в мир напряженным и восприимчивым взором «собирателя», несет в себе опасность эстетизации реальности, придания искусству более высокой ценности, чем жизни, опасность остаться отсиживаться в башне из слоновой кости, пока другие выходят «на площадь» и идут по лагерям [Терц 1992, 2: 536] Вот проблема, вот вопрос, вокруг которого строится последняя глава этой фантастической автобиографии.

Глава 5. «Во чреве китовом»

В «Спокойной ночи» Синявский намерен ответить тем, кто приравнивает писания Терца к измене, предательству либо государства, либо самого святого в русской литературе. Главная тема этой заключительной главы — предательство, преломленное через христианскую символику. Кошмарная фантасмагория сталинских лет здесь сменяется повествованием, где реальность и фантазия присутствуют в равной мере, а ужас отступает, когда сказка соединяется с притчей. Религиозность Синявского, никак не связываемая с догматизмом или проповедью, а скорее безоговорочная вера в нечто «высшее», в его искусстве обретает форму иконы, визуальной метафоры этой веры, что образует тематическую связь между этой и предыдущей главами; здесь вновь проявлены связи между Синявским, Пастернаком и Маяковским[53]. Тогда как Терц продолжает выступать в роли рассказчика, Синявский — главный герой, с явным намерением взять на себя ответственность и вы-

---

[53] Иконы в заключительных сценах «Опасных связей» — не только отсылка к пастернаковским «Стихотворениям Юрия Живаго», но и к «Облаку в штанах» Маяковского с подзаголовком «Тетраптих». Лирический герой поэмы представляет себя тринадцатым апостолом как «пародией на икону. Но высокой и трагической пародией» (HIA. Коробка 19. Папка 9. Лекция 1. Л. 13). Напоминая читателю, что Маяковский собирался стать художником и даже учился живописи, Синявский описывает «Облако в штанах» как «его собственную иконопись на языке двадцатого столетия» (HIA. Коробка 19. Папка 9. Лекция 1. Л. 12).

ступить от своего имени. «Гул затих. Я вышел на подмостки»; все внимание — на Синявском [Терц 1975в: 163][54].

Как бы подчеркивая возвращение к истокам и замыкая круг повествования, Синявский в «Во чреве китовом» в ином ключе перерабатывает первую и вторую главы. Сюжет «полицейские и воры», впервые представленный яркой литературной игрой, сейчас инсценируется как реальная охота на улицах Москвы, в напряженной атмосфере, напоминающей фантастический реализм Достоевского. Появляются аллюзии на «Преступление и наказание», отсылки к «Бесам» (1871) и «Братьям Карамазовым» (1880). Игра все еще сохраняет свой смысл, но более не нуждается в полетах фантазии, так как реальность сама изобилует ими. Как Синявский отмечал в «Отце», фантастическое присутствует повсюду: в способности КГБ видеть сквозь стены, на расстоянии следить за передвижениями агентов и их жертв, равно как и в его чудесном освобождении. Сейчас, однако, и ставки выше, и аллюзии насыщеннее, так как автор несет ответственность не только за собственную судьбу, но и за чужую. Шутовство раннего Терца, изменчивый, как хамелеон, романтический герой, выступающий в разных обличьях — все иронически переосмысляется в истории о вывозе Синявского в Вену: в качестве приманки для КГБ он надевает дешевые солнечные очки, словно пародируя низкопробные шпионские фильмы.

Кто здесь Синявский — не более чем второстепенный персонаж, литературная пародия (словно Онегин), или подлинный герой? Юмористическое самоуничижение, усвоенное от Розанова и воплощенное в автопародии, подобной описанной выше, заставляет предположить, что элемент игры все еще здесь и что Синявский, несмотря ни на что, выходит на первый план, стремится к мистификации, разрывается между необходимостью раскрыть себя и желанием оставаться вне досягаемости досужих взглядов, потребностью сохранить свою внутреннюю неприкосновенность. С другой стороны, это самоуничижение отнюдь не

---

[54] Ср. немного ранее: «Бывает, приходит срок, и находившийся всю долгую жизнь вне поля зрения автор, избегавший высказываться от собственного лица (ради невинных птичек, о которых, в прекрасной безвестности, он что-то там щебетал невнятное на птичьем языке), вынужден напоследок принять участие в зрелище, даже не им затеянном» [Терц 1975в: 163].

является отвлекающим маневром; скорее, оно служит акцентированию глубинной серьезной проблематики произведения. Герой, упреждающий любые попытки со стороны приуменьшить и принизить его, сознательно привлекает внимание читателя намеками, вовлекает его в свою игру. Более прямое, чем где-либо еще в романе, обращение Синявского к читателю пронизывает текст этой заключительной главы.

Герои и злодеи — вот материал, из которого сделана его фантастическая автобиография, и герой нуждается в злодее как в противовесе. Синявский предлагает себя для критического изучения в паре со своим другом детства, Сергеем Хмельницким, или «С.». Другое дело, что выбор Хмельницкого в качестве главного злодея сам по себе оказался проблематичен, так как поставил под сомнение правдивость Синявского. Хмельницкий был вынужден дать Синявскому резкий ответ, отметив, что тот представил его «воплощением зла», чтобы создать мрачный фон, на котором «его собственная безупречная личность чудесно высветится» [Хмельницкий 1986: 151–152].

На это можно было бы ответить, что Хмельницкий слишком буквально воспринял написанное; возможно, здесь сказался тот же порок, коим, по убеждению Марьи Васильевны, страдает большинство современных россиян. Навряд ли Синявский стал бы прибегать к столь дешевой мести, чтоб под прикрытием вымысла опорочить репутацию конкретно Хмельницкого. Дело не только в том, что характерные черты, обрисованные Синявским в портрете Хмельницкого, подтверждаются фактами; его изобличающий портрет — шедевр мастерски выстроенных аллюзий. Здесь изображен не столько отдельный человек, сколько, в сочетании, все те черты, что составляли для Синявского портрет его поколения, — поколения, в котором взаимные подозрения и предательство широко распространились в обществе и даже среди самых близких людей, когда многие, не только Хмельницкий и сам Синявский, использовались КГБ в качестве потенциальных информаторов[55]. «*Герой Нашего Времени*, мило-

---

[55] В ответ на статью Хмельницкого в израильском журнале «Двадцать два» Синявский направил письмо не только в «Двадцать два», но и в редакцию «Континента», когда стало известно, что журнал тоже собирается ее публиковать. Он кратко изложил

стивые государи мои, точно, портрет, но не одного человека: это портрет, составленный из пороков всего нашего поколения, в полном их развитии» [Лермонтов 2000: 213].

Предоставляя читателю судить окончательно, как это сделал Лермонтов, Синявский рисует портрет Хмельницкого неоднозначно и многослойно, играя на сходствах между собой и «С.», равно как и на их различиях. Синявский представляет себя и «С.» как братьев-близнецов, порожденных эпохой, когда донос не только поощряется, но и возводится до статуса романтического, героического поступка. История Павлика Морозова, переплетенная с историей Хмельницкого, подчеркивает извращение таких фундаментальных понятий, как жертвенность и мученичество в их связи с противоречивыми представлениями о героизме и предательстве. Еще более тревожит автора то, что они связаны с обманчиво невинной фигурой ребенка, мальчика, о котором Синявский пишет как о еще одной «иконе», подобной «бесплотному отроку с юродской картины Нестерова» [Терц 1992, 2: 554]. И сам вопрос предательства неразрывно связан не столько с Хмельницким, сколько с проблемой искусства и его отношения к жизни.

Искусство свело вместе Хмельницкого и Синявского, искусство и близкое обоим отрицание «похвальбы и скучищи приказчичьего консервативного стиля. С. помог мне избавиться от реализма, от Писарева, от пользы, от высокой идейности и дидактики в эстетике» [Терц 1992, 2: 548]. В этом смысле, пишет Синявский, «я ему обязан». И все же вопрос о том, что важнее — искусство или жизнь, рефреном проходящий через творчество Синявского, все более настойчиво возвращается к нему на последнем этапе жизни. Его искренность как человека и как писателя зависит от ответа на этот вопрос. «Нас губит не искусство, но связь искусства с действительностью» [Терц 1992з: 549]. В отрыве от реальности,

---

факты: как на него и Хмельницкого вышло тогдашнее МГБ, как он решил спасти Пельтье и как Хмельницкий следил не только за ней, но и за двумя друзьями, Ю. Э. Брегелем и В. Р. Кабо. В каждом случае Синявский приложил два письма: от Пельтье и от Брегеля, с которым он встречался в эмиграции. Оба подтверждают мнение Синявского о Хмельницком [Синявский 1986а: 221–223; 1986б: 337–342]. По мнению Алексеевой, отказаться от предложения КГБ «было равносильно самоубийству» [Alexeyeva, Goldberg 1993: 136–137].

отстранении от острых социальных и политических проблем того времени обвиняли его друзья-интеллигенты: «Мы <...> пойдем по лагерям! А ты, ты, Андрей, будешь отсиживаться в башне из слоновой кости?!..» [Терц 1992, 2: 562][56].

Уход в сферу чистого искусства по сути связан с другими, более волнующими последствиями подчинения жизни искусству, что и свело когда-то Синявского с Хмельницким «на самодостаточной форме, как точке отсчета» [Терц 1992, 2: 548]. В этой точке, однако, их взгляды расходились. Пушкин как человек и поэт — разделение, отраженное в двойственности Синявского, — обретает свое отрицательное воплощение в Хмельницком: «Он умудрялся и стихи писать так, как если бы, раздваиваясь на своего однофамильца, совершал геройские подвиги с артистической решительностью» [Терц 1992, 2: 549].

Чарующий зов искусства чреват искушением эстетизации жизни, риском прожить жизнь как зрелище, опасностями, о которых писал Пастернак в «Охранной грамоте» (не будем забывать и о сталинском стремлении превратить жизнь в искусство), а именно, риском и опасностью создания этического вакуума, своего рода ничейной земли, где «все позволено». Такова позиция Хмельницкого, в уста которого Синявский вкладывает раскольниковское: «По ту, мол, сторону добра и зла, приятель. Божественно. Поверх барьеров» [Терц 1992, 2: 549][57]. Синявский, подтверждая свою приверженность чистому искусству, подвержен той же опасности. Разве он не писал: «Поэзия выше нравственности — или по крайней мере совсем иное дело» [Терц 1975в: 170][58]?

---

[56] См. также: [Розанова 1994: 144].

[57] Синявский использует специфическое выражение «поверх барьеров», намеренно отсылая читателя к названию раннего поэтического сборника Пастернака. Последний говорит об этом своем сборнике в «Охранной грамоте» как о поворотной точке: «Я отказался от романтической манеры. Так получилась неромантическая поэтика "Поверх барьеров"» [Пастернак 2003–2005, 3: 227]. Этот отказ от романтической манеры совпадает с его разрывом с Маяковским и синонимичен отказу от концепции биографии как зрелища: «Я расставался с ней в той еще ее стадии, когда она была необязательно мягка у символистов, героизма не предполагала и кровью еще не пахла» [Пастернак 2003–2005, 3: 227].

[58] Здесь Синявский цитирует Пушкина, прямо на то указывая после цитаты («Заметки на полях статьи П. А. Вяземского "О жизни и сочинениях В. А. Озерова"» [Терц 1975в: 170]).

Далее Синявский использует метафору, характерную для Достоевского — линия, граница, порог, черта. Когда Хмельницкий хвастается, что «дошел до черты», Синявский замечает: «в черте у него крылось предательство», оправдание которому — не в вере в поступок во благо, как у Павлика Морозова, но в восторге «высокого созерцания» [Терц 1992, 2: 549, 550]. Иными словами, его прегрешение — эстетический акт, спектакль, где ему отведена желанная заглавная роль. Черта, которую он переступает, — огни рампы, отделяющие искусство от реальности, театр от жизни.

В главе «Во чреве китовом» Синявский возвращается к тропу театра, с которого начинается «Спокойной ночи», к театру как месту, где сплетаются замысловатые узоры аллюзий и в котором наслаиваются друг на друга Достоевский и Пастернак. Эстетизм Хмельницкого кроется в театрализации его жизни. Вспоминая слова Пастернака о Маяковском и его мысль о биографии как о зрелище, сошлемся и на раннее прозаическое произведение Пастернака «Письма из Тулы» (1918). Там наигранная театральность кинематографической труппы из Москвы, которая даже ужин в станционном зале ожидания превращает в театральный спектакль, противопоставляется старому актеру, который в гостиничном номере играет роль из старой пьесы о любви. Это не актерское мастерство, а полное погружение актера в роль, возвращение к самой сути искусства, основанного на вдохновении и любви как жесте самоподавления. Этическое измерение перехода жизни в искусство зависит не только от искренности актера, но и от степени забвения, которой он способен достичь.

Хмельницкий разоблачен своими «спектаклями», сценами, которые намеренно установлены как параллели с событиями в жизни Синявского. Наиболее насыщен смыслом эпизод главы, когда Хмельницкий объявляет экспромтом о намерении поцеловать девушку на вечеринке бывших одноклассников. С намеком на Ставрогина в «Бесах» то, что начиналось как поцелуй, без видимой причины заканчивается тем, что Хмельницкий прокусывает губу девушки [Терц 1992, 2: 567]. Хмельницкий не отдается полностью своей роли, это не более чем дешевая провокация.

В отличие от Маяковского, полностью и подлинно превратившего свою жизнь в искусство, от старого актера в «Письмах из Тулы», который достигает полного забвения в своей роли, Хмельницкий свою роль играет поверхностно и цинично, так что, когда он пытается стереть грань между искусством и жизнью, отсутствует этическая «охранная грамота» искренности. Более того, высокомерное презрение к аудитории («кретины!») его отдаляет, исключает любые виды общения либо сотрудничества. Результат — отвержение и изоляция актера в развязке эпизода, что связывает его с концом «Прогулок с Пушкиным», перекликаясь с «Гамлетом» Пастернака в тот момент, когда главный герой («я один...») выходит на подмостки к зрительному залу. Разницу между двумя сценами определяет не только отсутствие или наличии искренности, но и понятие жертвы. Гамлет, в понимании Пастернака, подобно Христу, несет на плечах бремя ответственности[59]. Он не переступает огни рампы, он выходит на сцену, на суд публики, — акт смирения, принятия ноши, тогда как Хмельницкий преступает черту, принося в жертву двух друзей, то есть совершает акт эгоистичного высокомерия.

Христианские коннотации, центральные в изображении художника Пастернаком, обыграны в «Спокойной ночи» мотивом поцелуя[60]. Хмельницкий не только выдал КГБ двух друзей, Брегеля и Кабо. В 1964 году на одной из неофициальных бесед он, скорее всего опрометчиво и ненамеренно, проговорился о том, что Николай Аржак — это не кто иной, как Даниэль (что повлекло за собой мрачные последствия)[61]. Тогда как описание Синявским сцены с поцелуем на вечеринке можно списать на «художе-

---

[59] Синявский подчеркивает, что эта идея присутствует в стихах Маяковского. В поэме «Про это» один из двойников автора, богоподобный поэт («человек из-за 7-ми лет») появляется, чтобы возложить бремя спасения человечества на плечи «маленького» Маяковского («медведя»), обычного, слабого человека (HIA. Коробка 20. Папка 4. Лекция 22. Л. 4–10).

[60] Символика вероломного поцелуя как перформанса имела свою аналогию в сталинской практике: «Он обнял друга и прошептал ему: "Я тебя убью!" Сталин поцеловал его перед всеми, но в то же время готовил его убийство» [Theimer Nepomnyashchy 1991a: 19].

[61] Непредвзятое изложение дела Брегеля и Кабо и роли Хмельницкого в нем см. в [Alexeyeva, Goldberg 1993: 114–115; см. также Воронель 1986: 145–151]. Рассуждения Хмельницкого о Даниэле см. там же и в [Нудельман 1986: 140–141; см. также Alexeyeva, Goldberg 1993: 133–134].

ственное преувеличение», два предательства (одно преднамеренное, другое неоднозначное) — подтвержденные факты, что и сам Хмельницкий не опровергает[62]. Попытка поцелуя у Хмельницкого не удалась: поцелуй превратился в укус. Так Синявский перенастраивает калейдоскоп образов, которые связывают «Спокойной ночи» и «Прогулки с Пушкиным». Хмельницкий пускает кровь, но он не вампир, не Пушкин и не Пугачев. Его поступок лишен поэзии и терпит провал, принижая, а не приподнимая его в глазах аудитории. Вперед, настоящий герой!

Тщательно прорисовав портрет Хмельницкого, Синявский вводит в драму другого ключевого игрока: Элен Пельтье. Как и Хмельницкий, это персонаж и реальный, и символический. Дочь французского военно-морского атташе в Москве в послевоенные годы, первая в то время иностранка в МГУ, она была сокурсницей и близким другом Синявского. Позже именно она провезла контрабандой ранние работы Терца для публикации на Западе. Ее судьба переплелась с судьбами Синявского и Хмельницкого, когда КГБ привлек писателя к поимке ее с поличным; он должен был жениться на ней и тем самым обеспечить через нее канал для входа советских спецслужб на Запад [Alexeyeva, Goldberg 1993: 136].

Однако символическая роль Элен в автобиографии Синявского гораздо больше, чем сумма фактов. Ее появление в повествовании говорит о том, что начинается сказка: «Элен, будто так и полагается, без страха, словно какая-нибудь Сандрильона, вошла в наш заколдованный дом...»; а в сказках, как напоминает Синявский, «все иначе, нежели это нам поначалу рисовалось <...> Последние окажутся первыми. Бедный — богатым. Дурак, в действительности, умница и красавец. Золушка выйдет за единственного принца. И людоед не одолеет Мальчика-с-пальчика» [Терц 1992, 2: 505].

Вот, в двух словах, и вся история; осталось только дать некоторые пояснения. Во-первых, на самом деле «принцесс» было

---

[62] Хмельницкий пишет, что вечеринка вроде описанной Синявским действительно была, однако сам Синявский на ней не присутствовал. Не было и скандала с нападением на девушку [Хмельницкий 1986: 157]. О доносе на Брегеля и Кабо он говорит как о «неискупимом грехе» [Хмельницкий 1986: 168].

две: первой была Марья Васильевна Розанова, которая, как рьяная защитница мужа, стала героиней другой его истории. Во-вторых, Элен была не менее героиней, чем Синявский — героем. Мало того, что она открывала окно в мечту Синявского — Францию, и когда пришло время, это стало подлинным путем его спасения. Она также помогла ему взглянуть на реальность советского коммунизма в более широком контексте своей католической веры, преобразуя его жизнь силой чудесной сказки.

Чудо и волшебство, как уже отмечалось, постоянно присутствуют в восприятии мира Синявским; так же они нераздельны в русской культуре. В случае с Элен Пельтье и ее ролью в его истории чудо и волшебство идут рука об руку, потому что она была выразительницей «чего-то более пространственного, нежели ее собственная душа, — феей, голубоватым дымком, световым излучением» [Терц 1992, 2: 576].

Элен появляется не просто как Золушка или принцесса, но как «девушка в голубом платье», Пресвятая Богородица, покровительница и заступница, вышедшая из «иконы» в конце «Опасных связей» в реальные события жизни Синявского в заключительной главе. У Элен религия и литература соединяются в идее искупления через искусство: она одновременно и Святой Младенец, и Матерь Божья. Она же и Соня Мармеладова, в смирении и силе способная привести грешника к раскаянию и искуплению через любовь[63]. Через такое символическое воплощение Элен Синявский воссоединяется с отцом через их общую связь с «Преступлением и наказанием»: именно Соня Мармеладова сделала его отца-идеалиста революционером, а Элен помогла Синявскому совершить его революционное действия, когда вывезла за границу сочинения Терца.

Столкнувшись с выбором — подвести Элен или спасти ее, — Синявский вместо этого решает обмануть КГБ, разыграв для них представление. Сказка продолжается, и герой отправляется спасать девицу, попавшую в беду (хотя сценарий событий все

---

[63] Соню Мармеладову сибирские зэки тоже воспринимали как Богородицу. Идея спасения через любовь также является центральной у Маяковского в поэме «Про это» (HIA. Коробка 19. Папка 12. Лекция 13. Л. 5).

больше движется к «Преступлению и наказанию»). Пока Хмельницкий играет роль ницшеанского Раскольникова, который переступает «черту», Синявский, в иной ипостаси конфликта между обывателем и поэтом, показывает человеческую природу, открытую для покаяния, искупления и преображения. В атмосфере, напоминающей о Петербурге Достоевского, чувство вины, жара, замусоренный парк вызывают галлюцинации о том, как он пытался оттереть свои следы на полу в комнате (которые оказались всего лишь солнечными пятнами: «наследил как последний маляр!») [Терц 1992, 2: 558].

Появляется тщательно выстроенный эпизод с поцелуем Элен и Синявского как очевидное противопоставление нападению Хмельницкого на девушку. Герои совершенно искренни, они не играют какой-то роли. В их самообладании, взаимном самопожертвовании этика искусства и христианства сходится вместе, так что поцелуй, которым они обмениваются, является залогом их отношений, основанных на доверии и мотивированных любовью, где искусство и жизнь играют равнозначные роли [Терц 1992, 2: 590]. Этот поцелуй, диаметрально противоположный обману и предательству у Хмельницкого, — первый шаг Синявского на пути к свободе, когда он поворачивается спиной к Советскому государству и извращенной морали, на которой оно построено. Отвергнув пахнущие кровью единомыслие и соглашательство, он делает свой выбор (теперь это отголоски «Братьев Карамазовых»).

Свобода воли, если рассматривать ее в контексте жертвоприношения и кровопролития, приобретает иное значение:

> Тебе, предположим, из очень-очень высоких нравственных идеалов, велят зарезать ребенка? Ты станешь выбирать: зарезать или не зарезать? И не покажутся ли тебе после этого сами эти идеалы слегка, мягко выражаясь, подмоченными кровью — не собственной, не нашей кровью пролетарьята, а чужой, невинных младенцев, которую, Ленка, чем дальше и внимательнее ты смотришь, тем все больше и больше различаешь на доблестном, уже упившемся, красном стяге» [Терц 1992, 2: 590].[64]

---

[64] Кровавый «красный стяг», знамя революции — образ, открывающий главу пятую, о «новом человеке», в «Основах советской цивилизации».

Свободы выбора не существует, когда речь идет о принесении в жертву других.

Единственная свобода, которая достижима — та, о которой поначалу напоминает описание Хмельницкого в конце его «выступления»: мучительная свобода изоляции, чувство изгоя, «очнувшегося вдруг в одиночестве» [Терц 1992, 2: 591]. Это отголоски тех упреков в предательстве, что связывают этот ранний период жизни с эмигрантским опытом Синявского. В глазах Советского государства он действовал как предатель, спасая Элен, а в глазах эмигрантов его верность России сочтена сомнительной; следовательно, он все еще остается «врагом народа» и «русофобом».

Однако ощущение изоляции, как он убедительно демонстрирует читателю, соотносимо с инаковостью не слабого и трусливого Хмельницкого, а Гамлета, похожего на Христа, пастернаковского русского Гамлета, пробужденного в «Голосе из хора». Синявский не скрывался в своей башне из слоновой кости, когда необходимо было сделать выбор в отношении Элен, он действовал. Но для него недостаточно было бы просто опровергнуть обвинения против себя действиями, какими бы важными они ни были. Его оправдание и освобождение заключались в искусстве, чистом искусстве как активном, этическом ответе на вызов его времени.

Башня из слоновой кости служит тому примером. Отвечая на упреки, он говорит о Лефортовской тюрьме: «Вот она — Башня. Слоновая кость» [Терц 1992, 2: 562]. Лефортово — не просто тюрьма, оно для Синявского часть его самого; именно здесь официальное и неофициальное сливается в революционной родословной его отца: «У меня отец еще сидел в Лефортове» [Терц 1992, 2: 398]. В его собственном пребывании среди товарищей-зеков была особая гордость, а его легендарный статус придавал ему ауру, вполне подходящую для совершения героических подвигов.

Подвиг Синявского — в освобождении через алхимию языка. Разводя лефортовские стены «боковым зрением», он открывает дверь в параллельное измерение, где «нежилые железные леса» тюрьмы превращаются в сказочный замок, весь из света и воздуха. Трансформация достигается через воображение и постоянное наращивание, казалось бы, случайных ассоциаций, которые неявно переходят одна в другую. Начиная с вездесущего образа «паука»-Сталина и «тарантула»-Хмельницкого и заканчивая государством, ищущим и пожирающим беззащитных жертв, Синявский превращает паука в «вечного труженика», плетущего свою легкую паутину, и ее тонкие нити, подобно его метафорам и аналогиям, переплетаются на просторах печатного листа: «от мертвого паука к живым струнам арфы» [Терц 1992, 2: 564].

«Образ прозы соотносится с Лефортовским замком в виде паутины» [Терц 1992, 2: 565]. Искусство, вдохновленное чудом творения, чудесной взаимосвязанностью вещей, творит свою магию через ассоциации, восстанавливая все то, что было сломано и обессмыслено. Сталинская ночь, породившая и Синявского, и Терца, — не более, чем один из эпизодов в долгой истории России, которую марксистская теория свела к прямой линии, препятствуя любому диалогу между прошлым и настоящим и полагая будущее предрешенным. Такой взгляд на историю творит жертвы из тех, кто оказывается в ней: «О, потоп Истории, пускающий нас водопадом по камням Месопотамии!» [Терц 1992, 2: 501]. Ассирийские рельефы, с которых начинается глава, наводнены гибелью охотников и жертв. И все же этот самый фриз, который с каменной жестокостью и безнадежностью говорит о неизбежности смерти, через искусство Синявского превращается в нечто, подтверждающее жизнь.

Начиная с каменного потока истории в барельефе, который уравнивает камни и воду, тянется связь, которая позволяет одним принять свойства другой. В пещере во Франции, в конце главы, образ воды вырастает далее, бросая вызов и побеждая неизменность истории и смерти, поскольку сами камни становятся текучими: «Раздалась, и тронулась, и потекла, и потянулась пещера, вся из камня, как вода» [Терц 1992, 2: 551–552].

История возрождается к жизни как к тому, что можно почувствовать, увидеть и пережить. Не нечто внешнее и чуждое, но живущее в каждом человеке в форме памяти, выраженной через искусство, памяти как такой же естественной силы, как вода, ландшафт и деревья: «Как если бы листья несли память о целом дереве, а дерево — о земле» [Терц 1992, 2: 475]. История — не столько вопрос времени, сколько пространства, слоев, отложений. Образ слоев, напластования как естественного процесса затем связывается с книгами, библиотекой как живым хранилищем истории. «История не почва. Каменистее <...> Скопление томов подобно тяжелым, глубоким геологическим отложениям» [Терц 1992, 2: 518].

Из истории — в книги; и вновь в библиотеку имени Ленина — в ту башню из слоновой кости, куда Синявский в очередной раз убегал в день, когда объявили о смерти Сталина. Именно в книгах жизнь заново обретает смысл, причем жизнь не однолинейная и однозначная, но богатая и разнообразная, построенная из тех же ассоциаций, которые составляют творчество Синявского:

> Сходное видим в хрониках прошлого. Медленное переливание времени. Из одного проистекает другое, из другого третье. Все взаимодейственно. Не то, что у нас. Пусть рознятся версии в летописи. Пускай одному иноземцу Самозванец открылся истинным Ахиллом. Другому — наоборот. Это можно связать, представить. Тут есть логика и слышен Промысел Божий. Это вам — История, а не заезжий двор. История (как ей подобает), облеченная в Вечность, Вечность — в баснословные образы. История, которой сегодня нам так недостает... [Терц 1992, 2: 516].

История — богатый, замысловатый узор, разнородные нити, сплетенные в единую картину, где элементы, лишенные смысла в отдельности, сходятся вместе, чтобы сформировать единое целое:

> Какие вышивки! Какая игра ума, вплетенная в развитие жизни, позволяющая строить догадки, что история, быть может, художественное полотно, расшитое драгоценным узором!.. Кто ткал его? Кто рассадил цветы?.. [Терц 1992, 2: 514].

История как гобелен и гобелен как искусство, которое обещает примирение и искупление, объединяются в конце автобиографии Синявского, когда он рассматривает в Вене средневековую вышивку, где боль и страдания Распятого превращаются в творение вечной красоты («волшебная ли сила, перешедшая в игривую вышивку»). Только вера в высшую силу может помочь искусству преобразить то, что, как кажется, запредельно лишено смысла. На гобелене Страстей Христовых объединены идеи самопожертвования и любви, те идеи, которые сформировали этическую основу творчества Синявского.

Вернемся к ассирийскому барельефу: его сила не в изображенном ужасе, а в его способности пережить тысячелетия, до сих пор вызывая сопереживание зрителя. Камни и памятники, которые служат метафорами для барьеров смерти, молчания и отсутствия связи, меняются в восприятии художника. Равнодушные стены потьминской пересыльной тюрьмы эхом отражают голоса и отголоски, напоминая о всех, кто в них побывал; «нежилые железные леса» Лефортова вибрируют бесконечно малыми звуками, превращая смерть и тюремное заключение в жизнь и свободу.

Паутина прозы Синявского состоит из пробелов, «промежутков между нитями», которые несут не менее смысла, чем нити-слова. Это возвращает Синявского к «Прогулкам с Пушкиным» и обвинениям, выдвинутым против него за обращение с Пушкиным. Работа Синявского о поэте была актом самоуничижения и любви, чтобы вернуть его к жизни. В то же время он в очередной раз, неявно ссылаясь на Пушкина, может ответить на вопрос о чистом искусстве и его отрыве от реальности. Хотя «обожествленное творчество самим собою питается, довольствуется и исчерпывается» и поэтому «неизбежно выродилось бы в самую злую пародию», оно спасено тем, что обладает

> потенциалом, позволяющим ему, по уши погруженному в пошлость, внезапно, спонтанно загораться и воспарять. Дайте только повод, и чуждое всему, забывшее о небесных дарах, оно откроет в душе «и божество, и вдохновенье, и жизнь, и слезы, и любовь» [Терц 1975в: 173–174].

В способности художника провидеть «за сценами мучений и смерти... о чем-то другом, что последует затем», две ипостаси, человека и поэта, объединяются. Искусство «крепче и долговечнее, и, если угодно, оно жизненнее разрушительной жизни. Оттого оно и целительно, и нравственно всегда, независимо от глупой морали... Искусства нет без любви» [Терц 1992, 2: 599]. Исходя из этого, приобретает особый смысл цитируемая Синявским пушкинская мысль «Поэзия выше нравственности — или по крайней мере совсем иное дело» [Терц 1975в: 170].

Возвращение Синявского в Россию, сорванная попытка КГБ заставить его заманить в ловушку Элен повторяет его «прогулки» с Пушкиным. Это синтез: человек и писатель соединяются. Пустота — «содержимое» Пушкина, его восприимчивость, — молчание Синявского. Пока его чекисты-сопровождающие проводят время в пустой болтовне, он впитывает магию ночи и открытые перед ним возможности. Это встреча не только с самим собой, но и со временем, страной и семьей, объединение через метафору ночи, преобразованной до неузнаваемости. Ночь, которая когда-то олицетворяла сталинскую Россию, ночь, порождавшая фантасмагорию кошмаров, синоним смерти, теперь становится прибежищем, укрывающим в себе обещание новой жизни, света и творчества. Как в «Доме свиданий»: «А ночь не спит, ночь охраняет сон и творит, ночь извлекает свет и огонь из сгустившейся тьмы» [Терц 1992, 2: 609]. Ночь — это связь с семьей, детством, с корнями, воспоминания о ночах на террасе в семейном гнезде в Рамено, где он непременно воссоединится с отцом. История заканчивается не окончанием и даже не новым началом, а изначальным обещанием и растворением писателя в воздухе, который его окружает, неуловимым как «уводящий в сторону, в ночь, паровозный гудок». Само по себе путешествие — метафора писательства как незавершенной миссии с открытым концом; биография — не последнее слово, но процесс открытия или путь к неизведанному. «Дух блуждает где хочет» [Терц 1975в: 176].

Глава IV

«Когда я начал размышлять о последнем десятилетии, то внезапно осознал, что это было самое горькое время в моей жизни, потому что нет ничего более горького, чем несбывшиеся надежды и утраченные иллюзии» [Siniavskii 1997: 10]. Так говорил Синявский в своей лекции в Гарримановском институте в 1996 году. Утраченные иллюзии в его понимании относятся к положению интеллигенции и той роли, которую большая ее часть сыграла или, вернее, не смогла сыграть в формировании молодой российской демократии и которая для него закончилась с расстрелом Ельциным Белого дома в Москве в октябре 1993 года. Поддержав Ельцина в конфликте с российским парламентом, интеллигенция, по словам Синявского, продалась властям, что он посчитал ужасающим повторением конформизма сталинских лет [Siniavskii 1997: 5–9].

Синявский имел полное право чувствовать горечь. Ощущение узнавания ошеломительно; отрывки из лекции читаются как переиздание эссе «Что такое социалистический реализм», где он впервые высказался против свинцового классицизма советских ортодоксов. Изменилось все и не изменилось ничего. Представление о том, что иномыслие и отличие от других — само по себе преступление, против чего он боролся от лица Синявского и Терца с первых дней своей жизни, не исчезло. Любая попытка быть независимым вновь считается угрозой и воспринимается как предательство, словно в советские времена.

Советская литература запугивала своих читателей — и себя саму — призраком предательства. Прояви жалость к врагу, и ты предатель. Останься в стороне от классовой борьбы, и ты предатель. Начни отстаивать право не вступать в партию или независимость личности, и ты предатель [Siniavskii 1997: 3].

Слова «предатель» и «предательство» звучат в ушах читателя, как они должны были звучать у Синявского в прошедшее десятилетие, когда он до последнего защищал свое право на независимую мысль, свою веру в интеллектуальный, моральный дух и духовные искания или, другими словами, необходимость рисковать как этический и творческий императив. Страстный, эмоциональный тон отрывка, когда голос Синявского уступает на мгновение голосу Терца, говорит о том, насколько для него это глубоко значимо, насколько важны для него те идеи, что пронизывают его творчество последних лет. Представление о писателе как о чужаке, враге, вредителе, которое рассмотрено им сначала через инопланетянина Сушинского в «Пхенце», а затем через еврея Крошку Цореса, теперь интерпретируется в более общем контексте предателя и постороннего, и в конечном итоге — в образе писателя-чародея.

Прежде всего, однако, обвинения в предательстве связаны с давними слухами о его сотрудничестве с КГБ, которые распространялись в кругах эмигрантов. Согласно мрачной сказке, больше напоминающей низкопробное шпионское чтиво, органам госбезопасности удалось проникнуть в эмигрантскую жизнь, и репутация Синявского оказалась под постоянным подозрением. Публикация «Спокойной ночи» в 1984 году впервые сделала предметом публичного обсуждения вопрос о связи с КГБ и его предысторию конца 1940-х годов. Если Синявский и надеялся, что слухи, которые преследовали его с тех пор, как он прибыл на Запад, прекратятся, то этому, к сожалению, не суждено было случиться. Ответ Хмельницкого на нелестное изображение его Синявским в романе, статья под названием «Из чрева китова», вышедшая в русскоязычном израильском журнале «Двадцать два» в 1986 году, еще подлила масла в огонь, и Синявский был заклеймен предателем[1]. Кроме того, к слухам о сделке с КГБ для

---

[1] См. Главу III.

сокращения тюремного срока Синявского и облегчения его выезда на Запад, добавились сплетни, которые активно распространял Максимов в своем «Континенте»: о том, что Синявский был послан советским правительством как провокатор для подрыва деятельности эмигрантов-диссидентов, в частности Солженицына [Розанова 1994: 143]. Эти слухи как будто бы подтверждались опубликованным в 1992 году в другом израильском журнале — «Вести» — документом: докладной запиской ЦК КПСС от руководителя КГБ Ю. В. Андропова в 1973 году, когда Синявские уехали во Францию [Розанова 1994: 150].

Несмотря на все это, катализатором для самых яростных нападок снова стали «Прогулки с Пушкиным», которые были изданы и в России. Шум, поднятый вокруг книги в эмигрантских кругах в 1975 году, не сравним с реакцией советских читателей, когда, как только позволили горбачевские реформы, отрывки из «Прогулок» появились в апрельском номере журнала «Октябрь» за 1989 год (кстати, в том же году в Союз вернулся и Солженицын со своим «Архипелагом»)[2].

Несмотря на то, что «Прогулки с Пушкиным» могут показаться незначительными по сравнению с монументальной работой Солженицына, книга Синявского вызвала реакцию, не сопоставимую с ее размерами. Некоторые сравнивали ее с разорвавшейся бомбой. Небольшой опубликованный отрывок из «Прогулок с Пушкиным» вызвал то, что Марья Васильевна назвала «третьим судом» над Абрамом Терцем [Розанова 1990: 157–158]: история повторялась с завидным постоянством [Theimer Nepomnyashchy 1991б: 36]. В отличие от «второго суда» в эмигрантских кругах, когда «Прогулки с Пушкиным» вышли на Западе, этот «третий суд», теперь снова в России, имел характер более политический и начался, по ее словам, в 1984 году с этюда Солженицына «…Колеблет твой треножник» [Солженицын 1984: 133–152].

---

2   Более подробно о том, когда и какие из работ Синявского появились в России см.: [Theimer Nepomnyashchy 1991б: 27–28]. Появление книг еще живущих, ранее запрещенных авторов, таких как Синявский и Солженицын, следовало за появлением «рукописей, написанных, иногда десятилетиями ранее, "в стол" официальными советскими писателями, и книг "благополучно умерших" авторов, будь то советские или эмигрантские» [Theimer Nepomnyashchy 1991б: 26].

Солженицын, все более становившийся националистом, уже поделил русских за границей на «патриотов» и «русофобов» в своей статье «Наши плюралисты». Теперь и консерваторы внутри России подняли голос, когда журнал «Наш современник» напечатал в июне 1989 года сокращенный вариант статьи И. К. Шафаревича «Русофобия» [Шафаревич 1989б]. Имя Шафаревича для крайне правых тесно связалось с именем Солженицына[3]. Разногласия между консерваторами и либералами внутри страны и за рубежом усилились, и на страницах российской прессы на протяжении всего лета и осени 1989 года продолжались крики и споры.

Теми же словами, с той же тактикой и в той же риторике, что использовались против него на первом суде, Синявский снова обвинялся в предательстве: его вольное обращение с Пушкиным было истолковано как предательство русской культуры и России в целом. Проблема заключалась не только в стиле книги, но и во времени ее появления: Синявский стал козлом отпущения из-за разочарования и неуверенности, вызванных распадом Советского Союза. В том, что воспринималось публикой как кощунственная клевета на Пушкина, Синявский, как считается, раскритиковал символическую фигуру, одну из немногих таких знаковых фигур, в которой слились чувства культурной гордости и национальной идентичности русских[4]. Таким образом, публикация «Прогулок с Пушкиным» приобрела масштабы «общественно-политического», а не просто культурного события. Более того, то, что воспринималось как бесцеремонное отношение автора к русской культуре и его пренебрежение достоинством

---

3   Статья И. К. Шафаревича (или, если использовать термин Непомнящей, его «реакционный трактат») первоначально вышла в эмигрантском журнале «Вече» в декабрьском и мартовском номерах за 1989 год. Известный математик Шафаревич был прочно связан с солженицынским лагерем, был соавтором диссидентской антологии Солженицына «Из-под глыб» (Париж, 1974) и с тех пор, «видимо <...> политически далеко ушел вправо» [Theimer Nepomnyashchy 1991б: 28–29]. Далее, в сентябре 1989 года он планировал опубликовать статью, где Синявский с книгой о Пушкине сравнивается с С. Рушди и его «Сатанинскими стихами» [Шафаревич 1989а: 5].

4   Частично проблема заключалась во времени выхода книги: «Когда устоявшиеся ценности распадаются и ужасы советской истории раскрываются сенсационными темпами, люди явно хотят уцепиться за те аспекты своей культуры, которыми они могут неоспоримо гордиться» [Theimer Nepomnyashchy 1991б: 35].

и статусом авторства, в том числе и своего собственного («заниженная позиция»), сделало книгу естественной мишенью для нападок со стороны консерваторов среди той интеллигенции, что увидела угрозу своим священным позициям, то, что «монолитный контроль над культурным истеблишментом все быстрее ускользает из рук» [Theimer Nepomnyashchy 1991б: 26].

Полный текст «Прогулок с Пушкиным» был напечатан в «Вопросах литературы» за 1990 год, а в десятом номере приводился текст дискуссии, организованной редколлегией журнала, куда были приглашены видные деятели российского академического сообщества[5]. Это, несомненно, говорит о желании представить более справедливое, объективное мнение о Синявском и его книге, что подчеркивает и Марья Васильевна своим критическим комментарием, включенным в тот же номер («История и география этой книги»). Однако общий баланс мнений сложился не в пользу Синявского. Затронут самый чувствительный нерв; основное обвинение — «позор» Синявского из-за отношения к России и русской литературе. Будучи убежденным нонконформистом, он, прежде всего, видел себя русским писателем. Единственное признание, которое действительно для него имело значение, было признание в России, российской интеллигенцией.

Работа Синявского того времени имела тройную мотивацию: подтвердить свою честность как человека и писателя, отстоять себя как литературного критика и бороться за будущее русской литературы с тем, что он считал новым консерватизмом. Это задача была нелегка и требовала новой личностной конфигурации Синявского-Терца. Марья Васильевна принимала в этом все более активное участие. Пока Синявский отвечал хулителям своим творчеством, Марья Васильевна занималась обвинениями против него на практическом, материальном уровне[6]. Уже опыт-

---

[5] Хотя эти номера «Вопросов литературы» датированы 1990 годом, реально они вышли в 1991 году.

[6] Это каким-то образом объясняет тот факт, что, хотя «Путешествие на Черную речку» было закончено в 1991 году, то есть в самый разгар полемики вокруг «Прогулок с Пушкиным», публикация состоялась только в 1994 году. Другая причина задержки заключается в том, что Синявский никогда не спешил публиковать свои работы. См.: [Розанова 1998: 149].

ный боец — за плечами десять лет ведения «двойной жизни» между отправкой первой книги Терца за границу и арестом Синявского, или, как она выразилась, десять лет «высшего образования в бандитизме», ее хорошо подготовили, а свое мастерство она оттачивала во время периодических визитов в КГБ, когда Синявский был в заключении [Розанова 1994: 126–127]. В этот период дуализм Синявского-Терца приобретает новую форму, Марья Васильевна примеряет на себя роль грубоватого, дерзкого Терца и сама воспринимает это с точки зрения не только партизанской войны, но «творческого процесса»[7]. Общаясь с КГБ, она ведет свою собственную игру.

В последние годы жизни, когда Синявский воевал на всех фронтах, Марья Васильевна действительно нашла свое истинное место. Именно она, как теперь выясняется, «шантажировала» КГБ, чтобы обеспечить досрочное освобождение Синявского, угрожая им изданием за рубежом его «лагерной книги лагерей», будучи уже вне их досягаемости. Теперь, не оставляя от клеветников камня на камне, она принялась окончательно опровергать утверждения о том, что он был и все еще находится на зарплате в КГБ, и опровергает сомнительную записку Андропова. Благодаря ее настойчивости документ, опубликованный в «Вестях», был разоблачен как подделка, неуклюжий коллаж, отправленный в журнал анонимно. Более того, доказано было не только то, что Синявский невиновен, но и что сам КГБ провоцировал и поощрял распространение в эмигрантском сообществе направленных против него слухов. Серия статей с копиями писем и других документов, включая записку Андропова, дала документальное доказательство невиновности ее мужа. Серия вышла под общим заголовком «Обратная перспектива» в «Синтаксисе» в 1994 году. В конце публикации было напечатано письмо Максимова, в котором он отказывается от своих обвинений и приносит безого-

---

[7] «Для Синявского допрос — это была тяжелая, неприятная и опасная работа, когда он ждал, что его будут ловить на противоречиях и чтоб не сказать чего-то лишнего (на нем же висела отправка еще нескольких авторов)... А для меня допрос — это почти что творческий процесс с его радостями (и смертной бездны на краю). Я мчалась на допрос, как, простите, на шахматный турнир, как в разведку <.. >» [Розанова 1994: 128–129].

ворочные извинения Синявскому и Марьи Васильевне [Розанова 1994: 150].

В любви и на войне все позволено, но защита Марьей Васильевной супруга обошлось ей недешево. В частности, с радостью и удовольствием рассказывая о своей роли в досрочном освобождении Синявского в посвященном Пушкину выпуске петербургской телепередачи «Пятое колесо», снятом на Черной речке, месте роковой дуэли Пушкина, Марья Васильевна была потрясена, услышав, что некоторые зрители (в том числе Максимов) истолковали ее действия как форму сотрудничества и предательства. Творчество Синявского того времени — это и дань уважения Марье Васильевне, и ответ обвинителям, и подтверждение творческих взглядов писателя. Для этого он обращается в первую очередь именно к Пушкину и Черной речке.

«Путешествие на Черную речку»

> <...> быть на равных. Да! На равных с той самой литера
> турой, про которую вы пишете.
>
> *А. Терц «Путешествие на Черную речку»*

Как человек Синявский разочаровался, но как писатель он не утратил ни интереса к литературе, ни желания сражаться, о чем говорит эпиграф к этой главе. Еще раз, как и в «Спокойной ночи», именно искусство дает не только убежище, но и самые очевидные и эффективные способы ответить своим хулителям. Эссе «Путешествие на Черную речку» и роман «Кошкин дом», подписанные именем Терца, показывают, как тесно его жизнь была связана с искусством. Жизнь становится естественным источником литературы, становясь стимулом для новых творческих порывов. Однако, в отличие от «Спокойной ночи», где сама личность Синявского является опорной точкой и центром внимания, перспектива сменялась, и центральное место заняла русская литература.

«Путешествие на Черную Речку», эссе о «Капитанской дочке» Пушкина (1836), продолжает и подтверждает то, чего Синявский стремился достичь в «Прогулках с Пушкиным». Словно чтобы подчеркнуть эту цель, он снова и снова обращается к темам и образам вампира и самозванца, сосредоточенным вокруг фигуры Пугачева, вводя в то же время такие обозначения, как «оборотень», которые связывают фантастический мир литературной критики и фантастическую реальность «судилищ»[8]. Писатель вновь возвращается к Пушкину не только потому, что именно размышление о самом священном русском поэте вызвало шквал бурных протестов, но и потому, что в разгар ожесточенных дискуссий о его «социально-политической» книге, Пушкин остался для Синявского путеводной звездой, единственным маяком чистого искусства. Искусства, которое стремится не проповедовать, но возвышать человеческий дух.

Синявский начинает свое сочинение с писем Пушкина жене Наталье Николаевне, из которых можно составить представление о его мыслях и настроении во время написания «Капитанской дочки». Эти письма составляют часть структурно-тематической схемы творчества Синявского, служат отправной точкой для описания сложного набора идей, которые составляют эссе: как частная жизнь Пушкина отразилась на его работе, внеся в нее важный творческий аспект (тут явный, но ненавязчивый намек на аналогичную связь между жизнью Синявского и его творчеством). Отсылки к «Прогулкам с Пушкиным» в письмах Синявского к Марье Васильевне также дают неявный сигнал о ее неизменной роли в его писательстве. Наконец, они указывают читателю на его собственную роль в будущем.

«Путешествие на Черную речку» — многогранное и тонкое произведение, но не в последнюю очередь это литературная критика, требующая существенного участия читателя. В этом оно представляет собой ответ на комментарии о Синявском в дискуссии на страницах «Вопросов литературы», где В. С. Непомнящий говорил, что Синявский не только обесчестил Пушкина, но и к читателю отнесся столь же неуважительно.

---

8   Грейсон отмечает, что на прочтение Синявским Пушкина и его трактовку, в том числе двойственное изображение Пугачева, повлияла книга В. В. Вересаева «Пушкин в жизни» (1926–1927), которую Синявский читал в тюрьме [Grayson 2000a: 159–160].

Высокомерно играя с читателем — поймет он или не поймет? принадлежит он элитарному кружку посвященных или, по серости своей, нет? — Синявский не удружил ни себе самому, ни литературе, поставив себя вне пределов досягаемости рядовой публики [Обсуждение 1990: 77–78, 143–153].

Синявский тщательно выбирает своего читателя, предоставляя ему играть активную и равноправную роль в «Путешествии на Черную речку». Более того, здесь он изо всех сил старается избежать очевидного эпатажа «Прогулок с Пушкиным», который столь резко критиковали и что, вероятно, могло бы оттолкнуть такого читателя. Книга Синявского никогда не предназначалась для массовой аудитории, которую имел в виду Непомнящий. Она, конечно, не для тех, кто смотрит на культуру равнодушным и непонимающим взглядом, как встреченные им в Прадо необразованные «орды» «земляков»-россиян, от которых он бежит от стыда [Терц 1994: 38–39].

Беззаботное, казалось бы, искусство Синявского требует проницательности и усилий, но так и у Пушкина: «Трижды обманется тот, кто гений Пушкина спутает с его простотой и естественностью слога» [Терц 1994: 7].

Искусство, художество, да и сам художник — вот предмет «Путешествия на Черную речку», и акцент смещен соответственно. Синявского обвинили в непочтительности к российскому литературному наследию и в обесценивании классики; но литература, как он изо всех сил старается показать в «Путешествии на Черную речку», может умереть так же, как и писатель, если все, что от нее требуется для выживания, — это стать мумифицированным объектом почитания. Читатель в не меньшей мере, чем писатель, способен поддержать ее существование как чего-то живого и мощного: «Классики спят, но пока мы читаем с неподдельным интересом их книги, живут, видоизменяются и, бывает, набирают влиятельность» [Терц 1994: 20].

Вот тут-то и вступает на сцену литературная критика, и Синявский на мгновение отходит в сторону, чтобы взволнованно обратиться к своим критикам: «Законна классическая традиция, но законно и нарушение традиции. А то, чего доброго, заснет и не проснется». С другой стороны, подходя к вопросу о «вампиризме», «некрофилии», он отвергает такие напыщенно звучащие «отрасли науки», как «история литературы» и «литературная критика»:

> обе кормятся и живут при литературе. И звучит престижно: «литературы», «литературная» <...> Как бы вышли замуж. Но если так, говорю, то извольте быть на равных. Да! на равных с той самой литературой, про которую вы пишете. Ну, как Пушкин — в смысле смелости. Не бойтесь рисковать! [Терц 1994: 20–21].

Он представляет себя ночью на кладбище, на «пространных елисейских полях истории всеобщей словесности», где лежат все великие произведения мировой литературы, не оплакивая их, а шепча каждому отдельно: «Проснись! Пришла твоя пора!...» [Терц 1994: 20–21].

Литературу, как предупреждает Синявский в начале «Путешествия на Черную речку», должно читать послойно: «по пластам». Поэтому он выдвигает идею о многих литературных и культурных слоях, которые составляют пушкинские произведения. Сцена на Черной речке — отголосок сцены в Прадо. В обоих случаях непонимание толпы заставляет в отчаянии взирать на будущее русской культуры, до тех пор, пока она враждебно взирает на все новое или «чужое».

В прочтении Синявским «Капитанской дочки» русская литературная традиция — всего лишь один из пластов в больших геологических отложениях, которыми питается западная культура: от рассказов путешественников до волшебных сказок, рыцарского романа («Дон Кихот») и шекспировского «Гамлета». Пушкин знаком с ними со всеми, так что со всеми может себе позволить обезьянничанье и непочтительность, свободную игру своего творческого воображения на пользу своей работе и к вящему обогащению читателя.

Все писатели непременно «питаются чужой кровью», подпитываясь чужими произведениями, но при этом они и дают новую жизнь этим произведениям. Переворачивая образ вампира с ног на голову, Синявский предлагает самим книгам путешествовать «по читательским каналам», набирать обороты, заряжаясь / заражаясь контактом с читателем («поцелуй-укус») и, в свою очередь, заражать поколения, чтобы прийти вновь. Значит, «книга-вампир» не только увековечивает, но и обновляет себя и других [Терц 1994: 26].

У Пушкина в «Капитанской дочке», помимо явной дани европейской литературной традиции, видно и влияние «Недоросля» (1782) Д. И. Фонвизина. Вспоминая слова Митрофанушки Простакова: «Не хочу учиться, хочу жениться», Синявский пишет, что для Гринева любовь и брак во всех отношениях являются синонимами обучения, «так что фигура антитезы, под пером Пушкина, превратилась в тождество: жениться — учиться» [Терц 1994: 14–16]. Пушкин преобразует фонвизинского Митрофанушку в образе Петруши Гринева, сближая его со сказочным простаком (Иваном-дураком) и всем связанным с ним «положительным смыслом слова», включая способность доверяться судьбе: отношение, которая разделяет и сам Пушкин.

Чтобы оживить литературную традицию, автор должен рискнуть, начать писать по-другому, как это делал Пушкин. Синявский говорит о себе: «Как пушкинский Терентий из села Горюхина, я меняю почерк. Попеременно пишу то правой, то левой рукой. А то и ногой. Авось не узнают. Пробую взять новый барьер прозы» [Терц 1994: 27][9].

Поднимая методы отстранения, почерпнутые у русских модернистов и формалистов, на новый уровень, Синявский продолжает впечатлять демонстрацией чтения и письма на разных планах текста, начиная с пространственной метафоры (Елисейские поля вверху и парижское метро внизу), переходя сначала к хронологическому (эпоха Пугачева, пушкинское время и современность) и, наконец, к образному пласту в размышлении о Пушкине и Наталье Николаевне, Гриневе и Маше Мироновой,

---

[9] Этот короткий пассаж напоминает о Пастернаке. Кроме отсылки к «Поверх барьеров», в «Одном дне с Пастернаком» звучит тот же вопрос о необходимости пробовать что-то новое для оживления творчества, и Синявский дает на него ответ — «писать ногой» [Синявский 1980: 134–135]. Эта же мысль всплывает в «Кошкином доме».

добавляя при этом и третью пару: себя и Марью Васильевну. Читатель должен осторожничать, потому что Синявский постоянно смещает пласты повествования, перемещаясь назад и вперед между фактом и вымыслом, сегодняшним Ленинградом и пушкинской Россией, а в конце объединяет сюрреалистическое сочетание всех трех на съемочной площадке фильма на Черной речке, где воспроизводится история дуэли. Сам стиль Синявского многим обязан технике кинематографа: он использует флэшбэки, ускоренную съемку, приближает и удаляет изображаемое («Ближе! ближе! ближе! Крупным планом! Снимаю!» [Терц 1994: 11]).

Чтобы писать иначе, автору, как Пушкину, следует смотреть иначе: «Автор протер глаза. Выполнив долг историка, он словно забыл о нем и наново, будто впервые видит, вгляделся в Пугачева» [Терц 1994: 31]. Взгляд Пушкина на Пугачева изменился, когда благодаря случайной встрече со старой казачкой, герой из пыльных архивов предстал в устном анекдоте, в рассказах, сохранившихся в живой памяти очевидцев. В результате Пушкин видит не грубого мужика-крестьянина, а оборотня, и потому рассказ от истории переходит к сказке, от факта к вымыслу, от летописи к искусству. Пугачев не так уж и плох, и история его больше, чем просто сумма фактов: Пугачев появляется в Капитанской дочке» как источник сюжетной интриги, что невозможно в простом документальном описании.

Тем не менее, и эта точка зрения на Пугачева в равной степени верна и может претендовать на равную правдивость: кстати, «неправда», «ложь» были упреками, которыми критики осыпали Синявского за его обращение с Пушкиным. «Оборотничество» Пугачева — это «объективный исторический акт»: что может быть более фантастическим, чем «урок обращения неизвестного бродяги в царя, восколебавший половину России?!» Проще говоря, «поэзия — вымысел... <...> и ничего с прозаической истиной жизни общего не имеет» [Терц 1994: 30, 31].

История Пушкина столь же обязана случайностям, совпадениям и неоднозначностям, как и фактам, и по своему генезису, и по своей структуре. «Реализм есть реализм. Роман — это роман». Синявский предполагает, что необычная для августа погода, ураган, который встретил Пушкина при отъезде из Санкт-Петербурга летом 1833 года, «навел автора на благую мысль о буране… в "Капитанской дочке"», на ассоциации с «бурей» пугачевского бунта, на возврат, тем самым, к темам и персонажам из его ранней новеллы «Метель» (1831). После «неуместной бури в августе» Жорж Дантес, предвестник другой катастрофы, «тихой сапой въехал в столицу в сентябре того же 33 года» [Терц 1994: 10].

Текст Синявского органически проистекает из этих наблюдений. Анализ, органичная часть повествования, основан не на строгих правилах литературной критики, а на интуиции и творческих ассоциациях, на идее, которая составляет сущность «Прогулок с Пушкиным». Факты, как в истории Пушкина о Пугачеве, доступны для всеобщего обозрения, но нужны свежий взгляд и смелое перо, чтобы придать им совершенно новые измерения. Синявский считает, что, как и следует ожидать от произведения, названного «Капитанская дочка», роман Пушкина строится вокруг морских метафор, кораблей и плаваний, бурных морей и коварных проливов. Роман, как «легкое суденышко», удерживается сложной системой «скреплений и перетяжек» [Терц 1994: 44].

Текст Синявского скорее показывает, чем излагает; его держит одинаково тщательно продуманный набор тем и ассоциаций, которые, повторяя таковые у Пушкина, связывают различные пласты его прозы друг с другом, а его прозу — с прозой Пушкина. Помимо бури (Марья Васильевна едет в Ленинград, чтобы проследить за публикацией Синявского в ветреный день; публикация «Прогулок с Пушкиным» вызвала «бурю»), тут путешествия, вымышленные, метафорические и реальные: путешествие Пушкина в 1833 году для изучения истории Пугачевского восстания — начало пути, который в конце приведет к смерти на дуэли на Черной речке. Его история о капитанской дочке — еще одна история о путешествиях: о реальных путешествиях Гринева, отражающих пути самопознания Синявского, и о реальной поездке Маши Мироновой с прошением к императрице

Екатерине Великой. И наконец, собственное «возвращение» писателя, вначале через книги, напечатанные в России, и поездка Марьи Васильевны в Ленинград, а потом и физическое («никогда и не снилось вампиру попасть на родимое пепелище»), когда он проверяет очечник в кармане («Очки для меня так же, как для иных — пистолет») [Терц 1994: 25, 34].

Если путешествия дают рамку для повествования, то тематический стержень у Пушкина и Синявского — честь, проблема чести, вдохновившая работу над «Путешествием на Черную речку». Синявский иронично вспоминает свои очки, сравнимые с пистолетом, которые намекают на дуэль, и это подводит читателя к сути вопроса, когда он пишет о Пушкине: «Честь! честь! честь! — гремело у него в голове все последние годы, в письмах, в статьях, в разговорах» [Терц 1994: 42]. Эпиграф Пушкина к роману — старая пословица о чести: «Видимо, мысли о чести и сюжет романа вязались у него в голове» [Терц 1994: 40]. Последние годы жизни Пушкина были окрашены нарастающим беспокойством по поводу скандальных слухов о супруге. Синявский показывает, как эти проблемы влияют на его интерпретацию истории Пугачева и отражаются в ней, так что честь становится осью повествования. В случае с Синявским все наоборот: именно жена выступила в его защиту, и роль Марьи Васильевны в защите писателя — важный подтекст к его мыслям о «Капитанской дочке».

Анализируя структуру пушкинского романа, ближе к концу «Путешествия...», Синявский четко обозначает три основных аспекта работы, которые, как представляется, объединяют хрупкую структуру, построенную практически из ничего, из случайных эпизодов и совпадений. Прежде всего, это документы, затем «парная, симметричная расположенность фигур и нагрузок», которая, по мнению Синявского, говорит об «изначальной склонности [Пушкина] к поэтической гармонии как основанию бытия». Третий, и главный — это честь.

Честь — это центральная ось истории Пушкина и сквозная тема, которая связует все воедино, и именно взаимная игра вопросов чести и сферы документального имеют отношение к истории самого Синявского. Среди этих документов выделяются два: «офицерский диплом» капитана Миронова, который «служит удостоверением чести, доставшейся по эстафете Гриневу при ближайшем участии и посредничестве Маши Мироновой, ищущей при дворе покровительства, "как дочь человека, пострадавшего за свою верность"» [Терц 1994: 44]. Второй документ, письмо императрицы, собственноручно написанное Екатериной II отцу Гринева, «содержит оправдание его сына и похвалы уму и сердцу дочери капитана Миронова» [Терц 1994: 50]. Даже не касаясь сейчас роли Марьи Васильевны в судьбе Синявского, можно разглядеть здесь отголоски «Спокойной ночи» и «эстафеты», переданной от отца-революционера сыну-революционеру, как принципы чести и благородства идеалиста дон-кихота своему прямому наследнику: «Я даю тебе слово революционера». Но честь не есть нечто данное изначально, ее надо заслужить: «Честь не стоит на месте, чести необходимо учиться, ее надо завоевывать...» [Терц 1994: 44].

К симметричным «парам» Пушкина можно добавить такую же симметрию у Синявского, лишь слегка скрытую под поверхностью текста и очевидную — в его автобиографии. Здесь важны две Маши — Маша Миронова и Маша Синявского. Сражение Синявского за свою честь, конечно, было нелегким, но он не был одинок: Марья Васильевна постоянно и активно была на его стороне. Маша Миронова, скажем так, бесцветное ничтожество (как отмечала Марина Цветаева[10]), чего никогда не скажешь о Марье Васильевне, — не принимает участия в развитии событий, следует за Гриневым и сопровождает его повсюду как стимул к борьбе и поддержка в жизни, как постоянный предмет его мыслей и тревог, пока «не придет ее черед выступить в одиночку, перед лицом ловушек и интриг» [Терц 1994: 18].

Гринев начинает как донкихотствующая посредственность и растет в масштабе по мере развития повествования, Маша Миронова примеряет на себя роль рыцаря, принимая переданную ей Гриневым эстафету, и только ее участие в событиях

---

[10] М. И. Цветаева в своем очерке «Пушкин и Пугачев» пишет, что Гриневу следовало бы жениться на Пугачеве, а не на Маше, «которая [только и] падает в обморок» [Цветаева 1997, 5: 178, 189].

«спасает» его. Документы, которые легли в основу рассказанной Пушкиным истории, имеют свои аналоги в тех бумагах, что собирала Марья Васильевна в подтверждение невиновности мужа. Эти документы публикуются в том номере «Синтаксиса», который открывает «Путешествие на Черную речку», так что и сочинение Синявского, и свидетельства Марьи Васильевны — это два «столпа» его собственной истории. В этой истории именно Марья Васильевна, подобно Маше Мироновой, играет, хоть и негласно, главную роль.

Это одна из реакций Синявского на критику (в том числе в адрес Марьи Васильевны); другая связана с природой и ролью искусства в обществе: может ли искусство выжить, если от художника постоянно ждут исполнения «долга», преклонения перед этим «долгом» как чем-то священным и неприкосновенным? Имея это в виду, отметим еще одно измерение в его прочтении «Капитанской дочки». Пушкин, отмечает Синявский, не заботился о службе, и все время, что он стоял в придворном мундире и ел мороженое, он думал о Гриневе: «стихотворство и служба несовместимые вещи».

Перед лицом сверхчеловеческой задачи — не только исполнить свой долг и сохранить свою честь как офицера, но и спасти жизнь и честь Маши Мироновой, Гринев, «сам того не ведая, делит честь на две неравные части». С одной стороны, это «чувство долга перед службой, перед родиной, перед престолом»); с другой — «голос чувства (тоже и долга), за которым, помимо любви, тянется жизнь и честь, и гордость капитанской дочки» [Терц 1994: 49–50].

Выбор Гринева формирует часть мотивов «Путешествия на Черную речку», где долг, служба и обязанность сочетаются с вдохновением и любовью как два разнонаправленных стимула для творчества. Наиболее очевидный пример — неграмотные «орды» в Прадо, которые там только потому, что обязаны посетить музей в соответствии с условиями культурного обмена. Само собой разумеется, в таких условиях и при таком мышлении нет никакой надежды на какой-то культурный «обмен». Однако если забыть об обязанности, освобождается воображение и происходит чудо творчества, как это происходит, когда Пушкин по-новому смотрит на Пугачева и способен оживить его, потому что отложил «долг» историка. И наконец, отношения Гринева и Пугачева. В отличие от отца Гринева, который отправил сына на службу престолу и отечеству, Пугачев, самозваный отец-«заместитель», выталкивает Гринева из накатанной колеи, так что тот начинает пренебрегать службой, становясь свободным выбрать и определить свой собственный путь, стать, в свою очередь, «самозваным». Представившийся Гриневу шанс, его чудесная встреча с Пугачевым, дает толчок его преобразованию в ходе повествования, что сродни акту творчества. Это вызывает в памяти мысль «Прогулок с Пушкиным» о том, что «самозванцы у Пушкина не только цари, они — артисты» и «вынашивают и осуществляют свою человеческую участь как художественное произведение» [Терц 1975в: 157]. Пугачев, таким образом, служит живой метафорой искусства, свободного творческого духа.

Вернемся к выбору Гринева. Если честь — стимул, любовь — толчок его трансформации, то, если вернуться к фигуре фонвизинской антитезы, под пером Пушкина она превращается в тождество, и брак приравнивается к обучению. «Любовь открывает ему глаза, питает и раздувает разум. Любовь первична в строении и понимании мира — негласно внушает Пушкин "Капитанской дочкой". Негласно, потому, что Пушкин ничего не объясняет, не доказывает, не проповедует» [Терц 1994: 17].

Как эхо «Капитанской дочки» Пушкина, «Путешествие на Черную речку» Синявского — тоже история любви, посвященная в равной степени жене и литературе. Литература не указывает и не нуждается в указывании. Это скорее подарок: человека — человеку, писателя — читателю, одного поколения — другому. Синявский начинает «Путешествие на Черную речку» с напоминания о том, что Пушкин «два анекдота подарил Гоголю — "Ревизор" и "Мертвые души"», за что тот «помянул Пушкина в "Ревизоре". И не только в размашистых, нахальных речах Хлестакова, что, мол, с Пушкиным он на дружеской ноге. Весь "Ревизор" благодарно посвящен... <...> Пушкину» [Терц 1994: 3].

«Кошкин дом». Роман дальнего следования

У Лукоморья дуб зеленый,
Златая цепь на дубе том,
И днем, и ночью кот ученый
Все ходит по цепи кругом.
Идет направо — песнь заводит,
Налево — сказку говорит.
А. С. Пушкин «Руслан и Людмила»

...без риска не бывает искусства, а трус не
играет в карты <...>
А. Терц «Путешествие на Черную речку»

«Кошкин дом» начинается там, где закончилось «Путешествие на Черную речку». Следуя собственному решению быть смелым и дерзким («не бздеть») в литературных делах, Синявский поднимает основные темы и идеи «Путешествия...» и переводит в фантастическую сказку, где жизнь и искусство, литературная критика и литература соединяются в необычном синтезе.

Полемический настрой «Путешествия на Черную речку» все еще очевиден, поскольку невзгоды последних лет и ощущение его мрачной писательской доли соединяются в «Кошкином доме». Но это скорее чувство общего разочарования — с той мыслью, что терять нечего, что надо выкинуть проблемы из головы, наслаждаться творчеством, как он это делал в «Любимове», предаться фантазии и писать для себя. Как и в «Любимове», у Синявского нет ни одного литературного собеседника: литература — предмет и герой его сказки.

Благодаря своему творчеству, Синявский в определенной степени мирится с нападками критиков и с Россией. В то время как в «Путешествии на Черную Речку» движение происходит между Парижем и Ленинградом / Санкт-Петербургом, «Кошкин дом» прочно обосновался в Москве. Хотя время от времени сквозь московскую жизнь проблескивает жизнь писателя-эмигранта, Москва для Синявского — самый русский из городов, с которым он идентифицирует себя как русский писатель. Он никогда туда не вернется, да и как писателя его там приняли, мягко говоря, неблагосклонно, но это его последний роман, его символическое духовное и творческое возвращение.

Автор советует читать «Путешествие на Черную речку» вдумчиво, по слоям. В «Кошкином доме» читателю дают такой же ценный совет: взгляните на текст, как на рассказ-головоломку: «<...> стоило приставить рисунок ребром к носу и взглянуть на замысловатый пейзаж с угла, как открывалась истина» [Терц 1998: 48][11]. Синявский предлагает как бы путеводитель и подсказку. Путеводитель представлен в форме «Пролога», где на нескольких страницах перечислены вехи его жизни как писателя, ключевые моменты, которые читатель может узнать в другом виде в историях Терца. Своего рода дополнение к «Путешествию на Черную речку», «Кошкин дом» с таким же успехом можно посчитать продолжением его фантастической автобиографии: путешествие на поезде, начатое в конце «Спокойной ночи», продолжается в этом «романе дальнего следования».

Жизнь предстает с точки зрения старости, когда автор перемещается между сном и бодрствованием, прошлым и настоящим: вот детские истоки его страстного интереса к книгам, чтению, письму и миру воображения, из которого его родители тщетно пытались вытащить. Здесь же болезненные, долгие обвинения и нападки со стороны других писателей, которые доказывали, что он не сидел в тюрьме и даже «что меня вообще не было. Понимаете — вообще» [Терц 1998: 43]. Или что он колдун («потому что еще не умер»). Эти дремотные интерлюдии позволяют его активному «астральному телу» отделиться от своей смертной оболочки, оставляя воображение свободным бродить, где хочет, пока он впитывает в бархатном ночном воздухе свои воспоминания (еще одно эхо заключительных страниц «Спокойной ночи»). Как будто прямо опровергая обвинения, эта ночь оказывается звездной ночью его лагерных лет, а его творческая мощь преодолевает окружающее, вызывая образы «Тысячи и одной ночи». Ключ к разгадке — золотой шнурок. Впервые упоминаемая в прологе, это «спасительная петля» Робинзона Крузо,

---

[11] Как при этом держать рисунок и под каким углом на него смотреть, до конца не ясно, и опрошенные нами россияне не дали однозначного ответа.

с помощью которой он выловил из затонувшего брига неисчислимые сокровища, потребные для выживания на необитаемом острове. В «Кошкином доме» этот «золотой шнурок» представлен в форме отрывков бессмысленной «абракадабры», которые вкраплены по всему тексту. Это своего рода нить Ариадны из прошлого; она ведет к сердцу лабиринта и дальше, если крепко за нее держаться, — через различные повороты истории. Однако раскрыть все секреты в начале — значит сдать игру.

Верный идее головоломки, Синявский делает все возможное, чтобы запутать читателя многочисленными изменениями местоположений, в которых факт и вымысел размываются, и авторский голос никогда не фиксируется на одной личности. Кроме того, сам жанр изменчив, это то мемуары, то сказка, то дневник, дополненные сценой из сюрреалистической пьесы для вящего удовольствия. Замешательство усугубляется тем, что все это часто предстает в виде фрагментов, в то время как целое движется в форме детективного романа.

Эта кажущаяся безжалостной атака на критические способности читателя, не говоря уже о способности читателя к концентрации, используется, чтобы передать чувство отчуждения Синявского от современной реальности. В своих приездах в Россию с конца 1980-х годов, после почти двадцатилетнего отсутствия, он увидел, что страна, и в частности Москва, изменилась до неузнаваемости. И кажется, что город разваливается (то же самое Синявский говорил о Ленинграде в «Путешествии на Черную речку»), грязный и заброшенный; повсюду очевидны негативные последствия перестройки, город становится жертвой агрессивного потребления в западном стиле и притока иностранной культуры в ее самом дешевом и безвкусном виде. Кроме того, присутствует тревожное, фундаментальное чувство хаоса, морального и духовного вакуума[12].

---

[12] Об этом он говорит и в «Русской интеллигенции»: «Смысл жизни также был утерян <...> Теперь мы выпали из этого логичного советского космоса в хаос и не имеем ни малейшего представления, во что теперь верить. Жизни нескольких поколений потеряны. Похоже, они жили и страдали напрасно. В конце концов, трудно поверить в рассвет капитализма, особенно такого дикого и ужасного капитализма, который пахнет преступным беззаконием» [Siniavskii 1997: 17].

В «Кошкином доме» с его фантастическими воспоминаниями о Москве отражается ощущение жизни в бесформенном и сюрреалистичном современном мире. Для многих друзей Синявского в России, однако, это просто реакция «старика из-за границы, который выпал из российской реальности» [Siniavskii 1997: 12]. Бальзанов, герой романа — такой старик. Учитель литературы на пенсии стал сыщиком, его родство с Синявским обозначено его стеклянным глазом (косвенный намек на косоглазие Синявского) и именем Донат Егорович, в котором слились имена отца и сына Синявского. Несмотря на то, что Бальзанов может показаться никчемным, он — крестоносец, выступающий против зла современного мира, и идеалист — реверанс автора не только в сторону отца, но и к Пушкину с его рыцарской романтикой в «Капитанской дочке».

Бальзанов преследует злого Колдуна, поэтому детектив начинается погоней по Москве, как вымышленной, так и реальной, и роман Синявского приобретает подтекст не только «Преступления и наказания», но и фантастической прозы XX века, в частности булгаковской «Дьяволиады» (1924). По мере того как разворачивается сюжет, все меньше она напоминает игру в полицейских и воров, и все больше — прятки, и читатель ощущает, что в эту игру можно играть более чем на одном уровне, в данном случае — на уровне литературной теории, заменяя «смерть автора» исчезновением писателя, подобно тому, как колдун Проферансов исчезает благодаря ловкому фокусу, превращаясь на глазах Бальзанова в маленький золотой шарик.

На этом смысловом уровне смещение нарратива эксплуатирует детективную канву, чтобы подвергнуть сомнению повествовательную прозу как таковую, а писатель демонстрирует свои таланты фокусника под носом у изумленной публики: он то идет по московской улице, то прыгает на страницы, проникая даже в примечания — это блеф и двойной блеф. Несомненно, автор признает идеи западной литературной критики, но цель, скорее, состоит в том, чтобы подмигнуть читателю. Для Синявского подобное теоретизирование было бы слишком бесчувственным, слишком абстрактным и слишком торжественным [Синявский

2004, 2: 74]. Гораздо более ему пристал подход фантастический, изобразительный и развлекательный, а не поучительный.

В своих намерениях и методе романа «Кошкин дом» Синявский верен своим литературным корням русской классики, более близок к Лермонтову и его прозе. Как и Лермонтов в «Герое нашего времени», но в более экспериментальной и игровой манере, Синявский обнажает механизмы повествовательной прозы, чтобы создать художественный эффект и одновременно подвергнуть сомнению их незыблемость. Смещая повествовательную перспективу и обескураживая изменениями авторского голоса, Синявский раскрывает ненадежность «реалистичных» и «правдивых» текстов. Противопоставление фантастики и детектива подчеркивает эту его точку зрения; в конце концов, детектив имеет дело с фактами, с логическими умозаключениями, но не всегда находит ответ, когда речь идет о вопросах искусства. Недаром говорит Колдун:

> Увы, я боюсь тлетворного влияния на литературу житейской прозы. Берегись, писатель, бегать наперегонки с действительностью за опасными насекомыми, за каждым гадом. Укусят! Ты не сыщик и не судебный репортер. И если уж тебя увлекают детективные интриги, ищи в них тайные пути искусства или всеобщей истории, а не полицейский отчет. Дожидайся. Нет-нет, а проглянет в окне над поверхностью бытия и вильнет хвостом новая авантюрная фабула... [Терц 1998: 73].

Истину и, несомненно, реальность более возможно встретить в субъективном и иррациональном. Не только фантастика, но и мечты, видения, интуиция — более надежные путеводители, и именно в этих сферах пребывает текст романа.

Остается открытым вопрос об авторе. Исчезновение Проферансова отражает вполне реальное ощущение кризиса роли и функций современного русского писателя, который лично важен Синявскому, в том числе как литературоведческая проблема. Где найти писателя? Образ Колдуна приобретает более универсальный оттенок, поскольку он напоминает читателю о Н. В. Гоголе, его превращении из «доброго волшебника» в «плохого колдуна» в конце жизни, когда он разрушал свое творчество проповедью и морализаторством.

Поиски писателя приобретают актуальность в те последние годы XX века, когда Бальзанов отправляется на свою миссию по низвержению Колдуна. Его мнение о писателях в целом невысокое, и он беспощадно их критикует: «Знаю я этих писателей. Читал. Ничуть не лучше других. Хуже даже. Каждый мнит себя оракулом» [Терц 1998: 91]. Это напоминает одно из описаний Синявским позднего Гоголя: «сатанинская гордость» и «необузданная фантазия» писателей угрожают уничтожить Россию, превратив ее в «воображаемую страну» [Терц 1998: 144]. Кроме того, обесценено и призвание писателя: каждый представляется графоманом; они, как и читатель, безграмотны или введены в заблуждение, как то показано во второй части седьмой главы.

Борьба Бальзанова с Колдуном воплощает борьбу критика против этого множества авторов, неостановимый поток проповедей и самолюбования которых угрожает поглотить всех и каждого. Становясь пародией на гоголевские «Выбранные места из переписки с друзьями» (1847), описание эмигрантской жизни Синявского реализовано в виде шуточной переписки между этими мнимыми авторами и «Синявским», где последний вынужден отмахиваться от кучи наставлений и просьб о помощи. Объект насмешки становится очевиден, когда автор раскрывает экстремистские взгляды персонажей, их страсть к участию в политике и судьбах православной церкви. Очевиден намек на Солженицына, но, согласно духу сказки, их противостояние получает юмористический поворот: у Солженицына есть собаки, названные в честь советских лагерей, а у Синявского (прототипа Бальзанова) — пудель с сентиментальным именем Матильда[13].

Напряженность сюжета возрастает, когда становится ясно, что антагонизм Бальзанова и Колдуна — это еще один способ спроецировать на текст дихотомию критика / писателя, расколотого Синявского / Терца [Терц 1998: 128–129]. Более того, раскол этот, по-видимому, радикальный: если Бальзанов получает

---

[13] У Синявского, когда он жил в Париже, действительно были пудель по имени Матильда и кот Каспар Хаузер.

имена членов семьи Синявских, то Колдун — воплощение творческой фантазии Синявского. Терц «спасает» Синявского в «Спокойной ночи», а Бальзанов и Колдун кажутся заклятыми, непримиримыми врагами, так что синтез, творчески работавший в «Прогулках с Пушкиным», теперь, похоже, полностью распался.

В описании Колдуна, как думается, сконцентрировано давно существовавшее у Синявского чувство, что он не просто другой, а «враг вообще, враг как таковой» [Синявский 1986в: 146][14]. От Сушинского в «Пхенце» до «Крошки Цореса» он в фантастической форме проецировал себя. Теперь, когда прием «Прогулок с Пушкиным» свеж в его памяти, Синявский переплетает фольклор и реальность, «Кошкин дом» и «Путешествие на Черную речку», так что Колдун — это и Вампир, ночное существо, высасывающее кровь, и Дантес, «иностранец», убивший Пушкина; и обвинения против него переносятся на фигуру Иноземцева, последнего, но не единственного, из воплощений Колдуна[15].

А разве его обвинители лучше? Трансформации Колдуна происходят на фоне бесстыдного приспособленчества иных писателей, в отчаянной борьбе за свое выживание в смутной России конца XX века обнаруживающих необычайную способность к самовосстановлению: «сменит лицо при случае, сделается коммунистом, фашистом, либералом, христианином. Кем угодно» [Терц 1998: 91]. От этого вопроса непросто и нелегко отмахнуться; обвинения продолжают его преследовать, детективный роман грозит стать романом ужасов, когда вампиризм Проферансова получает более зловещий поворот. Он и его позднее воплощение Иноземцев — не просто кровопийцы, а людоеды (что возвращает нас к Прологу и к подсказке в виде картинки Робинзона Крузо с ужасными останками человеческой ноги), которые не просто питаются своими жертвами, но уби-

---

[14] В начале своей карьеры даже среди друзей Синявский, казалось, принадлежал к другому виду: «Сначала мне казалось, что Синявский пришел из какой-то другой жизни» [Нудельман 1986: 138].

[15] Кроме того, что «Иноземцев» значит «иностранец», его имя и отчество звучат для русского уха по-иностранному (и по-гоголевски): Валерий / Валериан, Валерьянович / Густавович. Да, впрочем, и собственное отчество Синявского, Донатович, звучит не особенно по-русски. Связь «иностранного» и «демонического» есть и в булгаковском Воланде.

вают их, уничтожая их души, чтобы занять их тела в эгоистической попытке самосохранения [Терц 1998: 42]. Зло и греховность наносят удар по самой сердцевине убеждений Синявского, по первым дням его существования как писателя: красть приемлемо, когда это сродни магии, сродни артистической ловкости рук [Синявский 2001: 49]. Убить, однако, «значит уничтожить душу, а душа священна, дана Богом» [Нудельман 1986: 136][16].

Художник, разрывающийся между необходимостью творить и необходимостью выживать, втянут в замкнутый круг, из которого, видимо, не выбраться. Это усугубляет мучительный кризис неуверенности в себе, который выходит за рамки простой дихотомии критика-писателя или человека-писателя под непрекращающимися нападками критиков на Синявского. Образы распада и диспропорции передают это чувство растерянности и потерянности. В зеркалах отражается писатель, которого избегает общество, и он перестает узнавать сам себя: «ноги сперва мне показались от иного туловища, настолько своим изяществом они не отвечали моему внутреннему миру» [Терц 1998: 72]. Еще хуже — страх потерять себя, страх, который кроется в самом рассматривании себя: «Зеркало все-таки страшно отдаляет нас от самих себя... Недаром при всей тренировке я не позволяю себе опускаться и слишком далеко залетать мечтами в анналы биографии» [Терц 1998: 71]. Роман, таким образом, становится предупреждением против замкнутого на себя искусства, когда писатель одержим только собой. Анфилада зеркал с ее бесконечными одинаковыми отражениями передает ощущение тупика. С этой точки зрения, погоня Бальзанова за Колдуном — это погоня писателя за собой самим: «Где я нахожусь? И где содержится теперь настоящий Синявский?» [Терц 1998: 97].

Многослойная проза, со сменой третьего лица на первое, с перемещениями от мемуаров к приключенческому рассказу, к дневнику и обратно, говорит о полете под маской самопозна-

---

[16] А. В. Воронель здесь вспоминает свою первую встречу с Синявским в 1955 году, когда тот впервые начал отправлять свои работы за границу как Абрам Терц. Спор начался с того, что Синявский спросил группу друзей: «Что хуже — убивать или воровать?» [Нудельман 1986: 135].

ния, где явны отголоски «Героя нашего времени». В то же время, Колдуна должно жалеть настолько же сильно, насколько он проклят; крови, разбрызганной у всех на виду, больше нет, потому что ужасная история внезапно вырождается в фарс, а герои меняются настолько быстро, что читателю трудно за этим уследить, и в какой-то момент он даже не уверен, кто рассказчик. Как говорит Колдун, вопрос вот в чем: «Как выскочить из себя, оставаясь самим собой?» Как быть полноправным хомо сапиенс. «И никто уже не крикнет на улице в спину: "Сгинь, проклятый колдун!"» (русофоб или вампир, по обстоятельствам. — *Э. М.*). «И, как бы то ни было, надо оставаться Колдуном, писателем: «...пора линять, пока не поздно! Пора линять! Как ящерица, как змея!..» [Терц 1998: 121].

Ответ — в понимании инаковости как преимущества, а не проклятия[17]. В поисках себя Синявский смотрит не на отражения своей личности и судьбы в глазах клеветников, он пристально вглядывается в себя. Как ни амбивалентен Проферансов, в нем и его двойниках сосредоточены те черты, которые отличали Синявского от его сограждан. Дворянин XIX века, Проферансов олицетворяет то значение, которое Синявский придавал своему прошлому. Даже среди своих друзей-интеллигентов Синявского выделяла необычайная широта и глубина внутренней культуры: «Синявский, в отличие от многих из нас, был человеком с корнями. Он никогда не забывал о своем благородном происхождении и всегда подчеркивал, что у него есть наследие» [Нудельман 1986: 156–157][18].

---

[17] Н. В. Воронель замечает, что Синявский «всегда должен был быть другим, это было его главной характеристикой. Вот почему он стал Абрамом Терцем. Все шли в одну сторону, поэтому он встал и пошел в другую!» [Нудельман 1986: 158]. Если учесть некоторое предубеждение Воронель против Синявского, мысль о том, что он намеренно решил отклониться от общего пути, звучит правдоподобно, и подтверждает идею о принятии риска как естественной склонности и продуманности его этического и творческого выбора. См. также: [Sandler 1992: 305], где она рассматривает инаковость Синявского в контексте шума вокруг «Прогулок с Пушкиным»: «Ему слегка неуютно оттого, что он отличается; вместо этого он склонен видеть себя во всем, что кажется другим».

[18] Воронель добавляет: «Именно он показал мне, что культура может быть подлинной только тогда, когда она глубоко укоренилась». Воронель говорит как еврей, который узнал от Синявского, юдофила, что у него только тогда будет будущее, «когда я остро осознаю свои корни» [Нудельман 1986: 156].

Несмотря на свою докучливость и дилетантство, Проферансов в «Любимове» воплощает литературное прошлое России, сохраняющее фольклор и фантастику; это призрак, который, хотя ему и приходится быть на задворках, смог удержаться в хаосе советского настоящего. Более того, в своих экскурсах в сносках он излучает энергию и угрозу, характерную для всего, что пишет Терц. В «Кошкином доме» именно во время «экскурсий» Колдуна в прошлое, в поместье под Пензой, стиль сказочного повествования задает полет фантазии, живой и неудержимой прозы, «усмиренной» великолепной борзой. Так же и в «Спокойной ночи» во время своего визита к отцу в Рамено, на место старого имения, Синявский переживает прозрение, которое превратит его в Терца.

Колдун, кроме всего прочего, защищает сказку от ее современного конкурента, научной фантастики[19]. Видя в ней «униженное, пришибленное и запуганное воображение», типичное для «нашего межеумочного времени», он говорит о том, что научная фантастика — «обычный конформизм, приспособление к большинству, к господствующему сознанию» [Терц 1998: 74]. При всей своей преданности возрождающей и созидательной силе революции, Синявский в достаточной мере сохранял элитарность, противоречащую окружению, — решительно литературную элитарность, так что вздох Проферансова: «жаль, большевики извели на Руси дворянство...» [Терц 1998: 77] — это сожаление по ушедшему литературному, а не социальному величию[20].

---

[19] Мнение Проферансова о научной фантастике схоже с мыслями, высказанными Синявским во время пребывания в Дубровлаге. В одном из своих писем он пишет (и видели бы вы, с каким презрением) о современной моде на научную фантастику в популярных журналах. Несмотря на его серьезный интерес и знание жанра, что очевидно по статьям, написанным до ареста, он возражает против того, что фантастика, как ему кажется, посягает на традиционную русскую культуру и сказку, в частности. Теперь, по его словам, такие сказочные персонажи, как Баба-Яга, объясняются как пришельцы из космоса. Для Синявского «объяснять повороты собственной культуры результатом внешнего постороннего вмешательства как-то неуважительно к этой культуре; все чудесные секреты переписаны в индустриальном стиле и сами по себе бесполезны» [Синявский 2002: 375–376].

[20] Иначе излагая эту мысль, Синявский говорил в более позднем интервью: «Я вполне вижу своего любимого Маяковского или не очень любимого Солженицына на экране телевизора, но я не могу представить, что бы делал Мандельштам в телевизионной студии. "Бессонница. Гомер. Тугие паруса..." Дать эти божественные строки толпе, чтобы она разорвала их на части? Дать это массам? Это не для всех!» [Синявский 2001б: 131].

Если Проферансов неоднозначный писатель и не такой неисправимый злодей, каким его считает Бальзанов, то как быть с самим Бальзановым? Изображая соперничество между двумя главными героями (его альтер эго, писателем и литературным критиком), Синявский, кажется, предполагает, что эти двое, в конце концов, не могут быть даже отдельными личностями. Бальзанов, не меньше, чем Колдун, не уживается с обществом, что роднит его с Синявским [Терц 1998: 129][21].

Как и Синявский, Бальзанов любит «работать на снижениях», а в его рассуждениях о Кошкином доме «уже чувствуется рука Иноземцева». Более того, фразу Синявского «бедные, бедные люди» (седьмая глава) повторяет Иноземцев, полагая, что Синявский тоже является одним из его воплощений, частью продолжающейся линии. Это подтверждается тем, что в конце романа, вопреки всем ожиданиям, протеже Бальзанова Андрюша выражает надежду, что однажды он станет писателем, поскольку тень (проферансовская?) скользит по его лицу. Манящий зов волшебным образом прозвучал и в семье Синявских: его сын Егор, получивший математическое образование, теперь, в свою очередь, стал писателем[22].

Разделение писателя и критика не так очевидно, как кажется, а их творческий синтез подтверждается в единственно значимой для обоих сфере, а именно в литературе. При всем том, что он ведет битву против писателей и Колдуна, Бальзанов говорит: «литература мой единственный дом» [Терц 1998: 103]. И он, и Проферансов ищут убежище, хотя и по-разному, в Кошкином доме.

---

[21] Ласковое имя «Дезик», которым Бальзанов был прозван дома и за которое его дразнили дети во дворе, тем более, когда у соседей появилась собака по кличке Дезка, также было именем, которым Синявского называла мать (в беседе с Марьей Васильевной, Фонтене-о-Роз, 2006). Воспоминания Бальзанова о том, что его дразнили за то, что он «другой», почти точно совпадают с собственными воспоминаниями Синявского. В литературных кругах имя Синявского воспринимали как звучащее на иностранном языке и заставляющее задуматься: «не изучал ли я русскую литературу со злым умыслом, не было ли тут какой-то интриги?» [Терц 1998: 103].

[22] Е. А. Синявский пишет по-французски под псевдонимом Егор Гран по фамилии жены.

«Кошкин дом»

Тематический и символический центр романа — точка, где сходятся факт и вымысел, автобиография и басня, колдун и детектив, писатель и литературовед. Номинально действие происходит в Москве, но с таким же успехом оно могло переместиться туда из парижского пригорода Фонтене-о-Роз. Говорят же, что у Москвы «двойное дно», и не одно; тогда это дом, который существует одновременно в нескольких параллельных измерениях, временная и пространственная связка между различными ипостасями Синявского.

Фантастическое здание романа Терца представляет собой практически точное изображение дома Синявских на улице Бориса Вильде, с его потускневшим великолепием, блестящим литературным прошлым (тут некогда жил Гюисманс[23]) и романтическим запущенным садом, не говоря уже о коте Каспаре Хаузере и собаке Матильде. Замкнутый мир, в который Синявский ушел, дабы избежать превратностей литературы и политики, — это и крепость, и святилище, посвященное письму и книгоизданию, литературе и искусству, равно как и обиталище его семьи. Эта часть его жизни вплетается в «Кошкин дом» в виде друзей и суррогатных родных Бальзанова: Насти-переплетчицы, ее внебрачного сына Андрея и брата Супера[24], чья квартира оклеена обоями с картинками из русских сказок [Терц 1998: 61–62]. Для Бальзанова в его раздрае это островок здравого смысла и поддержки, когда он больше всего в растерянности, а он, в свою очередь, выступает в роли отца для Андрея.

«Кошкин дом» — это более экзотическая и более загадочная версия парижского дома. Назван роман по одноименному детскому стихотворению известного советского поэта С. Я. Марша-

---

[23] Французский романист голландского происхождения Ж. К. Гюисманс (1848–1907), который был последовательно реалистом, декадентом и мистиком-символистом, жил в Фонтене-о-Роз в 1881 году и описал его в романе «Наоборот».

[24] Саша Супермен, или Супер, всегдашний помощник Бальзанова, имеет реальный прототип. Саша Суриков, для Синявских «Супер», — молодой ученый, который во многом помогал Марье Васильевне и когда Синявский сидел в лагере, и позднее в Париже, ухаживая за ним незадолго до кончины.

ка. В этой душещипательной истории о прощении и великодушии рассказывается о том, как заносчивая тетя-кошка не пустила к себе осиротевших котят, которые, когда сгорает ее собственный дом, не помня зла, пожалели ее и взяли к себе жить. «Кошкин дом» — это тоже пристанище для бездомных, последнее прибежище культурного прошлого России, вроде бы ненужного и заброшенного, но живого и дышащего. Здесь сверхъестественное и волшебное обретает свой настоящий дом — с призраками, говорящим телефоном и таинственной лампой, — реликтами ушедшей эпохи, которые только здесь и сохранились. Со своей тишиной, полумраком и прохладой, он — полная противоположность современной Москве, которая шумит, слепит глаз и удушает теплом. Обыгрывая аллитерацию в «острове» и «особняке», автор пишет о «необитаемом особняке», вспоминая легендарный необитаемый остров Робинзона Крузо (этот образ снова и снова повторяется у Синявского, означая и конец долгого пути, и волшебное место волнующих приключений и захватывающих возможностей). Это и сказочный дом, избушка на трех курьих ножках со сказочными лепными узорами. Прибежище и путь отхода, сказка этим не ограничивается. Она не только делает все «более значительным, более реальным», но даже в сталинской России ей суждено служить восстановлению лада и гармонии, справедливости и морали[25].

Сказка также дает один из ключей к головоломке, один из способов ее решения. Обнищавшая Москва постсоветская тоже спасается, как в сказке. Иносказательно описывая последствия гайдаровских экономических реформ, когда несчастным стару-

---

[25] Ср.: «Нет, — говорит сказка, — неправда, неправильно. Все это вам кажется <...> Чудесное, случается, вносит объяснение в нашу среду, где все — в собственном смысле — лишено логики, безвыходно, отвратительно и уму непостижимо. И то, что вчера представлялось, не в праве существовать, получает санкцию сказки...» [Терц 1992, 2, 504–505]. В «Кошкином доме» у Синявского сказка на самом деле спасает человеку жизнь. Колымский лагерь не впускает Генку Темина (это реальный зэк Геннадий Михайлович Темин, знакомый Синявского [Синявский 2004, 2: 206–207, 210]). Этап пригнали издалека, и на жгучем морозе он неизбежно бы умер. Темин начинает молиться и вдруг слышит по лагерным громкоговорителям «сказку Пушкина о рыбаке и рыбке». В сознании Темина его мольба сливалась с голосом старика-рыбака: «Смилуйся, государыня рыбка...». И вдруг его впускают в лагерь. Тут прямая связь между тем, как Пушкин спас Генку Темина своей сказкой и как повесть о Пушкине спасла Синявского в лагере [Терц 1998: 94].

хам приходится копаться в мусорных баках, чтобы выжить, автор рисует Москву то изможденной, опустившейся старой бомжихой, то молодой девушкой, изменившей старому мужу, но романтически прощенной и принятой назад[26]. Под всей грязью и разочарованием сохраняется ее истинная красота и волшебная природа; нужно только обостренное восприятие, чтобы это осознать.

Такое осознание даруется не Колдуну, а Бальзанову в волшебную зимнюю ночь на грани сказки и мечты. Критик и писатель сближаются, бывший резонер и прагматик вовлечены в волшебный мир воображения. Все готово: «только представь...». Время очень важно: канун Нового года, последние часы между старым и новым годом, когда законы природы приостановились и может случиться что угодно. Идет снег, а для Синявского это всегда означает перемены, «<...> идет как бы с того света, и город на наших глазах превращается в волшебное царство», «вроде Китежа», «как в Большом театре, в опере "Евгений Онегин"» [Терц 1998: 130]. Москва сравнивается с мистическим градом Китежем, оперной сценой; аллюзии литературные, театральные и музыкальные переплетаются, и для Бальзанова наступает момент прозрения, когда он провидит истинную сущность Москвы и всей России, которая — в их культурном наследии.

Здесь писатель находит свой дом и обретает новую личность, не убивая никого («я человек хороший»), но благодаря любви и скачку воображения. Пастернак сливается со сказкой: старик-писатель боится перейти оживленную московскую улицу, потом внезапно взмахивает крыльями, как бабочка, и тут и фантазия, и литературные намеки («снег идет», «перекрестка поворот», «жизнь прожить — не поле перейти») [Терц 1998: 66]. Встретив красивую девушку Юлию Сергеевну (которая читает сказки Андерсена[27]), он влюбляется и, не желая быть в ее глазах стариком, делает еще один дерзкий прыжок, на этот раз меняя свой

---

[26] Такой увидели Синявские Москву лета 1992 года: «Мы были в ужасе. Было ощущение, что вернулись военные годы нашей юности» [Siniavskii 1997: 30–31].

[27] Синявский перечитывал Андерсена в лагере [Синявский 2004, 1: 346–347].

почерк. Внезапно он пишет себе новую личность и новую историю, и в первый момент не узнает знакомую улицу, превратившуюся в нечто прекрасное («истинный Версаль»), тогда как «весь сивый бред остался там, позади, на предыдущей странице» [Терц 1998: 70].

Текст становится новым «домом»:

> Казалось, я не ступаю по улице, а мягко скольжу глазами по классическому ее описанию, лишь кое-где внося сознанием мелкие исправления в текст, несколько старомодный и неувядаемо прекрасный. Удивительная легкость слога! [Терц 1998: 70].

Кто рискнул, тот и выиграл: теперь он красивый молодой принц, а Юлия Сергеевна — его принцесса в любви всей жизни [Терц 1998: 67–68].

Синявский переписывает жизнь одним росчерком пера. При этом он еще раз отдает дань уважения Марье Васильевне, развивая идеи «Путешествия на Черную речку»: Маша Миронова была не только рыцарем, но и Золушкой, сказочной принцессой, а «Капитанская дочка», с другой точки зрения, — еще одна сказка Пушкина, изобилующая людоедами и волками, принцами и принцессами, вмешательством сверхъестественного. «Читай по слоям», — говорится читателю в «Путешествии на Черную речку»; «взгляни по-другому, и правда раскроется», — советует он в «Кошкином доме». Читателю предлагается взглянуть на Марью Васильевну глазами супруга, увидеть ее так, как Пушкин Наталью Николаевну, не такой, как в скандальных слухах и злобных сплетнях современников, а глазами того, кто действительно ее любил: «Нам надлежит помнить о Наталии Николаевне не где-нибудь в магазине тканей, а в сознании и восприятии Пушкина, который открывался в письме, что любит ее душу более ее лица, а для лица не находит на свете никаких сравнений» [Терц 1994: 19].

Взглянем еще раз, и увидим, как Пушкин почти незаметно сливается с Булгаковым. Жена Колдуна Юлия Сергеевна, красавица в молодости, теперь старуха, больше похожая на ведьму [Терц 1998: 81]. Это фигура не до конца понятная и несднозначная: то она болтает на фене, то поет в церковном хоре, то цитирует Гумилева. Так же и Марью Васильевну, личность высоко культурную и одаренную, многие могли видеть и в менее лестном свете. Поощряя и защищая Синявского в каждый момент их совместной жизни, и особенно на последнем и самом сложном этапе, она при необходимости могла становиться беспощадной и выражаться по-простому. Как и Юлия Сергеевна, чья неизменная любовь к Колдуну обеспечивала его дальнейшее существование, Марья Васильевна, в своих письмах к Синявскому в лагерь и потом в эмиграции в журнале и издательстве «Синтаксис», отстаивала существование Синявского как писателя. Несмотря на все удары судьбы, она всегда была рядом с Синявским, так же, как и Елена Сергеевна Булгакова, третья жена М. А. Булгакова, которая посвятила себя всю своему мужу и сохранила его работы до тех времен, когда они смогли быть напечатаны. Когда все, казалось, отвернулись от Синявского, «Единственное, что утешало меня, так это то, что жена моя Марья Васильевна не отвергла меня» [Бершин 2001: 128]. Как Мастер и Маргарита, Колдун и Юлия Сергеевна (не случайно у нее отчество жены Булгакова) тоже умирают в один день, пусть и не в объятиях друг друга. Через эту аллегорию читателю предложено снова взглянуть на литературу не равнодушным взором (или через сухую теорию) или в узких рамках «реализма», а с теплым и глубоким пониманием, что приходит от чтения «по пластам».

«Золотой шнурок»

Сказка открывает доступ к еще одному пласту повествования Синявского, которое, как матрешку, читатель должен открыть, чтобы добраться до сути. Ключ — это золотое плетение, «золотой шнурок». Случайное собрание разрозненных фраз немногим лучше неразборчивой абракадабры. На поверхностном уровне можно было бы принять это за одну из форм игры, помня о том, что Синявский высмеивал литературный истеблишмент, шил свой обман, как новое платье короля. Марья Васильевна это признает, говоря, что это «не что иное, как коллаж на основе старой книги по грамматике» [Терц 1987: 187][28]. Этим ограничиться, однако, было бы ошибочно и несправедливо по отношению к Синявскому.

Как объясняет писатель в одной из ранних статей, проза, которую он именует «золотым шнурком», предназначена для прыжка в неизвестность, эксперимента, ответа на застой, который виделся ему в удушающей атмосфере тогдашней русской литературы и, в частности, в «деревенской прозе», которая последние 25 лет вообще не развивалась («только подумайте — четверть века, и ничто с места не сдвинулось!») и была по сути не более чем одним из видов реализма [Терц 1987: 182]. Не забывая о своем предупреждении в «Путешествии на Черную речку», Синявский смотрит в будущее, стремясь оживить русскую прозу, не жертвуя при этом ее прошлым. Возвращаясь к одному из своих любимых художественных периодов, Серебряному веку, он проводит параллель между ним и современной ему русской литературой в ущерб последней. Хотя программа футуристов была «слабой и расплывчатой», они с такой силой отрицали предшественников, что успешно расчищали путь для таких значительных поэтов, как В. Хлебников, Маяковский и Пастернак [Терц 1987: 182–183.].

Смело и по-новому, нарушая правила и переступая границы, что всегда было характерно для творчества и этики Терца, Синявский доводит свою прозу до предела. Отвечая на вызовы эпохи массовой коммуникации и упадка печатных книг, создается нечто, соответствующее «электронному веку», как по содержанию, сведенному к минимуму, так и по сюрреалистическому рваному стилю. В прозе без «субъекта» и «объекта» автор намеренно перестает контролировать повествование как таковое. Здесь реализуются новейшие идеи в литературно-критическом мышлении, интерпретируемые, впрочем, без чрезмерного пафоса. Одновременно «Золотой шнурок» несет отголоски нова-

---

[28] По замечанию Марьи Васильевны, «Золотой шнурок» был прочитан на литературном собрании и принят с большим энтузиазмом, а «один известный славист и переводчик предложил немедленно перевести его на французский».

торского духа писателей 1920-х годов, продолжая традиции футуристов. Можно вспомнить, например, Д. Хармса, который с присущим ему юмором набрасывал яркие зарисовки, часто всего лишь в несколько строк, сознательно лишенные какой-либо предсказуемой структуры, низвергая классические устои и традиции, но оставаясь верным истинной любви к русскому литературному наследию[29].

Это выводит читателя на следующий уровень, ближе к авторскому замыслу и разгадке тайны «золотого шнурка». Бальзанов в момент вдохновения понимает, что видит в прозе урезанный и до минимума сжатый «итоговый материал, своего рода дайджест», но «не дайджест, не итог — <...> проект и проспект», «и за-текст, и пост-текст, итог, собственно говоря, всей литературы», «пратекст, установочный документ для всех колдунов мировой литературы». Здесь суммируется не только русская, но и вся мировая литература, от Гесиода и Гомера (с их «цветными металлами») до Шекспира (с платком Дездемоны), Эзопа и Лафонтена (все вокруг животные), немецких романтиков и пр., а также до корней русской литературы, от сказок до Пушкина [Терц 1998: 144–146]. Вооружившись своим «золотым шнурком», Синявский бродит по кладбищу мировой литературы, шепча на ухо дремлющей классике: «Вставай! Время пришло!» [Терц 1994: 21].

Читатель, в отличие от Бальзанова, видит, что в этом образе — ключ к пониманию жизни самого Синявского: «Что вам нравится делать? Мне нравится читать и особенно писать»; «Не могли бы вы одолжить мне несколько франков?». Так же и во внешнем мире: «Тогда огонь!» — это не просто прообраз всех литературных дуэлей, но и аллюзия расстрела Ельциным Белого дома. «Чистое искусство не означает бесстрастное или бессердечное отношение к жизни», но искусство, которое не продиктовано,

---

[29] Переводчик Хармса М. Янкелевич (цитируя М. Б. Ямпольского) считает юмор в форме иронии «главным вкладом» ОБЭРИУ (Объединения Реального Искусства, членом которого был Хармс) в авангард. «До них авангард, несмотря на радостные выходки футуристов, был серьезен до глубины души. В то же время Хармс, в отличие от футуристов, не сбрасывал классику с парохода современности, а использовал ее "так, как раньше ее не использовали"» [Kharms 2007: 14–15].

не использовано в политических или социальных целях, искусство, которое свободно развивает свое независимое, творческое отношение к политике и обществу, в то время как литературная критика, исследующая творческие ассоциации между искусством и жизнью, — это детектив: «Изучайте тайные пути искусства, а не полицейские отчеты» [Бершин 2001: 130; Терц 1994: 8].

Вот о чем «Кошкин дом». По сути, это не что иное, как растянувшийся «золотой шнурок», детский рассказ, детектив, семейный роман, мемуары, дневник, сказка — все в одном; это литература, написанная пластами, слоями, подпитывающими друг друга подвигом творчества, воскрешая его для новой жизни. Здесь не только произведения других писателей, но и все сочинения Терца, от цирка и сальто-мортале Кости (колдун в лагере «прыгает» в тело другой жертвы, продлевая свою жизнь в качестве заклинателя, убегая под самым носом лагерной охраны) до ловкости рук Синявского в «Прогулках с Пушкиным», до графоманов, до расколотой личности в «Ты и Я», до «другого», «постороннего» в «Пхенце» и истории любви в «Гололедице», не говоря уже о колдунах в «Квартирантах» и «Любимове».

Тут все литературные спутники Синявского: Пушкин (сказки), Гоголь (колдуны), Розанов (самоуничижительный стиль Бальзанова), Маяковский (жизнь, превращенная в искусство) и Пастернак, сочетающий в себе самоуничижение и творческий и этический принцип идти на риск, учиться писать по-другому. Синявского можно найти только в литературе, которую и о которой он писал (ср. эпизод с лагерным фокусником [Терц 1998: 97]).

Искусство имеет значение, а не художник, искусство остается, а не художник. Читатель может искать Синявского в центре лабиринта, но он существует только в той мере, в какой существует его искусство, а через него — искусство многих других. Фундаментальная мысль, высказанная Синявским в «Путешествии на Черную речку», и особенно в «Кошкином доме», заключается именно в этом. Писатель может менять свою форму на протяжении веков, но это несущественно, если он передает свое искусство, живое и процветающее, следующим поколениям. Писатель может питаться произведениями других, как автор или как критик, но пока он отдает самого себя, искусство не может не победить.

Повторяя мысль «Путешествия на Черную речку», всю русскую литературу и литературу вообще Супер (последнее воплощение Колдуна) дарит Бальзанову, как писатель — литературному критику, Колдун — Андрюше, а сам Синявский — читателю. По мере того, как проза становится все более фрагментарной, сжатой, очищенной до самой своей сути, увеличивается пространство для мысли читателя, способного сыграть свою роль. Последний закодированный слой «Золотого шнурка» предназначается именно для этого. Если Синявский хорошо сыграет свою роль, читатель соблазнится «таинственными путями искусства», им проложенными; именно и только читатель обеспечит его выживание.

«Это рассказ обо всем на свете и ни о чем в частности» [Терц 1998: 94]. Обращаясь к изобразительному искусству, Синявский проводит параллель между искусством письма и графикой зэка Б. П. Свешникова[30]. Речь о том, что осталось невысказанным: снег, пространство белого холста, пустая страница, которая пока что подсказывает, а не излагает, которая поднимается над обыденным и очевидным, чтобы расширить перспективу. Это сродни идеям «Спокойной ночи» о силе исцеления искусства. Здесь искусство вновь — нечто органическое, начало жизни: «Графичность — как признак жизни, как первое ее проявление» [Терц 1998: 93].

Чистое искусство, подобно «золотому шнурку»: говорит все и не говорит ничего, позволяя читателю заполнять пробелы, когда автор умолкает.

---

[30] Борис Петрович Свешников (1927–1998) учился в Московском институте прикладного и декоративного искусства; в 1946 году он был арестован по ложному обвинению и находился в заключении до 1954 года. Стиль его творчества определяли как «фантастический реализм». См. [Baigell, Baigell 1995: 90–93].

Заключение

Личная трагедия Абрама Терца — то, что его знают прежде всего как сидельца, тогда как сидельцев в русской литературе было много, а вот прозаиков, с такой отвагой намечавших дальнейшие пути развития отечественной словесности, считанные единицы.

Д. Быков «Терц и сыновья»

Был ли Андрей Синявский героем своего времени? Слова в эпиграфе [Быков 2006] написаны к десятой годовщине его смерти и указывают на то, как до сих пор трудно приспособить человека к его времени, как легко скатиться на привычный образ мученика-диссидента. Оставляя знак вопроса, эта книга представляет собой попытку приблизиться к Синявскому в духе, более для него подходящем, а именно — не для того, чтобы составить его окончательный портрет, а чтобы за него говорили сами его произведения.

В намерения автора не входило судить Синявского, но убрать его из черно-белого контекста, который омрачал большую часть его жизни и отвлекал внимание от того единственного, что имело для него значение и в чем он хотел бы быть запомненным, а именно — русской литературы. Изучение жизни Синявского в контексте литературы было сосредоточено на том, что следует считать величайшим достижением писателя, его вкладом в дальнейшее существование русской литературы, его стремлением восстановить связь писателя с читателем.

Это отнюдь не значит, что Синявский, его жизнь и творчество не имели никакого значения в контексте политических и социальных потрясений его времени; напротив. Скорее, я попыталась перенаправить внимание на тот сложный путь, который питал его жизнь в искусстве, на то, как его эволюция как писателя была бы немыслима без этого активного и творческого обмена. Судьба Синявского-писателя отражает перипетии на советско-российской политической сцене и в советской литературной политике, когда сталинизм сменялся оттепелью, застоем и, в конечном итоге, завершился распадом Советского Союза. Эти этапы, которые Синявский пережил вначале как уважаемый ученый в советской системе, а затем как осужденный преступник, внутренний эмигрант-зэк и, наконец, внешний — за границей, отражены в его работах в обратном своем развитии, в соединении с Россией заново, через литературу.

Более того, несмотря на всю его веру в «чистое искусство», чуждое политики и оторванное от общественных обязанностей, традиционно возлагаемых на русского писателя (особенно в советское время), искусство Синявского было по существу глубоко полемическим в борьбе за продвижение убеждений писателя. И возможно, оно бы не достигло такого расцвета без постоянного преодоления Синявским запретов и «барьеров».

Намерение автора состояло также в том, чтобы представить контекст эпохи в более широкой перспективе, с точки зрения роли и функции искусства и художника в русской культурной традиции. Эта традиция — то, чем сам Синявский занимался как писатель, видя своей задачей воссоединение русской литературы с ее прошлым, чтобы обеспечить не просто ее выживание в будущем, но и постоянное возрождение. Как писатель он сделал себя живым посредником между прошлым, настоящим и будущим.

Синявский был не столько диссидентом, сколько «еретиком», инакомыслящим, чье расхождение с советской системой и ценностями было вызвано разочарованием в ее культурной политике и идеологии. Страстно веря в духовную и этическую свободу искусства, он упорно боролся против ортодоксальных идей и правил, навязываемых искусству и художнику в Советской России, что, по его мнению, ставило под угрозу возможность существования обоих. В этом его мужество и цельность неоспоримы. Таким образом, хотя некоторые из его современников, возможно, осудили бы его отказ участвовать в правозащитном движении, а некоторые критики могли бы назвать его тюремный опыт «запоздалым» — это никоим образом не умаляет того, что ради убеждений он был готов пожертвовать своей творческой биографией, но не идти на компромисс.

Это ясно показало не только судилище над ним, за которым следил весь мир (либо осуждая, либо одобряя), но и его проза, каждая написанная им строка и пробелы между строками. В этом смысле Терц не был просто временной уловкой. По слозам Э. Замойской, «Терц был, в некотором смысле, проекцией того, кем он хотел стать <...>. Терц очистил Синявского и помог ему освободиться от навязчивых идей и комплексов; более того, Терц, как моральный стимул, обязал его быть достойным своей свободы» [Zamoyska 1967: 63–64]. Риск и дерзость — отличительные черты стиля Терца, которые определяли раннее творчество Синявского как советского критика, но которые он смог в полной мере развить только как Терц.

Часто упускают из виду, что Синявский, начав писать как Терц, писал именно как литературный критик; яростное осуждение советской системы в эссе «Что такое социалистический реализм» представлено через разрушительную критику советского искусства. Мне представляется, что Синявский никогда не переставал быть литературным критиком, что его личность писателя-Терца стала просто фантастическим продолжением его научной позиции. Филологические идеи Синявского не были статичны, постепенно приобретая новые измерения. Именно литературная критика была источником вдохновения для инновационных, гибридных литературных форм, от фантастической литературной критики, которая усовершенствовала симбиоз литературы и критики, до фантастической автобиографии и финальной «абракадабры» в «Кошкином доме».

Терц был критиком, который, благодаря своим экскурсам в гротеск и фантастику, альтернативное и творческое, смог вдохнуть новую жизнь в русскую литературу, создавая новые условия взаимодействия автора с читателем.

Но где был этот читатель? Советская система с ее идеологически ориентированным и дидактическим подходом к литературе сформировала многие поколения «невежественных», по словам Синявского, читателей, которые, как писала Марья Васильевна, «даже не учились читать». Более того, писатели и критики, выступая от лица власти, отождествляя интересы власти с нуждами государства, не оставили места для отдельного читателя. Результатом стал роковой застой в русской литературе: она держалась тех же самых проторенных путей, безопасных для власти и удовлетворяла довольно низкие потребности массовой аудитории. То же самое происходило, хоть и по другим причинам, в эмиграции.

Следовало восстановить линии связи с читателями или, скорее, с «читателем», так как Синявский отвергал идею массовой аудитории в пользу более тесного общения с текстом. Для этого он заново открыл личность писателя и его роли, отказавшись от образа учителя и проповедника, присущего не только советским представлениям о функции искусства, но и части более широкой русской литературной традиции. Потому что в этом случае писатель дистанцировался от читателя и читатель — от текста.

Ища вдохновение в прошлом, Синявский проследил развитие образа писателя в разных его ипостасях: от юродивого, клоуна и вора до колдуна, мага (меняется и понимание литературы как древней форме волшебства, в которой языческое колдовство совпадает с христианской верой в чудодейственную силу слова). Магическая функция художественного текста и автора была утрачена в советское время из-за оскудения языка и злоупотребления им, когда он использовался как орудие принуждения и идеологической обработки.

Развлекая и поощряя читателя, будь то шоком, характерным для ранней прозы Терца, или менее серьезно в поздних работах, Синявский, отказавшись от контроля над читателем, приводит его к осмысленному, творческому чтению. Тут Синявский и Терц объединяются. Хотя критик здесь играет роль посредника, он присутствует не для того, чтобы указывать, а чтобы просвещать и поощрять читателя к собственным открытиям, вовлекать читателя в динамичное сотрудничество с писателем, и это свобода, данная ему в альтернативной стилистической идентичности.

Читателя провоцируют, приглашают смотреть и видеть по-иному. Текст рассматривается в пространственном отношении как археологические пласты. Метафора, применимая к культуре в целом, противоречит ориентированному во времени линейному импульсу советского мышления, подобно столь же мощной метафоре искусства как гобелена или замысловатого плетения. Ничто не пропадает, пласты наслаиваются, образуя не камни, а богатые отложения россыпной глины. Такой подход к чтению текста «в пластах» подробно изложен в «Любимове» (а также и в многослойных ранних коротких рассказах), был усовершенствован в закодированных текстах лагерных лет, в частности, в «Прогулках с Пушкиным», далее — в «Спокойной ночи», в «Путешествии на Черную речку» и «Кошкином доме». Чуткий читатель, воодушевленный, очарованный и убежденный, учится читать между строк и сквозь пласты, создавая связи, раскрывающие новые значения, и обеспечивая непрерывную жизнь текста.

Чтение становится актом соавторства, в котором писатель уступает свое доминирующее положение. Эта идея не нова: например, можно упомянуть статью О. Э. Мандельштама «О собеседнике». Синявский идет дальше, постепенно отступая в сторону как автор, оставляя читателю заполнять лакуны. Отойдя в сторону, в акте доверия, он передает свою литературу и русскую литературу в целом в подарок читателю, чтобы тот, в свою очередь, передал их дальше.

«Смерть автора» — заезженная тема, центральная идея литературоведения конца XX века, как и «лакуны» в теории восприятия текста. Однако Синявский пришел к этому совершенно другим путем, отражающим его укорененность в русской культуре[1]. Русская культура впитала христианское представление о самопожертвовании, которое для Синявского нашло художественное подтверждение в творчестве Пастернака, равно как мысль об искусстве как «непрерывной отдаче самости» [Синявский 1965: 14]. Так, смелость и новаторство Синявского,

---

[1] Так считают и Таймер-Непомнящая, и Эпштейн. См. Предисловие, с. 13.

именно его связи с культурным прошлым России обеспечивают творческий импульс для скачка в будущее. Это признало следующее поколение российских критиков-эмигрантов, в частности, Генис, который называет эстетику Синявского «архаическим постмодернизмом» [Генис 1994]. Из русского прошлого, как отмечает Жолковский, также вытекает «деконструктивистский» подход Синявского к литературе[2]. Эти идеи возникли в любви Синявского к изобразительному искусству и его вниманию к взаимному обогащению живописи и литературы, вдохновленному русским модернизмом. Здесь можно вспомнить, например, о Пикассо[3]. Это подчеркивает лежащую в основе творчества Синявского идею о том, что общение с читателем происходит через нестандартное, нелинейное мышление, через показ, демонстрацию, а не сухое теоретизирование. Помимо прочего, это опровергает расхожее мнение о том, что Синявский якобы был закрыт для внешних воздействий. Глубина и широта его культуры по любым меркам были необычны и простирались далеко за пределы его родины. Нонконформист, он не шел проторенным путем.

Что же подарит литература Синявского будущим поколениям? С точки зрения его непосредственного влияния на русскую литературу, его произведения — не для широкого читателя, а помнить его будут, скорее всего, как говорилось выше, благодаря судебному процессу.

Тем не менее, отголоски его идей можно обнаружить в литературе последующих поколений. Работы русских писателей 1960-х и 1970-х годов, например, таких авторов «жесткой прозы», как В. Сорокин (р. 1955), может и неосознанно, подпали под влияние Синявского, его стилистические выверты и оспаривание табу. Например, запредельный шок в романе Сорокина «Сердца четырех» (1994) — это «единственная перспективная литературная практика, которая расширяла это пространство. <...> такой удар, который раздвигал реальность» [Роткирх 2009: 92–93]. Есть

---

2   См. Предисловие, с. 13.

3   См. [Grayson 2000б: 96].

и другая осязаемая точка личного соприкосновения Сорокина и Синявского: первый роман Сорокина «Очередь» (1985) вышел в «Синтаксисе».

Среди молодых русских писателей один из наиболее уважаемых и ценимых читателем — В. Пелевин (р. 1962), и влияние Синявского чувствуется в его работах, хотя он сам того прямо и не признает[4]. Например, сатира на современную Россию в «Омон Ра» (1992) явно имеет привкус Терца, в то же время отдавая дань прошлому в отголосках замятинского «Мы». Пелевин бросает вызов читателю, побуждая его читать и перечитывать текст, не через пустые места, а через сдвиг восприятия в постоянном взаимодействии иллюзии и реальности. Читатель, колеблющийся в пространстве несоответствия между миром главного героя и более циничной картиной, описанной автором, становится в итоге активным участником процесса чтения. Пелевин не доминирует как автор и не направляет своего читателя к определенным выводам, но позволяет ему самому прийти к ним как к открытию. Его «Чапаев и Пустота» (1996) — пример сложных временны́х и пространственных смещений, дезориентирующих читателя, что заставляет его постоянно подвергать сомнению прочитанное.

Удивительно, но и Пелевин, и Сорокин говорят, что они, когда пишут, не думают о читателе [Laird 1999: 185, 158–159]. Это, однако, не означает, что писатели не ждут читательской реакции на свои тексты. Скорее, речь о том, что, как писатели своего времени, видевшие распад Советского Союза и последовавший за ним период смятения и неуверенности, они видят свою непосредственную задачу в том, чтобы найти себя в обществе, где массовая культура, хотя и отличная от советской, угрожает поглотить человека.

Я считаю, что наследие Синявского, по крайней мере, на данный момент, находится в руках не столько писателей, сколько просвещенных критиков: таких, как Генис и Вайль, и таких

---

[4] Пелевин говорит о симпатиях к произведениям Платонова, Набокова и Булгакова («Меня глубоко тронул "Мастер и Маргарита"»), а также к зарубежным авторам — Хаксли, Гессе и Кастанеде [Роткирх 2009: 62–63], [Laird: 1999: 184–185].

ученых, как Жолковский. Любовь к литературе вынуждает взглянуть на нее по-новому, когда прошлое, обращаясь к настоящему, предлагает новые возможности. Такие произведения, как «Текст-контртекст: перечитывая русскую литературную историю» Жолковского, не только вновь подчеркивают роль критика в привлечении читателя, столь основополагающую для Синявского-писателя, но и привлекают внимание к необходимости не только читать, но и перечитывать, таким образом, возлагая ответственность за повторное прочтение на читателя: «литература процветает после перечитывания» [Zholkovsky 1994: 4]. Кроме того, Жолковский возвращается к фундаментальным отношениям писателя и текста («Грубо говоря, я все еще верю в первичные реалии литературы, тексты и авторов») и любви к литературе как основанию для критики. Наконец, как человек, который лично знал Синявского и многому от него научился, Жолковский реализует принцип живого общения, которое поддерживает литературу через возобновление диалога между текстами, классическими и современными, но также и через индивидуальный контакт, постольку, поскольку литература передается от одного поколения другому.

Так был ли Синявский героем своего времени? Это вопрос не о Синявском. Был ли Синявский писателем своего времени? Вот это — о Синявском.

Он оставил после себя пространство текстов, поэтому ответ на этот вопрос дадут его читатели.

Борис Свешников.
Без названия. 1988.
Бумага, черная тушь.
Предоставлено
Джейн Грейсон
(Лондон)

Библиография

Архивные источники

HIA — Hoover Institution Archives. Andrei Siniavskii Collection. Stanford, CA.

Запись «Радио Свобода» — Розанова М. «Спокойной ночи» — роман с комментарием / роман с последствием. Запись чтения романа «Спокойной ночи» на «Радио Свобода». Октябрь 1985 — март 1986. Hoover Institution Archives. Andrei Siniavskii Collection. Коробка 47.

Синявский

Синявский 1950а — Синявский А. Д. Об эстетике Маяковского // Вестник Московского университета. 1950. № 1. С. 129–139.

Синявский 1950б — Синявский А. Д. Основные принципы эстетики В. В. Маяковского // Знамя. 1950. № 2: 151–157.

Синявский 1952 — Роман М. Горького «Жизнь Клима Самгина» и история русской общественной мысли конца XIX — начала XX века: Дис. ... канд. филол. наук. Московский гос. ун-т, 1952.

Синявский 1958а — Синявский А. Д. О художественной структуре романа «Жизнь Клима Самгина» // Творчество М. Горького и вопросы социалистического реализма / Под ред. Б. В. Михайловского. М.: Изд-во АН СССР, 1958. С. 132–174.

Синявский 1958б — Синявский А. Д. А. М. Горький // История русской советской литературы: В 3 т. Т. 1. М.: Изд-во АН СССР, 1958. С. 99–167.

Синявский 1960 — Синявский А. Без скидок // Вопросы литературы 1960. № 1. С. 45–59.

Синявский 1962 — Синявский А. Поэтический сборник Б. Пастернака // Новый мир. 1962. № 3. С. 261–263.

Синявский 1965 — Синявский А. Д. Поэзия Пастернака // Пастернак Б. Л. Стихотворения и поэмы. М.; Л.: Советский писатель, 1965. С. 9–62. (Библиотека поэта. Большая серия)

Синявский 1967 — Синявский А. Д. В защиту пирамиды (Заметки о творчестве Евг. Евтушенко и его поэме «Братская ГЭС») // Грани. 1967. № 63. С. 114–139.

Синявский 1980 — Синявский А. Д. Один день с Пастернаком // Синтаксис. 1980. № 6. С. 131–139.

Синявский 1981 — Синявский А. Д. Достоевский и каторга // Синтаксис. 1981. № 9. С. 108–111.

Синявский 1982а – Синявский А. О критике // Синтаксис. 1982. № 10. С. 146–155.

Синявский 1982б — Синявский А. «Опавшие листья» В. В. Розанова. Париж: Синтаксис, 1982.

Синявский 1984а — Синявский А. Русский национализм // Синтаксис. 1989. № 26. С. 91–110.

Синявский 1984б — Синявский А. Синявский о себе // The Third Wave: Russian Literature in Emigration / Ed. by O. Matich, M. Heim. Ann Arbor: Ardis, 1984. P. 107–109.

Синявский 1985 — Синявский А. Солженицын как устроитель нового единомыслия // Синтаксис. 1985. № 14 С. 16–32.

Синявский 1986а — Синявский А. В редакцию журнала «22» // Двадцать два. 1986. № 49. Август — сентябрь. С. 221–223.

Синявский 1986б — Синявский А. В редакцию журнала «Континент» // Континент. 1986. № 49. С. 337–342.

Синявский 1986в — Синявский А. Диссидентство как личный опыт // Синтаксис. 1986. № 15. С. 131–147.

Синявский 1987а — Синявский А. Сталин — герой и художник сталинской эпохи // Синтаксис. 1987. № 19. С. 106–125.

Синявский 1987б — Синявский А. Чтение в сердцах // Синтаксис. 1987. № 17. С. 191–205.

Синявский 1988 — Синявский А. Д. Роман М. Горького «Мать» как ранний образец социалистического реализма // Cahiers du Monde Russe et Soviétique. 1988. Vol. 29. No. 1. P. 33–40.

Синявский 1989 — Синявский А. Некоторые аспекты поздней прозы Пастернака // Boris Pasternak and His Times. Second International Symposium on Pasternak / Ed. by L. Fleishman. Berkeley: Berkeley Slavic Specialties, 1989. P. 359–371.

Синявский 1991 — Синявский А. Открытое письмо А. Солженицыну // Синтаксис. 1991. № 31. С. 159–162.

Синявский 2001 — Синявский А. Иван-дурак. Очерк русской народной веры. М.: Аграф, 2001.

Синявский 2002 — Синявский А. Основы советской цивилизации. М.: Аграф, 2002.

Синявский 2004 — Синявский А. 127 писем о любви: В 3 т. М.: Аграф, 2004.

Синявский 2005 — Переписка Андрея Синявского с редакцией серии «Библиотека поэта»: Изменение советского литературного поля / Подгот. текста, публ., вступ. ст. и коммент. А. Комароми // Новое литературное обозрение. 2005. № 1 (71). С. 175-199.

Siniavskii 1995 — Siniavskii A. On the History of This Book / Transl. by C. Theimer Nepomnyashchy // Tertz A. Golos iz khora. New Haven; London: Yale University Press, 1995. P. v–ix.

Siniavskii 1997 — Siniavskii A. The Russian Intelligentsia / Transl. by L. Visson. New York: Columbia University Press, 1997.

В соавторстве

Голомшток, Синявский 1960 — Голомшток И., Синявский А. Пикассо. М.: Знание, 1960.

Меньшутин, Синявский 1959 — Меньшутин А., Синявский А. День русской поэзии // Новый мир. 1959. № 2. С. 211–222.

Меньшутин, Синявский 1961а — Меньшутин А., Синявский А. Давайте говорить профессионально // Новый мир. 1961. № 8. С. 248–252.

Меньшутин, Синявский 1961б — Меньшутин А., Синявский А. За поэтическую активность // Новый мир. 1961. № 1. С. 224–241.

Меньшутин, Синявский 1964 — Меньшутин А., Синявский А. Поэзия первых лет революции. 1917–1920. М.: Наука, 1964.

Интервью

Бершин 2001 — [Бершин Е.] Стиль — это судьба [интервью А. Д. Синявского «Литературной газете»] // Синтаксис. 2001. № 37. С. 127–131.

Путренко 1990 — Путренко Т. Пушкин — наш смеющийся гений (беседа с писателем) // Литературная газета. 1990. № 32. 8 августа. С. 7.

Carlisle 1979 — Carlisle O. Solzhentisyn and Russian Nationalism: An Interview with Andrei Sinyavsky //The New York Review of Books 1979. Vol. 26. № 18 (22 November). P. 3–6.

Glad 1993a — Glad J. Andrei Siniavsky and Maria Rozanova // Conversations in Exile. Russian Writers Abroad / Ed. by J. Glad, transl. by R. and J. Robin. Durham, NC; London: Duke University Press, 1993. P. 141–173.

Laird 1986 — Laird S. Andrei Sinyavsky. My life as a writer // Index on Censorship. 1986. Vol. 15. No. 6 (June). P. 7–10, 14.

Pomerantsev 1975 — Pomerantsev K. Sinyavsky: Fiction and reality / Transl. by M. Glenny // Times Literary Supplement. 1975. 23 May. P. 560.

Theimer Nepomnyashchy 1991a — Theimer Nepomnyashchy C. An Interview with Andrei Sinyavsky // Formations. 1991 (Spring). Vol. 6. No. 1. P. 6–23.

Терц

Терц 1966 — Терц А. Что такое социалистический реализм // Фантастический мир Абрама Терца. New York: Inter-Language Literary Associates, 1966. С. 399–446.

Терц 1974 — Терц А. Литературный процесс в России // Континент. 1974. № 1. С. 143–190.

Терц 1975а — Терц А. В тени Гоголя. London: Overseas Publications Interchange Ltd. and William Collins and Sons, 1975.

Терц 1975б — Терц А. Люди и звери (по книге Г. Владимова «Верный Руслан. История караульной собаки») // Континент. 1975. № 5. С. 367–404.

Терц 1975в — Терц А. Прогулки с Пушкиным. London: Overseas Publications Interchange Ltd. and William Collins and Sons, 1975.

Терц 1978 — Терц А. Анекдот в анекдоте // Синтаксис. 1978. № 1. С. 77–95.

Терц 1979 — Терц А. «Отечество. Блатная песня...» // Синтаксис. 1979. № 4. С. 72–118.

Терц 1987 — Терц А. Золотой шнурок // Синтаксис. 1987. № 18. С. 182–187.

Терц 1992 — Терц А. Собрание сочинений: В 2 т. М.: СП «Старт», 1992.

Терц 1994 — Терц А. Путешествие на Черную речку // Синтаксис. 1994. № 34. С. 3–51.

Терц 1998 — Терц А. Кошкин дом. Роман дальнего следования // Знамя. 1998. № 5. С. 41–149.

Розанова

Розанова 1990 — Розанова М. К истории и географии этой книги // Вопрос литературы. 1990. № 10. С. 154–161.

Розанова 1994 — Розанова М. Абрам да Марья // Синтаксис. 1994. № 34. С. 125–151.

Розанова 2002 – Розанова М. Основы советской цивилизации. Маленькая справка // Синявский А. Основы советской цивилизации. М.: Аграф, 2002. С. 456–457.

Розанова 2004 — Розанова М. Несколько слов от адресата этих писем // Синявский А. 127 писем о любви: В 3 т. Т. 1. М.: Аграф, 2004. С. 13–18.

Розанова 1998 — Розанова М. Послесловие [Терц А. Кошкин дом. Роман дальнего следования] // Знамя. 1998. № 5. С. 149.

Литература

Архангельский 2006 — Архангельский А. Прогулки з свободу и обратно // Toronto Slavic Quarterly. 2006. № 15 (Winter). http://sites.utoronto.ca/tsq/15/arhangelsky15.shtml. Дата обращения: 25.09.2019.

Бахтин 1965 — Бахтин М. М. Творчество Франсуа Рабле и народная культура Средневековья и Ренессанса. М., 1965.

Белая книга 1966 — Белая книга о деле Синявского и Даниэля. М., 1966.

Бердяев 1909 — Бердяев Н. Философская истина и интеллигентская правда // Вехи: Сб. ст. о русской интеллигенции. М.: Тип. В. М. Саблина, 1909. С. 5–26.

Бродский 1997 — Бродский И. Скорбь и разум / Пер. с англ. И. Касаткиной // Иностранная литература. 1997. № 10. С. 169–174.

Быков 2006 — Быков Д. Терц и сыновья // Toronto Slavic Quarterly 2006. № 15 (Winter). http://sites.utoronto.ca/tsq/15/bykov15.shtml. Дата обращения: 25.09.2019.

Вайль, Генис 1982 — Вайль П., Генис А. Лабардан! (А. Синявский) // Вайль П., Генис А. Современная русская проза. Ann Arbor: Hermitage, 1982. С. 57–75.

Возвышенный корабль 2009 — Возвышенный корабль: Виктор Дмитриевич Дувакин в воспоминаниях / Отв. ред. Н. И. Дубровина. М.: Прогресс-Плеяда, 2009.

Воронель 1986 — Воронель А. Право быть услышанным // Двадцать два. 1986 (июнь–июль). № 48. С. 145–180.

Воронель 2003 — Воронель Н. Без прикрас. Воспоминания. М.: Захаров, 2003.

Генис 1994 — Генис А. Андрей Синявский: эстетика архаического потмодернизма // Новое литературное обозрение. 1994. № 7. С. 277–284.

Гладков 1973 — Гладков А. Встречи с Пастернаком. Paris: YMCA Press, 1973.

Голомшток 2011 — Голомшток И. Воспоминания старого пессимиста // Знамя. 2011. № 3. С. 155–180.

Гуль 1976 — Гуль Р. Прогулки хама с Пушкиным // Новый журнал. 1976. № 124. С. 117–129.

Добренко 1997 — Добренко Е. Формовка советского читателя. Социальные и эстетические предпосылки рецепции советской литературы. СПб.: Академический проект, 1997.

Еремин 1966 — Еремин Д. Перевертыши // Известия. 1966. 13 января.

Жолковский 1995 — Жолковский А. К. Вспоминая Синявского // Синтаксис. 1995. № 36. С. 23–27.

Замятин 2003–2011 — Замятин Е. И. Собрание сочинений: В 5 т. М.: Русская книга; Дмитрий Сечин; Республика, 2003.

Кедрина 1966 — Кедрина З. Наследники Смердякова // Литературная газета. 1966. 22 января. С. 2, 4.

Лермонтов 2000 — Лермонтов М. Ю. Герой нашего времени // Лермонтов М. Ю. Собрание сочинений: В 10 т. Т. 6. М.: Воскресенье, 2000. С. 212–366.

Максимов 1986 — Максимов В. О руке КГБ и прочем // Континент. 1986. № 49. С. 337–342.

Мандельштам 1993 — Мандельштам О. Э. О собеседнике // Мандельштам О. Э. Собрание сочинений: В 4 т. Т. 1. М., 1993. С. 182–188.

Маяковский 1955 — Маяковский В. В. Я сам // Маяковский В. В. Полное собрание сочинений: В 13 т. Т. 1. М.: ГИХЛ, 1955.

Набоков 1996 — Набоков В. Писатели, цензура и читатели в России / Пер. А. Курт // Набоков В. Лекции по русской литературе. М.: Независимая газета, 1996. С. 13–27.

Новый мир 1961 — От редакции // Новый мир. 1961. № 8. С. 253–257.

Нудельман 1986 — Нудельман Р. Двадцать лет спустя: Интервью с Марком Азбелем и Александром и Ниной Воронель // Двадцать два. 1986. № 46. Январь — март. С. 132–177.

Обсуждение 1990 — Обсуждение книги Абрама Терца «Прогулки с Пушкиным» // Вопросы литературы. 1990. № 10. С. 77–153.

Пастернак 2003–2005 — Пастернак Б. Л. Полное собрание сочинений с приложениями: В 11 т. М.: Слово, 2004.

Роткирх 2009 — Одиннадцать бесед о современной русской прозе: интервью Кристины Роткирх с российскими писателями / Под ред. А. Юнггрен и К. Роткирх. М.: Новое литературное обозрение, 2009.

Рубинштейн 1976 — Рубинштейн Н. Абрам Терц и Александр Пушкин. О книге Андрея Синявского «Прогулки с Пушкиным» // Время и мы. 1976. № 9 (июль). С. 118–133

Смирин 1965 — Смирин И. А. На пути к Конармии (Литературные искания Бабеля) // И. Бабель. Новые материалы. М.: Изд-во АН СССР, 1965 (Литературное наследство, т. 74)

Солженицын 1983 — Солженицын, А. Наши плюралисты // Вестник русского христианского движения. 1983. № 2. С. 133–160.

Солженицын 1984 — Солженицын А. Колеблет твой треножник // Вестник русского христианского движения. 1984. № 3. С. 133–152.

Солженицын 1996 — Солженицын А. И. Бодался теленок с дубом: Очерки литературной жизни. М.: Согласие, 1996.

Твардовский 2002 — Твардовский А. Т. Рабочие тетради 60-х годов // Знамя. 2002. № 2. С. 114–165; № 4. С. 136–185.

Федотов 2015 — Федотов Г. П. Собрание сочинений: В 12 т. М.: Sam & Sam, 2015.

Флейшман 1982 — Флейшман Л. Борис Пастернак в двадцатые годы. Munich: Wilhelm Fink Verlag, 1982.

Харджиев 1970 — Харджиев Н. Маяковский и живопись // Харджиев Н., Тренин В. Поэтическая культура Маяковского. М.: Искусство, 1970. С. 9–49.

Хмельницкий 1986 — Хмельницкий С. Г. Из чрева китова // Двадцать два. 1986. № 48 (июнь-июль). С. 151–180.

Цветаева 1997 — Цветаева М. И. Пушкин и Пугачев // Цветаева М. И. Собрание сочинений: В 7 т. Т. 5. М. Эллис Лак: 1997. С. 176–202.

Шафаревич 1989а — Шафаревич И. Феномен эмиграции // Литературная Россия. 1989. № 36. 8 сентября. С. 4–5.

Шафаревич 1989б — Шафаревич И. Русофобия // Наш современник. 1989. № 6. С. 167–192.

Шестов 1995 — Шестов Л. Апофеоз беспочвенности (Опыт адогматического мышления) // Шестов Л. Сочинения. М.: Раритет, 1995. С. 176–181.

Элиот 1997 — Элиот Т. С. Назначение критики / Пер. А. М. Зверева // Элиот Т. С. Назначение поэзии: Статьи о литературе. Киев: AirLand; М.: Совершенство, 1997. С. 166–179.

Эпштейн 1995 — Эпштейн М. Синявский как мыслитель (Отрывки) // Синтаксис. 1995. № 36. С. 86–105.

Юрчак 2014 — Юрчак А. Это было навсегда, пока не кончилось. Последнее советское поколение. М.: Новое литературное обозрение, 2014.

Aizlewood, Wigzell 1994 — Aizlewood R., Wigzell F. Writers on Writers // Russian Writers on Russian Writers / Ed. by F. Wigzell. Oxford; Providence: Berg, 1994. P. ix–xvii.

Aldwinckle 1980 — Aldwinckle L. The Politics of Novy Mir under Tvardovsky // Lakshin V. Solzhenitsyn, Tvardovsky, and Novyi Mir / Ed. and transl. by M. Glenny. Cambridge, MA: MIT Press, 1980. P. 139–174.

Alexeyeva, Goldberg 1993 — Alexeyeva L., Goldberg P. The Thaw Generation: Coming of Age in the Post-Stalin Era. Pittsburgh: University of Pittsburgh Press, 1993.

Aucouturier 1967 — Aucouturier M. Andrey Sinyavsky and Yuli Daniel // On Trial: The Soviet State versus «Abram Tertz» and «Nikolai Arzhak» / Transl., ed., and with an introd. by M. Hayward. New York: Harper and Row, 1967. P. 332–337.

Aucouturier 1980 — Aucouturier M. Writer and Text in the Works of Abram Terc (An ontology of writing and a poetics of prose) // Fiction and Drama in Eastern and Southeastern Europe: Evolution and Experiment in the Postwar Period / Ed. by H. Birnbaum, Th. Eekman, transl. by A. Guérard. Columbus, OH: Slavica, 1980. P. 1–10.

Baigell, Baigell 1995 — Baigell R., Baigell M. Soviet Dissident Artists: Interviews after Perestroika. New Brunswick: Rutgers University Press, 1995.

Boym 1991 — Boym S. Death in Quotation Marks: Cultural Myths of the Modern Poet. Cambridge, MA; London: Harvard University Press, 1991.

Brooks 1994 — Brooks J. Socialist Realism in Pravda: Read All about it! // Slavic Review. 1994. Vol. 53. No. 4. P. 973–991.

Brown 1973 — Brown E. J. Mayakovsky: A Poet in the Revolution. Princeton: Princeton University Press, 1973.

Buss 1996 — Buss R. Introduction // Dumas A. (père). The Count of Monte Cristo / Transl. by R. Buss. London: Penguin Books, 1996. P. xi–xxi.

Cornwell 1993 — Cornwell N. At the Circus with Olesha and Siniavskii // Slavonic and East European Review. 1993. Vol. 71. No. 1. P. 1–13.

Crone 1990 — Crone A. L. Rozanov and Autobiography: the Case of Vasily Vasilievich // Autobiographical Statements in Twentieth-Century Russian Literature / Ed. by J. G. Harris. Princeton: Princeton University Press, 1990. P. 36–35.

Dawson 1995 — Dawson A. B. Hamlet. Manchester; New York: Manchester University Press, 1995.

Edwards 1982 — Edwards T. R. N. Three Russian Writers and the Irrational: Zamyatin, Pil'nyak and Bulgakov. Cambridge: Cambridge University Press, 1982.

Fanger 1986 — Fanger D. A change of venue: Russian journals of the Emigration // Times Literary Supplement. 1986. 21 November. P. 1321–1322.

Fanger, Cohen 1988 — Fanger D., Cohen G. Abram Tertz: Dissidence, Diffidence, and Russian Literary Tradition // Soviet Society and Culture: Essays in Honor of Vera S. Dunham / Ed. by T. L. Thompson, R. Sheldon. Boulder, CO; London: Westview Press, 1988. P. 162–177.

Fleishman 1990 — Fleishman L. Boris Pasternak: The Poet and His Politics. Cambridge, MA; London: Harvard University Press, 1990.

Frank 1991 — Frank J. The Triumph of Abram Tertz // New York Review of Books. 1991. Vol. 38. No. 12. 27 June. P. 35–43.

Gardner 1959 — Gardner H. The Business of Criticism. Oxford: Oxford University Press, 1959.

Garrard 1990 — Garrard J., Garrard C. Inside the Soviet Writers' Union. London: Tauris, 1990.

Gershkovich 1989 — Gershkovich A. The Theatre of Yuri Lyubimov. Art and Politics at the Taganka Theatre in Moscow / Transl. by M. Yurieff. New York: Paragon House, 1989.

Gifford 1991 — Gifford H. Pasternak. Bristol: Bristol Classical Press, 1991.

Glad 1993б — Glad J. Roman Goul // Conversations in Exile. Russian Writers Abroad / Ed. by J. Glad, transl. by R. and J. Robin. Durham, NC, London: Duke University Press, 1993. P. 50–65.

Graham 2009 — Graham S. Resonant Dissonance: The Russian Joke in Cultural Context. Evanston, IL: Northwestern University Press, 2009.

Grayson 2000a — Grayson J. Back to the Future: Andrei Siniavskii and «Kapitanskaia Dochka» // Reconstructing the Canon: Russian writing in the 1980s / Ed. by A. McMillin. Amsterdam: Harwood Academic Publishers, 2000. P. 147–171.

Grayson 2000б — Grayson J. Picture Windows and the art of Andrei Siniavskii // Russian Literature, Modernism and the Visual Arts / Ed. by C. Kelly, S. Lovell, Cambridge: Cambridge University Press, 2000. P. 88–118.

Hingley 1983 — Hingley R. Introduction // Fyodor Dostoevsky. Memoirs from the House of the Dead / Transl. by J. Coulson. Oxford: Oxford University Press, 1983. P. vii–xxviii.

Holmgren 1991 — Holmgren B. The Transfiguring of Context in the Work of Abram Terts // Slavic Review. 1991. Vol. 50. No. 4. P. 965–977.

Hosking 1980 — Hosking G. Beyond Socialist Realism: Soviet Fiction since Ivan Denisovich. London: Granada Publishing, 1980.

Jones 1990 — Jones M. V. Dostoevsky after Bakhtin, Readings in Dostoevsky's Fantastic Realism. Cambridge: Cambridge University Press, 1990.

Kelly 2005 — Kelly C. Comrade Pavlik: The Rise and Fall of a Soviet Boy Hero. London: Granta Books, 2005.

Kelly, Lovell 2000 — Kelly C., Lovell S. Introduction: Boundaries of the Spectacular // Russian Literature, Modernism and the Visual Arts / Ed. by C. Kelly, S. Lovell. Cambridge: Cambridge University Press, 2000. P. 1–20.

Kharms 2007 — Today I Wrote Nothing: The Selected Writing of Daniil Kharms / Ed. and transl. by M. Yankelevich. New York, Woodstock and London: Overlook Duckworth, 2007.

Kolonosky 2003 — Kolonosky W. F. Literary Insinuations: Sorting Out Sinyavsky's Irreverence. Lexington Books, 2003.

Kozlov 2006 — Kozlov D. «I Have Not Read But I Will Say»: Soviet Literary Audiences and Changing Ideas of Social Membership, 1958–1966 // Kritika: Explorations in Russian and Eurasian History. 2006. Vol. 7 (Summer). No. 3. P. 557–597.

Laird 1999 — Laird S. Voices of Russian Literature, Interviews with Ten Contemporary Writers. Oxford and New York: Oxford University Press, 1999.

Lakshin 1980 — Lakshin V. Solzhenitsyn, Tvardovsky, and Novyi Mir / Ed. and transl. by M. Glenny. Cambridge, MA: MIT Press, 1980.

Levitt 1991 — Levitt M. C. Siniavskii's Alternative Autobiography: A Voice from the Chorus // Canadian Slavonic Papers. 1991. Vol. 33. No. 1. P. 41–61.

Lovell, Marsh 1998 — Lovell S., Marsh R. Culture and Crisis: The Intelligentsia and Literature after 1953 // Russian Cultural Studies: An Introduction / Ed. by C. Kelly, D. Shepherd. Oxford: Oxford University Press, 1998. P. 58–59.

de Man 1982 — de Man P. Introduction // H. R. Jauss. Toward an Aesthetic of Reception / Transl. by T. Bahti. Brighton: The Harvester Press, 1982. P. vii–xxv.

Mathewson 2000 — Mathewson Jr. R. W. The Positive Hero in Russian Literature. 2nd ed. Evanston, IL: Northwestern University Press, 2000.

Milne 1990 — Milne L. Mikhail Bulgakov. A Critical Biography. Cambridge: Cambridge University Press, 1990.

Naiman 1992 — Naiman A. From Prayer to Howl: The Russianness of Russian Literature // Times Literary Supplement. 1992. 4 September. P. 3–5.

Nussbaum 1990 — Nussbaum A. J. Literary Selves: The Tertz-Sinyavsky Dialogue // Autobiographical Statements in Twentieth-Century Russian Literature / Ed. by J. G. Harris. Princeton: Princeton University Press, 1990. P. 238–259.

On Trial 1967 — On Trial: The case of Sinyavsky (Tertz) and Daniel (Arzhak) / Ed. by L. Labedz, M. Hayward. London; New York: Collins; Harvill Press, 1967.

Reid 1997 — Reid R. Lermontov's A Hero of Our Time. Bristol: Bristol Classical Press, 1997.

Sandler 1989 — Sandler S. Distant Pleasures: Alexander Pushkin and the Writing of Exile. Stanford, CA: Stanford University Press, 1989.

Sandler 1992 — Sandler S. Sex, Death and Nation in the Strolls with Pushkin Controversy // Slavic Review. 1992. Vol. 51. No. 2. P. 294–308.

Sandler 2004 — Sandler S. Commemorating Pushkin: Russia's Myth of a National Poet. Stanford, CA: Stanford University Press, 2004.

Scammell 1977 — Scammell M. Speculations of a captive monk // Times Literary Supplement. 1977. 20 May.

Scammell 1984 — Scammell M. Solzhenitsyn: A Biography. New York and London: W. W. Norton and Company, 1984.

Smith 1984 — Smith G. S. Songs to Seven Strings: Russian Guitar Poetry and Soviet «Mass Song». Bloomington and Indianapolis: Indiana University Press, 1984.

Struve 1971 — Struve G. Russian Literature under Lenin and Stalin: 1917–1953. Norman, OK: University of Oklahoma Press, 1971.

Theimer Nepomnyashchy 1982 — Theimer Nepomnyashchy C. Andrei Sinyavsky's "You and I": A Modern Day Fantastic Tale // Ulbandus Review. 1982. No. 2. P. 209–230.

Theimer Nepomnyashchy 19916 — Theimer Nepomnyashchy C. Andrei Sinyavsky's "Return to the Soviet Union" // Formations. 1991. Vol 6 (Spring). No. 1. P. 24–44.

Theimer Nepomnyashchy 1995 — Theimer Nepomnyashchy C. Abram Tertz and the Poetics of Crime. Yale University Press, 1995.

Tikos, Peppard 1971 — Tikos L., Peppard M. Introduction // Siniavsky A. For Freedom of Imagination / Transl. by L. Tikos, M. Peppard. New York; Chicago; San Francisco: Holt, Rinehart and Winston, 1971. P. vii–xxvii.

Toker 2000 — Toker L. Return from the Archipelago: Narratives of Gulag Survivors. Bloomington; Indianapolis: University of Indiana Press, 2000.

Zamoyska 1967 — Zamoyska H. Sinyavsky, the Man and the Writer // On Trial: The case of Sinyavsky (Tertz) and Daniel (Arzhak) / Ed. by L. Labedz, M. Hayward. London; New York: Collins; Harvill Press, 1967. P. 46–69.

Zholkovsky 1994 — Zholkovsky A. Text counter Text: Rereadings in Russian Literary History. Stanford, CA: Stanford University Press, 1994.

Zinik 2007 — Zinik Z. The old days // Times Literary Supplement. 2007. 9 March. P. 5–6.

Именной и предметный указатель

Содержание

Научное издание

Эжени Маркезинис
АНДРЕЙ СИНЯВСКИЙ
ГЕРОЙ СВОЕГО ВРЕМЕНИ?

Директор издательства *И. В. Немировский*

Ответственный редактор *И. Знаешева*
Редакторы *Ю. Булдакова, Е. Чебучева*
Дизайн *И. Граве*
Корректоры *Л. Виноградова, А. Нотик*
Верстка *Е. Падалки*

Подписано в печать 00.01.2019.
Формат издания 60 × 90 $^1/_{16}$. Усл. печ. л. 16,0.
Тираж 500 экз.

Academic Studies Press
1577 Beacon Street, Brookline, MA 02446 USA
https://www.academicstudiespress.com

ООО «БиблиоРоссика».
190005, Санкт-Петербург, 7-я Красноармейская ул., д. 25а

Эксклюзивные дистрибьюторы:
ООО "Караван"
ООО "КНИЖНЫЙ КЛУБ 36.6"
http://www.club366.ru
Тел./факс: 8(495)926-45-44
e-mail: club366@club366.ru

Знак информационной продукции согласно
Федеральному закону от 29.12.2010 № 436-ФЗ

9 781644 693094